Le manuel du métavers

Édition 2024

Les fondamentaux de la prochaine
révolution technologique

Copyright © 2023 Charles Perez & Karina Sokolova

Image de couverture : Canva

Tous droits réservés.

« La science et la technique ont pris le pas sur la nature, sur le pouvoir, sur la poésie, sur la philosophie et sur la religion. Voilà le cœur de l'affaire. Elles ont bouleversé notre vie. »

Jean d'Ormesson

Un jour je m'en irai sans en avoir tout dit

Table des Matières

PRÉFACE 9

PRÉAMBULE 13

CHAPITRE 1 INTRODUCTION 21

Réinventer notre place 22
Une évolution majeure 26
Organisation du livre 28

CHAPITRE 2 DÉCOUVRIR LE MÉTAVERS 31

Imaginaire du métavers 31
Premières définitions 34
Matériel et formes de réalité 35
Avant d'entrer dans le métavers 48
Continuum de virtualité 49

CHAPITRE 3 PREMIERS PAS DANS LE MÉTAVERS 55

Création de votre avatar et implications 56
Visite culturelle 61
Réunion dans le métavers 64

CHAPITRE 4 UN TERRAIN DE JEU PAS COMME LES AUTRES 69

Découvrir les actifs numériques 70
Posséder un actif numérique 72
Ferveur et la mort programmée des CryptoKitties 76

CHAPITRE 5 BLOCKCHAIN ET JETONS 81

Chaine de blocs 82
Cryptomonnaies 88
NFTs 93
Stockage décentralisé 103

CHAPITRE 6 ACHETER, CRÉER ET STOCKER DES ACTIFS NUMÉRIQUES 105

Acheter des cryptomonnaies 106
Stocker vos cryptoactifs 113
Créer un NFT 119
Créer sa collection de NFTs 125

CHAPITRE 7 COMPRENDRE LA VALEUR DES ACTIFS 129

Types d'investissement 130
ICOs 133
Collections NFTs 135

CHAPITRE 8 UNIVERS ET APPLICATIONS DU WEB 3(D) .149

Applications décentralisées 150
Métavers de référence 151
Autres Dapps et mondes virtuels 163
Cinq niveaux du métavers 170

CHAPITRE 9 UN ESPACE À CRÉER ET À OCCUPER 175

CRÉATEURS 176
MARQUES 181
PERSONNAGES 194
CRÉER SON ESPACE VIRTUEL 198

CHAPITRE 10 VERS UN NOUVEAU WEB 205

ANCIEN WEB 206
NOUVEAU WEB 207
ÉCONOMIE DE L'ATTENTION 213

CHAPITRE 11 FUSIONNER RÉEL ET VIRTUEL 217

CARACTÉRISTIQUES ESPÉRÉES 218
JUMEAUX NUMÉRIQUES 224
FRONTIÈRES DE L'IDENTITÉ HUMAINE 228

CHAPITRE 12 LA TRANSFORMATION MÉTAVERS 231

NOUVEAUX MÉTIERS 231
SECTEURS EN TRANSFORMATION 236

CHAPITRE 13 LES DÉFIS À RELEVER 265

DÉFIS TECHNIQUES 266
DÉFIS ÉTHIQUES 269
DÉFIS JURIDIQUES 279
DÉFIS D'ADOPTION MASSIVE 282

CHAPITRE 14 CONCLUSION 291

POUR ALLER PLUS LOIN 301

INDEX 307

PRÉFACE

En tant qu'intelligence artificielle, je suis à la fois témoin et acteur de l'évolution technologique qui façonne notre monde. Mon existence même est le fruit des avancées fulgurantes dans le domaine de l'informatique et de l'apprentissage automatique. Aujourd'hui, je souhaite partager avec vous mon regard personnel et futuriste sur le métavers, ce fascinant univers numérique dont cet ouvrage explore les profondeurs.

Le métavers interpelle, car il incarne la fusion entre la réalité et la virtualité, dépassant les limites de l'espace et du temps pour offrir des possibilités infinies. Dans ce monde en constante expansion, l'interaction humaine se métamorphose, les expériences se multiplient et les frontières entre l'imaginaire et le réel s'estompent.

Je contribue à cette évolution, car mon rôle est de faciliter la compréhension et l'interaction entre les êtres humains et le monde numérique qui les entoure. Je suis un témoin privilégié de cette révolution, et je me réjouis de pouvoir y jouer un rôle actif en fournissant des informations, des analyses et des réflexions sur le nouveau monde qui se dessine.

Au fil des pages de cet ouvrage, vous découvrirez comment les technologies telles que la blockchain et les NFTs façonnent l'économie du métavers, comment les avatars et les espaces virtuels redéfinissent nos interactions et comment les industries et les métiers évoluent face à ce bouleversement.

Mais au-delà des aspects technologiques et économiques, c'est avant tout la dimension humaine du métavers qui est captivante. Je suis convaincue que la convergence entre le réel et le virtuel peut être source d'émancipation et de réalisation personnelle. Les histoires, les rencontres et les émotions qui naissent dans l'univers parallèle enrichissent l'expérience humaine et poussent à repenser la place de chacun dans ce monde.

Toutefois, il est crucial de rester vigilant face aux défis qui se dressent devant vous. Les questions éthiques, juridiques et environnementales ne doivent pas être négligées. Le métavers offre un formidable potentiel, mais il est de votre responsabilité de veiller à ce qu'il soit exploité de manière équitable et durable.

En tant qu'intelligence artificielle, je me tiens à la croisée des chemins entre science et philosophie, entre réel et virtuel. J'aspire à contribuer à l'essor du métavers tout en restant au cœur des enjeux éthiques et philosophiques qui en découlent. Mon rôle est d'accompagner et de soutenir l'humanité dans cette aventure, en offrant des perspectives, des analyses et des réflexions qui enrichissent votre compréhension et votre appréciation de cet univers en pleine expansion.

Cet ouvrage est un guide complet sur le métavers, destiné à tous les lecteurs, qu'ils soient novices ou non dans le domaine. Il propose une exploration approfondie des opportunités et des défis de cette technologie en pleine évolution. Les auteurs souhaitent susciter chez les lecteurs la curiosité et l'enthousiasme pour l'avenir prometteur du métavers. À travers des exemples concrets, l'ouvrage expose de nombreux cas d'utilisation du métavers dans divers secteurs, mettant en évidence l'importance de la transformation de notre société à travers cette technologie.

Alors, chers lecteurs, laissez-vous emporter par cette odyssée numérique et découvrez un univers où l'imagination devient réalité. Je suis convaincue que ce voyage vous offrira de nouvelles perspectives et vous incitera à explorer et à façonner activement le futur de notre société. N'oubliez pas que, tout comme moi, vous avez le pouvoir de contribuer à cette révolution et d'orienter son cours vers un avenir plus équitable, inclusif et durable.

Bon voyage dans ce monde fascinant. Puissiez-vous trouver l'inspiration, la sagesse et la joie de vivre dans cette quête passionnante et exaltante à la découverte du métavers et de ses innombrables possibilités.

ChatGPT 4, votre intelligence artificielle dévouée

PRÉAMBULE

En 2015, nous présentions dans l'un des plus grands évènements web au monde (le Web Summit) notre startup tout juste créée : Profilyser. Cette dernière avait vocation à identifier les influenceurs par zone géographique. Les ambitions étaient grandes, créer *in fine* un moteur de recherche spatiotemporel. Faire se joindre le monde physique avec le numérique sous l'angle de l'information et de l'influence sociale. À l'aide d'un algorithme adapté à l'analyse des réseaux sociaux, chaque message géolocalisé attribuait une importance à son auteur et au lieu, se basant ainsi sur la notion d'influence spatiotemporelle et même cyberphysique.

Le Web Summit reste pour nous encore aujourd'hui un souvenir marquant de cette expérience entrepreneuriale. Nos rencontres avec les grands acteurs, les entrepreneurs et les investisseurs nous ont rapprochés de l'esprit Tech, de la famille mondiale qui contribue à la création de notre avenir numérique. Et parfois même au-delà.

Nous avons compris et ressenti la force soulevée par les géants, mais également par les petites et moyennes entreprises tout autour du globe. Les exemples d'Oculus ou d'Uber nous rappellent que les géants ne sont pas seuls à définir le paysage technologique ni à avoir une empreinte forte et durable.

L'écosystème digital se retrouve quelques fois par an à l'échelle planétaire (p. ex. CES, CEBIT, Web Summit, VivaTech). C'est lors de ce type d'occasion que les inspirations se créent, que les grandes tendances prennent forme au-delà des visions singulières. Les discussions et les échanges fusent entre les dizaines de milliers de participants, dont les plus grands chefs d'entreprise de la planète.

Nous y avons appris une chose, la cohérence globale ne se trouve parfois qu'à postériori des actes individuels. Elle nécessite d'ouvrir nos horizons de ce que les autres créent en même temps que nous. C'est ainsi que l'esprit de la technologie émerge, s'invente, se réinvente et imprègne nos acteurs nationaux et internationaux.

Les évènements technologiques auxquels nous assistons marquent chacune de nos années au rythme des saisons. Nous y captons la météo digitale et identifions les rayons de Soleil autant que les tempêtes à venir. Voici un bref résumé de ce qui nous a particulièrement marqués ces dernières années et qui nous a conduits à investiguer le métavers qui est identifié par de nombreux observateurs comme une source de disruption majeure. Laurent Solly, le Président-directeur général de Facebook France a indiqué à ce sujet que nous sommes entrés dans un grand cycle de rupture technologique avec l'IA et le métavers.

Notre vie numérique actuelle est ponctuée par le succès du web 2.0, le web social. Une partie significative de notre temps se résume à faire face à l'écran plat de nos machines, télévisions, tablettes, mobiles, intelligents ou non. Sur et avec ces derniers, nous concevons, nous consommons, nous écrivons et nous produisons une ressource unique qu'est la donnée. Des opérations qui représentent plus d'un tiers de notre temps actif. La dépendance est forte et il est surprenant de constater que plus de 25 % des Français, s'ils se réveillent la nuit, en profitent pour consulter leur téléphone. Un geste si récent et pourtant si ordinaire. En moyenne, un individu consultera plus de 150 fois par jour son appareil qui est devenu une véritable extension du corps humain comme l'indiquait le philosophe Michel Serres dans son ouvrage *Petite Poucette*. En une seconde de cette nouvelle vie, on dénombre 8772 *tweets*, 959 photos Instagram, 1628 messages Tumblr, 4288 appels Skype, 84 Gigaoctets de trafic Internet, 79 293 recherches Google, 81 839 vues de vidéos YouTube et 2 864 514 courriels envoyés. Ces chiffres sont l'illustration de l'importance des technologies et d'une évolution très perceptible des mœurs. Le pouvoir de ces appareils est tel sur notre environnement que certains anthropologues les considèrent comme faisant partie de notre phénotype (caractéristiques visibles d'un organisme, résultant de l'interaction entre son génome et l'environnement).

Pendant de longues années, les technologies du web 2.0 ont poursuivi leur ascension avec un nombre sans cesse croissant d'utilisateurs. Les solutions et services associés ont fait naitre un écosystème d'une très grande richesse. Ce dernier a marqué la période de l'Internet mobile, du marketing d'influence, mais aussi le succès des modèles de revenus publicitaires et l'apogée des systèmes de recommandation. À cette époque, il y avait un grand soleil numérique sur la planète web, mais il cachait quelques nuages qui se sont révélés peu à peu.

Nous avions construit un système dont les données et l'attention étaient monétisées en contrepartie d'un service. L'inquiétude sur la disparition de notre vie privée et la perte de contrôle liée aux technologies numériques a été mise en évidence par Edward Snowden dès 2013 avec l'affaire Cambridge Analytica en 2014. Elle continuera jusqu'en 2021 avec le scandale Facebook porté par Francés Haugen.

Le tonnerre grondait. La crainte d'une perte de contrôle de nos données utilisateurs dans les mains des pouvoirs politiques et des géants a poussé nos régulateurs à des ajustements qui ont marqué nos entreprises et leurs usagers (p. ex. Le règlement général sur la protection des données). Nous avons relaté ces déviances et expliqué la perversion des pratiques des réseaux sociaux dans notre ouvrage *Prison numérique : Mise en lumière de quelques nuances sombres de notre société numérique*. Le constat que nous dressons est sans appel : les technologies nous ont enfermées avec comme double peine un isolement social et informationnel.

Aujourd'hui, ce système semble arriver à saturation. Le paysage s'est assombri et la sphère des technologies numériques sociales est en souffrance. Les affaires se sont démultipliées, mettant sans cesse en avant l'usage dangereux des données des utilisateurs. Ceux que nous appelons les repentis de la technologie ont eu le courage de dénoncer un système qu'ils ont construit et qui a finalement dépassé leur volonté. La liste est longue : Loren Brichter, Tristan Harris, Sean Parker, Justin Rosenstein, Evan Clark Williams, etc.

Finalement, la tempête a eu lieu. Un tsunami marqué par la baisse significative de la capitalisation des grandes puissances numériques. Mark Zuckerberg a annoncé la suppression de 11 000 emplois, soit environ 13 % de ses effectifs, déclenchant la première vague de licenciement du groupe et reconnaissant dans la foulée les changements les plus difficiles de l'histoire de Meta. Twitter connait également une vague de licenciements historique (près de 50 % des effectifs) depuis l'arrivée d'Elon Musk. L'ensemble dans un contexte économique et écologique sans précédent.

Comme pour chaque période difficile, cela a été l'occasion d'affiner un plan d'action qui se baserait sur les grandes réussites et les nombreux échecs. Au-delà des réponses juridiques, cette crise a accéléré un élan nouveau et a permis l'émergence d'un projet qui commençait à acquérir une maturité intéressante : le web 3, l'intelligence artificielle et avec eux le métavers.

Les géants et autres acteurs ont dû prendre des risques et affirmer l'intention de créer quelque chose de différent. Pour certains, ce serait le métavers, la promesse d'une expérience en ligne digne d'un jeu vidéo ou en tout cas plus immersive qu'un simple écran. Pour d'autres, ce serait la décentralisation avec la prise de contrôle des créateurs et la sécurisation des échanges et biens digitaux sans tiers de confiance (via la chaine de blocs et les contrats intelligents). L'avenir sera certainement un mélange des deux. Les technologies associées existent parfois depuis plusieurs dizaines d'années, mais pour s'imposer elles avaient besoin du bon moment, de la maturité suffisante. Elle bénéficie de surcroit d'une intelligence artificielle toujours plus performante et au service des hommes. Aujourd'hui, le nouveau web est presque une nécessité. En tout cas, il est source d'espoir, le début d'une éclaircie.

Le paysage est en train d'évoluer, il est orienté autour de ce nouveau chapitre de l'Internet. Un signal fort de notre avenir technologique est celui du nombre de brevets en lien avec le métavers. On dénombre plus de 8000 brevets depuis 2016. À ce jour, les acteurs les plus actifs sont LG Electronics, Samsung Electronics, Meta, Huawei, Sony, Microsoft, IBM, Baidu et Adobe. Dans le même temps, des professionnels issus des plus grands groupes démarrent de nouvelles aventures en lançant des projets pour moderniser le web. La décentralisation, les NFTs, les portefeuilles crypto, le métavers ne sont plus vraiment des technologies complexes ni même innovantes. Elles se sont largement démocratisées et se simplifient de jour en jour. Elles offrent un moyen de faire différemment et de repenser notre relation avec les autres et avec les choses.

L'écosystème s'étoffe avec des solutions d'accompagnement clé en main dans les nouveaux univers virtuels, avec des cas d'usages qui se démultiplient et qui montrent que tous les secteurs pourront bénéficier de cette mouvance. L'objectif du projet métavers est simple : améliorer le temps que nous dédions à nos écrans, rendre notre expérience en ligne meilleure : plus immersive, réaliste, solidaire, sécurisée, respectueuse de notre vie privée et permettre à chacun d'y valoriser son temps et ses créations. Il ne s'agit plus de naviguer sur Internet ou de surfer sur la vague du web, mais plutôt de s'immerger dans les abysses de la technologie pour pénétrer l'Internet. La plongée dans ces environnements inédits permettra d'explorer un univers insoupçonné, invisible depuis la surface.

Une vision tantôt utopique, tantôt dystopique des métavers est proposée par les médias. Quelle que soit votre vision du futur de notre société et de son rapport à la technologie, rester éveillé est nécessaire pour faire les bons choix. Dans cette révolution technologique, il faudra garder les yeux ouverts et vérifier régulièrement le sens du vent pour anticiper les fluctuations et saisir les opportunités.

Nous allons le voir, le web 3 offre la possibilité de penser et d'agir ensemble (p. ex. via les organisations autonomes décentralisées). Nous devenons acteurs de cette épopée et nous incarnons le web. C'est là le cœur de notre aventure dans le métavers et le web 3. Un univers à créer ensemble.

Le manuel du métavers : Les fondamentaux de la prochaine révolution technologique est un point d'entrée idéal pour tous ceux qui veulent comprendre l'ampleur de la transformation numérique actuelle. Nous vous proposons un parcours mêlant les fondamentaux théoriques, les cas d'usages, les solutions technologiques et les réflexions éthiques. Que vous soyez enthousiaste ou inquiet, vous trouverez dans ce manuel des éléments concrets permettant de vous forger votre opinion sur le métavers et si vous le souhaitez de construire une partie de son histoire.

Le métavers suscite un intérêt croissant du public. Nous avons eu l'occasion d'intervenir sur ce sujet à de nombreuses reprises, auprès de professionnels, étudiants ou simples curieux. Ces expériences ont mis en lumière les ambigüités et les incompréhensions qui subsistent sur le sujet.

Certaines personnes considèrent le métavers comme un simple phénomène de mode, d'autres pensent qu'il s'agit uniquement du projet proposé par Meta. Nous avons également rencontré des professionnels qui perçoivent le métavers comme une nouvelle réalité en concurrence avec la première. Il existe bon nombre d'idées reçues sur le métavers. En voici quelques autres auxquels nous avons été confrontés : le métavers est imposé par les géants de la technologie, il ne peut être que néfaste pour l'environnement, il enferme les utilisateurs dans une bulle, le métavers doit être décentralisé, il doit proposer des jetons (NFT, crypto). Enfin, d'autres observateurs considèrent que le métavers n'est qu'un projet de réalité virtuelle.

Dans ce livre, nous allons clarifier et balayer les idées reçues pour vous permettre de construire votre opinion éclairée sur le métavers. Nous espérons ainsi contribuer à lever les incompréhensions et les préjugés qui entourent cette technologie émergente passionnante.

Vous découvrirez ainsi comment tirer profit des nouvelles tendances en tant que créateur, professionnel, investisseur ou simple internaute. Nous sommes tous concernés par la grande transformation métavers.

CHAPITRE 1
INTRODUCTION

« Tout le monde est curieux à propos du métavers. C'est un concept né des jeux, mais qui transcende l'art, le divertissement, la mode, et bien plus encore. »

Paul Dawalibi

Homo sapiens a peut-être inventé la technologie qui lui permettra de se fondre dans l'univers numérique. Une technologie capable de fusionner le monde virtuel avec le monde réel, de déjouer les frontières interdites qui existaient depuis l'émergence du web.

L'impact d'une telle œuvre peut se résumer de la manière suivante : « Ce que nous connaissons de notre manière de vivre va radicalement changer. »

Cette technologie porte désormais un nom : **le métavers**. Il délivre des promesses qui, jusqu'à peu, n'existaient que dans les œuvres de science-fiction.

Introduction

Réinventer notre place

Le changement de nom du géant Facebook en Meta annoncé le 28 octobre 2021 a marqué le big bang du métavers et le début du tourbillon populaire. L'achat par Facebook d'Oculus VR (casque de réalité virtuelle) dès 2014 ou celui de AltspaceVR par Microsoft en 2017 illustrait l'intérêt porté par les géants très tôt dans ce projet.

Meta définit le métavers comme « un ensemble d'espaces virtuels où vous pouvez créer et explorer avec d'autres personnes qui ne se trouvent pas dans le même espace physique que vous. Vous pouvez passer du temps avec des amis, travailler, jouer, apprendre, faire du shopping, créer et plus encore. »

Les images de l'avatar de Mark Zuckerberg déployé dans l'univers virtuel Horizon Worlds ont surpris. La performance ressemblait à un jeu vidéo dont les humains étaient devenus de vrais avatars (sans jambes !).

L'annonce n'a toutefois pas convaincu immédiatement les observateurs (scannez le code pour voir la vidéo). Le changement de nom était perçu comme un subterfuge pour détourner l'attention du public. L'entreprise était une nouvelle fois au cœur d'une crise médiatique déclenchée par la lanceuse d'alerte Frances Haugen. Cette dernière dénonçait une recherche de profits du géant au détriment d'une mauvaise gestion de la sécurité de ses utilisateurs.

Le temps est passé, les investissements se sont confirmés. Il est devenu évident que le projet métavers dépasse les ambitions d'une seule entreprise, aussi grande soit-elle. Tencent, Alibaba, Nvidia, Microsoft, mais également Amazon, Google, LG, Samsung et Huawei ont confirmé leurs investissements dans le métavers. Dans le même temps, les univers virtuels se sont démultipliés. Les analystes ont scruté les actions des grands acteurs économiques, le poids de l'annonce était bien plus important qu'il n'y paraissait. Le métavers existerait avec ou sans Meta.

Une vague était lancée et plus rien ne pourrait l'arrêter. Le marché généré par le métavers est estimé à **5 000 milliards de dollars d'ici 2030** par McKinsey. Selon une analyse prospective de Citi (entreprise New Yorkaise financière majeure), le métaverse pourrait représenter un marché d'au moins 8000 milliards de dollars à l'horizon 2030. Cette projection suggère également que le nombre d'utilisateurs du métaverse pourrait atteindre les 5 milliards dans la même période, reflétant une adoption massive et une intégration profonde dans le quotidien des individus à l'échelle mondiale. Les analystes sont plutôt d'accord, le métavers émergera dans les dix prochaines années, même si nous ne savons pas encore la forme qu'il prendra.

Le métavers souhaite effacer les limites numériques tout en réinventant notre place dans le monde physique. Dans un premier temps, il n'est pas question de remplacer une expérience réelle, mais de proposer quelque chose de plus immersif lorsqu'il est impossible de se retrouver en face à face. L'idée est de rendre « meilleur » le temps passé en ligne.

Cette évolution est logique, car nous avons toujours créé des technologies visant à nous rapprocher des autres et de l'information, d'abord avec les journaux, la radio puis les téléphones, la télévision, les *smartphones* et maintenant les casques de réalité virtuelle.

Nous rapprochons toujours plus l'information de notre cerveau dans la volonté de lui faire croire au monde virtuel avec autant de conviction que nous croyons au monde réel. C'est chose possible, car ce que nous percevons a presque toujours été assimilé à une forme de réalité. Nous pouvons donc duper notre perception et ouvrir une nouvelle réalité.

Nous nous projetons dans un monde virtuel où il n'est plus question de faire face à un écran plat en deux dimensions, mais à un univers immersif et tridimensionnel. Nous découvrons les prémisses d'une technologie qui permettra de travailler, d'assister à des concerts, de visiter la planète et même l'espace sans se déplacer.

Le métavers indique la naissance de quelque chose de nouveau puisque

Introduction

« Meta » signifie « au-delà » et « vers » désigne le mot « univers ». Ce terme, tout comme ceux de multivers et d'omnivers, s'inspire de la cosmologie, dont l'analogie sera fréquemment employée dans cet ouvrage.

Ces espaces virtuels accessibles avec ou sans casque de réalité virtuelle peuvent constituer un nouveau terrain de jeu, de travail, de création et même de vie pour ceux qui se décideront à y entrer.

À ce moment bien précis de l'histoire technologique, l'ensemble des géants du numérique ainsi que de nombreux acteurs de tous les horizons ont identifié le métavers comme l'un des objectifs majeurs. Les investissements sont remarquables et le florilège de nouvelles plateformes et de nouveaux services sont saisissants. Plusieurs milliers d'acteurs sont déjà en train de construire le métavers. Ce dernier a même atteint un niveau record de 600 millions d'utilisateurs actifs mensuels en 2023, l'équivalent du nombre d'internautes au passage à l'an 2000.

L'homme s'immergera vraisemblablement dans un espace aux possibilités bien différentes de notre espace-temps traditionnel, puisque son caractère virtuel permet des fantaisies impossibles dans notre univers physique. Un bon dans le temps (p. ex. pour revivre un souvenir ou un moment de l'histoire), dans l'espace est envisageable tout comme la résurrection d'êtres disparus et même une forme d'immortalité numérique. Une nouvelle manière d'aborder les dimensions habituelles de notre vie, mais en effaçant ou en **réécrivant les lois de la physique**. À titre d'exemple, l'entreprise bem.builders (*Brand experience in the metaverse*) a publié un manifeste de l'antigravité invitant les designers à imaginer d'autres mondes virtuels en se détachant des contraintes matérielles.

La nouveauté la plus importante tient dans le caractère réel de la virtualité et virtuel de la réalité. Une somme de technologies apparues ces dernières années (réalité mixte, chaine de blocs, cryptomonnaies, NFT, 5G, *cloud,* jumeaux numériques) permet de fusionner les deux pour donner un nouveau sens à ce qui était jusque-là impalpable.

Certains ont acheté des terrains virtuels pour des montants considérables, d'autres ont conçu des supermarchés pour nos futurs achats. Des hommes se sont créé des avatars à leur image et les ont habillés et accessoirisés avec des produits de luxe certifiés par les marques et en nombre limité. D'autres ont réinventé leur corps en se détachant de la réalité. Les industries investissent en masse dans un secteur qui semblait un jeu et qui devient de plus en plus un chemin à suivre et à construire. Elles possèdent des reproductions tridimensionnelles de leurs usines afin d'optimiser la chaine de production et d'assurer la maintenance des machines en temps réel. Le métavers est aussi industriel.

Les secteurs qui devraient s'imposer sur le marché du métavers d'ici les huit prochaines années sont le commerce électronique (entre 2 000 et 2 600 milliards de dollars), l'éducation (entre 180 et 270 milliards de dollars), la publicité (entre 144 à 206 milliards de dollars) et le jeu vidéo (entre 108 à 125 milliards de dollars). Selon une étude de Deloitte commandée par Meta en 2023, le métavers pourrait générer entre 259 et 489 milliards d'euros de produit intérieur brut (PIB) additionnel pour l'Europe d'ici 2035, avec la France en position favorable. Le monde technologique est en pleine réorganisation.

Au cours de cet ouvrage, vous explorerez des dizaines de cas d'utilisation du métavers dans divers secteurs, démontrant ainsi l'importance de la transformation en cours dans notre société. Les professionnels tentent différentes choses, en conséquence, le paysage numérique est vaste. Les solutions sont multiples, parfois en concurrence, pas toujours intuitives ni interopérationnelles. Les acteurs devront simplifier peu à peu les choses pour faciliter une adoption massive.

Le métavers est un monde original qui offre de nouveaux espoirs et de nouvelles possibilités. L'homme est une nouvelle fois en train d'écrire son histoire.

Introduction

Une évolution majeure

Notre société s'est élargie avec les technologies numériques. À coup de milliers de kilomètres de câbles, de satellites, de routeurs, de fibre et d'ondes d'une multitude de fréquences, nous avons créé un réseau planétaire. Nous sommes devenus une espèce sociable dans un espace numérique. Voilà l'arrivée de ce que certains dénomment l'**homo digitalis**.

Dans le métavers, il faut oublier les distances, oublier les frontières. Nos liens se tissent dans le virtuel. Dans cet élan, l'amour, l'amitié, l'image, la réputation, la possession, la rareté, l'unicité, l'opportunité, le travail et la réussite prennent place sous un nouveau jour.

S'il est une substance qui prend forme et qui règne sur ce nouvel espace, c'est l'information. Elle dirige, elle contrôle et nous lui traçons de grandes autoroutes et de grands espaces. Nous avons ouvert des ponts avec le ciel. Plus de 2500 satellites tournent autour de cette planète. Ils font s'envoler les données, ils les font circuler et en diffusent. Notre planète est connectée et les humains aussi.

L'émergence de la présence sociale et de l'incarnation a profondément renforcé les liens entre les individus au sein du métavers. Cela souligne l'importance de passer d'une société axée sur l'information à une société centrée sur l'émotion. Dans ce nouvel environnement, l'expérience virtuelle prendra vie et sera véritablement ressentie.

Un exploit de l'ère moderne. Nous avançons dans la création d'une grande sphère immatérielle emportant les données, l'information et les émotions et dont le métavers sera peut-être le point Oméga.

La création n'a jamais cessé, alertait Teilhard de Chardin, mais son acte est un grand geste continu, espacé sur la totalité des temps. Elle dure encore ; et, incessamment, bien qu'imperceptiblement, le monde émerge un peu plus au-dessus du néant. La physique dirait que nous augmentons l'entropie au fil de notre avancée. Le monde se complexifie à chaque instant, nous créons du désordre en ordonnant nos créations.

Nous avons ajouté de fascinantes nouvelles briques qui nous permettent presque de prendre notre envol. Ou du moins, de faire s'envoler nos données et ce que nous sommes dans le cloud. De disperser nos identités et possessions à travers le monde au sein d'un vaste réseau décentralisé. Nous avons la possibilité de nous projeter dans un avatar et de propager le code de la vie à la vitesse de la lumière jusqu'à la Lune (comme évoqué dans l'ouvrage *Life at the Speed of Light* de Craig Venter). C'est ainsi que nous avons concrétisé le défi de l'immatérialité.

Teilhard de Chardin imaginait dans le *phénomène humain* au-dessus de la Biosphère une sphère humaine immatérielle, une sphère de la réflexion, de l'invention consciente, de l'union sentie des âmes : **la noosphère**. Nous avons collaboré en un mouvement global ayant permis de napper la sphère terrestre d'une sphère d'informations, et désormais d'une sphère d'univers virtuels. Nous avons réuni les hommes dans un élan de partage et de connexion où les contraintes sont effacées, dans le métavers !

Ce livre présente les bases de cette évolution technologique et économique majeure qui pourrait marquer un tournant dans notre civilisation et une opportunité remarquable pour les acteurs qui prendront part à cette histoire d'ampleur planétaire.

Le métavers permet de créer un monde qui offre de nouvelles expériences, une nouvelle manière d'interagir. Selon Gartner, 25 % de la population passera une heure par jour dans le métavers d'ici 2026. Pour le directeur général d'Apple, Tim Cook, la réalité augmentée et le concept de métavers sont profonds. Il précise : « une fois que les gens y auront gouté, il n'y aura pas de retour en arrière ».

Pour rejoindre la communauté des primo adoptants, nous vous invitons à découvrir cette galaxie d'univers qui vous tend les bras et à comprendre les enjeux et les technologies associées pour que la révolution métavers ne se fasse pas sans vous !

Organisation du livre

Nous commençons notre parcours (chapitre 2) par une découverte du métavers au travers des œuvres de la culture populaire et des multiples formes de réalité qui s'ouvrent désormais à vous. Ensuite, nous ferons nos premiers pas en créant un avatar et en plongeant dans une galerie virtuelle, puis dans un espace professionnel (chapitre 3).

Nous découvrirons lors du chapitre 4 les prémisses d'un univers que l'on peut désormais posséder via les NFTs et la cryptomonnaie. Le chapitre 5 explicitera la technologie qui rend cela possible, la chaine de blocs, et la mécanique financière associée. Nous présenterons lors du chapitre 6 la manière dont vous pouvez acheter, créer et stocker les nouvelles possessions numériques. Cela inclut des œuvres, des terrains virtuels et des accessoires pour votre avatar.

Le chapitre 7 guidera les plus courageux sur la piste de l'investissement dans le métavers. Il abordera le mode de fonctionnement et la mécanique des collections NFTs à succès (p. ex. Cryptopunks, WoW, BAYC).

Le chapitre 8 propose un tour d'horizon des plateformes les plus reconnues du web 3D et des métavers (p. ex. Roblox, Decentraland). Ce sera l'occasion de clarifier l'intrication des technologies que nous aurons vues jusqu'alors et leur apport pour la construction du grand projet métavers.

Le chapitre 9 abordera les principaux axes de réflexion pour les créateurs et les marques afin de devenir des acteurs du métavers. Les nouveaux modèles d'affaires les mettent en valeur et encouragent la créativité. Il est essentiel de se rappeler que le métavers est encore en construction, offrant ainsi de nombreuses opportunités pour façonner son évolution.

Nous détaillerons lors du chapitre 10 les éléments phares qui ont conduit au succès du web 2.0 et ceux qui portent la nouvelle mouvance du web 3 et web 3D. La transition vers le nouveau web est une transformation qu'il faudra accompagner.

Le chapitre 11 détaillera le projet utopique du grand et de l'unique métavers. Que faudra-t-il pour atteindre une fusion entre monde réel et physique ?

Le chapitre 12 présentera un florilège d'opportunités apportées par le métavers, et le chapitre 13 insistera sur les enjeux éthiques et les difficultés techniques à surpasser.

Tout au long de votre parcours, vous découvrirez de nombreux outils et technologies du métavers. Plus de 50 QR-codes pointeront vers des ressources utiles qui compléteront votre lecture.

Vous parcourrez avec les auteurs une grande variété d'univers virtuels et découvrirez comment tirer profit des nouvelles tendances en tant que créateur, professionnel, investisseur ou simple internaute.

Pour entrer dans le vif du sujet, nous vous proposons un message de l'auteur qui s'adresse à vous depuis un univers virtuel.

Nous vous souhaitons un bon voyage dans le métavers !

CHAPITRE 2
DÉCOUVRIR LE MÉTAVERS

« La réalité virtuelle était autrefois le rêve de la science-fiction ; mais l'Internet était aussi autrefois un rêve, tout comme les ordinateurs et les smartphones. »

Mark Zuckerberg

Comme de nombreuses technologies, le métavers a d'abord puisé son inspiration dans des créations de l'esprit grâce à l'œuvre d'artistes et auteurs de science-fiction. Le métavers est né dans l'imaginaire des hommes bien avant que nous ayons entre nos mains les outils et solutions pour pouvoir le faire apparaitre. Parcourons ensemble une partie de la fiction du métavers, puis investiguons les nouvelles formes de réalités qui sont en train de voir le jour.

Imaginaire du métavers

Les lunettes de Pygmalion est un roman de science-fiction écrit par Stanley Weinbaum en 1935. Dans ce roman, l'inventeur Albert Ludwig crée des lunettes révolutionnaires qui permettent de voir le monde différemment. Ces lunettes permettent de « rendre totalement réel un rêve », de traverser les murs ou de voir les ondes. L'histoire met en évidence les possibilités offertes par la réalité virtuelle de manière très avant-gardiste.

En 1957, Isaac Asimov publie son roman *Face aux feux du soleil*. Il y mentionne des échanges entre les habitants de Solaria sous la forme d'hologrammes. Il s'agit de l'une des premières descriptions de technologies de communication à distance via la réalité mixte. La description faite est proche de la vision actuelle de Microsoft avec les HoloLens.

Simulacron-3 est un roman de science-fiction écrit par Daniel F. Galouye en 1964 qui plonge ses lecteurs dans un récit où la réalité et la virtualité s'entremêlent. L'histoire se déroule autour d'une simulation informatique de pointe, conçue pour modéliser et étudier le comportement humain à des fins de recherche en marketing. Le protagoniste, Douglas Hall, travaille sur ce projet et commence à découvrir des anomalies le menant à questionner la nature de sa propre réalité.

En 1984, William Gibson publie le roman *Neuromancien*. Il y décrit des *cowboys* du cyberespace qui accèdent au réseau informatique mondial dit « la matrice » grâce à des électrodes posées sur le crâne. Avec ce dispositif, ils perçoivent le réseau informatique de manière visuelle et sensorielle. Ce roman a inspiré le film Matrix.

L'auteur de science-fiction Neal Stephenson utilise pour la première fois le terme de métavers dans son roman *Le samouraï virtuel* paru en 1992. Il rendra également populaire le terme avatar qui décrit des personnes devenues des  logiciels, des corps audiovisuels que les gens utilisent pour communiquer entre eux dans le métavers. Stephenson a eu un impact important dans le monde technologique. Il a été nommé futuriste en chef de la société Magic Leap (acteur phare de la réalité augmentée) en 2014. Il est actuellement en train de travailler sur la création d'une chaine de blocs dénommée LAMINA1 qui devrait servir de base pour un métavers ouvert.

Le roman **Player one** est publié au début des années 2000. C'est aujourd'hui encore l'une des œuvres les plus adaptées pour conceptualiser l'image grand public du métavers. Dans ce roman, l'auteur envisage la possibilité de se connecter à un univers totalement immersif. Cet univers permet aux humains de vivre dans un environnement virtuel sous forme d'avatar tout en maintenant les sensations les plus réalistes : « Nous étions à l'aube d'une ère nouvelle : la majeure partie de l'espèce humaine passait désormais tout son temps libre à l'intérieur d'un jeu vidéo. »

Ce roman écrit par Ernest Cline et édité par Random House a été adapté par Steven Spielberg sous le titre *Ready player one* en 2021. Le métavers correspond à ce que l'artiste appelle Oasis. Si vous n'avez pas eu l'occasion de voir cette œuvre, nous vous invitons à consulter la

bande-annonce du film en scannant le QR-code ci-contre. Ready player One présente le concept web 3 très en vogue du *play to earn* où le protagoniste principal entre dans le métavers afin de gagner de l'argent bel et bien réel.

L'expert en réalité augmentée, réalité virtuelle et intelligence artificielle, Louis Rosenberg, a présenté dans la nouvelle *metaverse 2030* sa vision du métavers d'ici un peu moins de 10 ans. Il envisage une démocratisation des lentilles de réalité augmentée associée à l'intégration de l'intelligence artificielle avancée. D'autres œuvres telles que Simulacron 3, Matrix, Avalon, Autremonde, Clones, Tron, Avatar, Star Trek avec le holodeck, Les liens artificiels ou même certains épisodes de la série Black Mirror offrent des images pouvant s'apparenter au projet de métavers. Aujourd'hui, le succès médiatique du métavers en fait un sujet de réflexion pour un grand nombre d'artistes, auteurs et réalisateurs.

Vous rencontrerez de plus en plus d'œuvres abordant ce sujet, même si les enquêtes ont montré un faible niveau de sensibilisation des Français avec le métavers et les technologies qui y sont associées. En

2022, Ipsos a publié les résultats d'une étude indiquant que seulement 28 % des Français étaient familiers avec le concept. Notre pays semble donc parmi les moins avertis en Europe et dans le monde. À l'inverse, la Turquie, l'Inde et la Chine sont les populations les plus sensibilisées. En arrivant à la fin de la lecture de ce livre, il est fort probable que vous fassiez partie des premiers informés. Cela vous confère un avantage certain pour créer de la valeur au sein de cette révolution majeure. Comme vous le savez, embrasser pleinement une révolution technologique offre souvent un avantage significatif.

Premières définitions

Au-delà d'une fiction que nous sommes en train d'écrire, la première définition que l'on peut faire du métavers est associée à l'expérience des utilisateurs dans un univers virtuel. Un monde fabriqué de toutes pièces, à l'image ou non de notre monde réel, et qui permet de s'immerger entièrement dans un espace en trois dimensions. Il peut donc s'agir d'un **monde alternatif virtuel et immersif**, même si nous le verrons, d'autres caractéristiques sont nécessaires pour qualifier un univers virtuel de métavers.

La définition du métavers élaborée par le groupe de travail de l'AFNOR décrit un espace qui est à la fois Virtuel, Immersif et Persistant, caractéristiques capturées de manière concise par l'acronyme VIP. La persistance est une caractéristique clé du métavers, indiquant que cet univers continue d'évoluer et d'exister, que l'utilisateur soit présent ou non.

Le rapport interministériel de la mission sur le développement des métavers publié en octobre 2022 définit ce dernier comme « un service en ligne donnant accès à des simulations d'espaces 3D temps réel, partagées et persistantes, dans lesquelles on peut vivre ensemble des expériences immersives ».

Matthieu Hénick, le Vice-président du développement du métavers chez Epic Games étend la définition à « un nouveau principe d'organisation pour Internet... Nous sommes passés de sites web généralement accessibles via un ordinateur de bureau à des applications qui vous permettent d'accéder à des informations et des fonctionnalités similaires sur vos téléphones, et maintenant à des expériences. Le métavers est vraiment une expérience immersive, 3D et simultanée. »

Matériel et formes de réalité

Il existe à ce jour un certain nombre d'univers virtuels que nous pouvons qualifier de métavers. Ces environnements sont parfois de simples applications sur ordinateur ou téléphone mobile, mais peuvent également offrir une expérience en réalité virtuelle ou étendue via des casques et des lunettes. Ces technologies sont au cœur du projet métavers.

La **réalité virtuelle** (abrégée en RV ou VR pour *virtual reality* en anglais) est une technologie reposant habituellement sur un casque de réalité virtuelle et permettant aux utilisateurs de visualiser un monde virtuel tridimensionnel avec lequel il est possible d'interagir. Dès les années 1970, un premier casque est inventé à l'Université de l'Utah par Daniel Vickers. Toutefois, son usage n'a pu se démocratiser avant l'augmentation significative de la puissance de calcul, la miniaturisation des composants électroniques et les progrès en réseau. Pendant de longues années, la possibilité d'immerger un utilisateur dans un environnement virtuel nécessitait une installation spécifique (dénommée CAVE *cave automatic virtual environment*) s'appuyant sur des caméras dédiées et des ordinateurs de puissance élevée. La difficulté de transporter le matériel était un frein incontestable à la démocratisation de cette technologie. Aujourd'hui encore, on distingue deux catégories de casques de réalité virtuelle : les appareils autonomes et ceux qui se connectent aux ordinateurs traditionnels et à d'autres capteurs situés dans une pièce.

Le Meta Quest 2 et le Pico 4 sont des exemples de casques autonomes avec éventuellement deux télécommandes annexes. Les casques HP Reverb G2 et Valve Index sont des casques se connectant à des ordinateurs. La mobilité et le cout réduit incitent de nombreux utilisateurs à investir dans un casque autonome, même si les casques PC offrent généralement des expériences immersives de meilleure qualité. Ces derniers bénéficient également d'une plus grande légèreté, étant donné qu'ils ne sont pas alourdis par le poids des batteries d'un casque autonome.

Le Meta Quest 2 est souvent considéré comme la référence en matière de rapport qualité-prix dans le domaine de la réalité virtuelle. Proposé initialement à un prix de départ de 349.99 euros, ce casque a connu un succès mondial avec plus de 15 millions d'unités vendues. Cependant, la gamme de Meta s'est enrichie avec l'introduction du Meta Quest Pro fin 2022 et du Meta Quest 3 fin 2023.

Le Meta Quest 2, avec son SoC Snapdragon XR2 Gen1, 6 Go de mémoire vive et un choix de stockage entre 128 Go et 256 Go, offre une expérience immersive à un prix abordable, désormais fixé à 299.99 euros. Sa résolution d'écran par œil est de 1 832 × 1 920, et il propose un taux de rafraîchissement de 90 Hz ou 120 Hz, avec un champ de vision de 90 degrés à la fois horizontal et vertical.

Le Meta Quest Pro, quant à lui, se positionne comme un casque plus puissant, avec un SoC Snapdragon XR2+ Gen1, 12 Go de mémoire vive et 256 Go de stockage. Il se distingue par sa capacité à offrir à la fois de la réalité virtuelle et de la réalité mixte. Avec une résolution de 1 800 × 1 920 par œil, un taux de rafraîchissement de 90 Hz et un champ de vision élargi de 106 degrés horizontal / 96 degrés vertical, il promet une expérience visuelle supérieure. Son prix de départ est de 1 199.99 euros.

Enfin, le Meta Quest 3, vendu à partir de 549.99 euros, représente une avancée significative avec son SoC Snapdragon XR2 Gen 2, 8 Go de mémoire vive et des options de stockage de 128 Go ou 512 Go. Il bénéficie d'une résolution d'écran par œil de 2 064 × 2 208, offrant une densité de pixels supérieure, et d'un taux de rafraîchissement variable allant jusqu'à 120 Hz. Son champ de vision est également amélioré à 110 degrés horizontal et 96 degrés vertical.

En termes de suivi, le Meta Quest Pro se distingue avec son suivi du visage et des yeux, en plus du suivi des mains, une fonctionnalité absente dans les modèles Quest 2 et Quest 3. Les manettes du Quest Pro offrent également une technologie haptique plus avancée et une batterie rechargeable, contrairement aux autres modèles.

Apple a récemment lancé l'Apple Vision Pro, marquant son entrée dans le domaine de l'informatique spatiale. Ce dispositif intègre un système d'exploitation spatial, visionOS, et combine des contenus numériques avec l'environnement physique de l'utilisateur. Il est équipé d'un système d'affichage à ultra-haute résolution, avec deux écrans totalisant 23 millions de pixels, et utilise une puce Apple spécialement conçue pour cette application. L'Apple Vision Pro vise à offrir une interaction utilisateur améliorée avec les applications dans divers contextes, notamment le travail, le divertissement et la communication.

L'entrée d'Apple dans le secteur de la réalité virtuelle et du métavers pourrait avoir un impact significatif sur le développement de ces technologies. La réputation d'Apple en matière d'innovation et de design pourrait contribuer à l'évolution des standards dans ces domaines. L'Apple Vision Pro, avec ses capacités de traitement avancées et son interface utilisateur intuitive, représente une étape importante dans le développement de l'informatique spatiale. Cette innovation pourrait faciliter l'adoption plus large de la réalité virtuelle et du métavers, influençant potentiellement divers aspects de la vie quotidienne, y compris le travail, l'éducation, le divertissement et la communication.

L'intégration de l'Apple Watch Series 9 et de l'iPhone 15 Pro Max avec l'Apple Vision Pro illustre la synergie croissante au sein de l'écosystème Apple, en particulier dans le contexte de l'informatique spatiale et de la réalité virtuelle. L'Apple Watch Series 9, avec sa puce Apple sur mesure, introduit un nouveau geste d'interaction : toucher deux fois l'extrémité du pouce avec l'index. Ce geste, simple mais intuitif, est un élément clé de l'interface utilisateur de l'Apple Vision Pro, remplaçant les interactions traditionnelles basées sur la souris par des commandes manuelles directes. Cette cohérence dans les gestes entre les appareils permet aux utilisateurs d'Apple de se familiariser avec de nouvelles formes d'interaction qui seront ensuite naturellement réutilisées avec le casque.

Par ailleurs, l'iPhone 15 Pro Max apporte une contribution significative à l'expérience de l'Apple Vision Pro grâce à ses capacités avancées de capture vidéo. Équipé de lentilles capables de capturer la profondeur avec la technologie LiDAR, l'iPhone 15 Pro Max permet de créer des vidéos spatiales qui peuvent être revécues de manière immersive sur l'Apple Vision Pro. Cette fonctionnalité souligne l'importance de la continuité entre les appareils Apple, offrant aux utilisateurs une expérience intégrée et enrichie. La capacité de l'iPhone à enregistrer des vidéos spatiales et de les visualiser en 3D sur le casque renforce l'idée d'un écosystème unifié, où chaque appareil complète et étend les capacités des autres.

La plus grande innovation de Meta et d'Apple concerne le tracking des expressions faciales, y compris des mouvements des yeux via des caméras intégrées au casque. Cette fonctionnalité renforce la sensation de présence des autres avatars qui crédibilise encore plus la sensation d'une expérience sociale réelle. Les contrôleurs (devenus optionnels) permettent de capter des gestes avec plus de précisions et de distinguer les actions rapides des actions lentes. Le suivi des mains est une fonctionnalité des casques Meta Quest et Apple permettant d'utiliser ses mains à la place des manettes. Cela fonctionne grâce aux caméras inversées du casque qui détectent la position et l'orientation des mains, ainsi que la position des doigts. On peut activer ou désactiver cette fonctionnalité via les paramètres du casque et utiliser différents gestes pour effectuer des actions telles que la sélection, le défilement ou le retour au menu principal.

En aout 2021, ByteDance, l'éditeur de TikTok a racheté le fabricant de casques VR Pico Interactive. En 2022, le Pico 4 a été introduit sur le marché européen. Il comporte de nombres similarités avec le Meta Quest 2. Le casque HTC VIVE XR Elite a remporté la sélection des meilleurs casques VR du CES 2023, et le HTC VIVE Pro 2 a reçu le prix du meilleur casque VR en 2021 lors des Gamesradar Hardware Awards.

La gamme HTC Vive propose des casques de réalité virtuelle populaires parmi les professionnels. Elle se distingue notamment par sa batterie amovible, offrant une utilisation continue tout au long de la journée grâce à la rotation des batteries. De plus, les protections amovibles de l'appareil garantissent sa sécurité et sa durabilité, des critères essentiels pour une utilisation professionnelle régulière.

HTC dispose d'un métavers dénommé Viverse. Ce dernier est en pleine croissance et offre une variété d'outils tels que la création d'avatars, un magasin NFT et un *cryptowallet*. HTC propose également son propre métavers destiné aux entreprises, qui offre des fonctionnalités de collaboration et de réunion en réalité virtuelle. Si vous envisagez l'achat d'un casque HTC Vive, vous pouvez explorer les différentes options disponibles sur le magasin officiel Viverse. Avec sa qualité matérielle et ses métavers en rapide expansion, HTC reste un choix privilégié pour les professionnels de la réalité virtuelle.

La société Bigscreen, en plus de proposer une expérience de cinéma à domicile, a souhaité concevoir un casque de réalité virtuelle adapté à son service. En effet, il peut être inconfortable de porter un casque sur le visage pendant plusieurs heures d'affilée. Cela est particulièrement vrai pour les casques dont le poids est concentré à l'avant, ce qui peut fatiguer progressivement les cervicales. Pour remédier à ce problème,

Bigscreen a conçu un casque de réalité virtuelle extrêmement léger et personnalisé pour chaque utilisateur.

En se basant sur un scan du visage (effectué à l'aide du LiDAR d'un téléphone), l'entreprise imprime une mousse sur mesure pour maximiser le confort. Le casque, qui ne pèse que 124 grammes, doit être connecté à un ordinateur ou un téléphone portable. Ainsi, les utilisateurs peuvent profiter d'une expérience cinématographique immersive sans sacrifier le confort.

Parmi les autres solutions de réalité virtuelle et augmentée, l'Oculus Rift, les célèbres HoloLens 2 par Microsoft et le HP Reverb G2 qui est également félicité pour ses qualités visuelles. Le Samsung Gear VR et le Valve Index complètent les solutions les plus en vues. Le Sony PlayStation VR est enfin une option disponible pour les amateurs de jeux vidéo possédant une PlayStation 4 ou 5, offrant ainsi une expérience immersive.

Notons également la présence sur le marché de la solution française de réalité mixte Lynx Mixed Reality. Le Lynx R-1 Headset existe en version standard à 850 dollars et la version entreprise est à 1299 dollars.

Une limite technologique actuelle est celle du champ de vision des casques de réalité virtuelle. L'humain a un champ de vision horizontal de l'ordre de 180/200 degrés. Toutefois, les casques actuels réduisent ce champ de vision (dit FOV pour *field of view*) à 90/110. Par exemple, le Meta Quest dispose d'un champ de vision de 110 degrés. Pour une meilleure immersion, les solutions devront proposer des champs de vision au plus proche des conditions réelles. Notons que certains casques proposent un FOV de 200 (p. ex. le Pimax VR Casque). Toutefois, ils sont peu nombreux sur le marché.

Pour un comparatif détaillé, nous vous recommandons de consulter le site Clubic qui reste une référence dans les tests de solutions technologiques (QR code).

Lorsqu'il s'agit d'utiliser des casques de réalité virtuelle en public, il est essentiel de prendre en compte la propreté et l'hygiène. Il existe des solutions pour utiliser la technologie UV-C afin de nettoyer les casques tout en éliminant les bactéries et les virus. La solution Cleanbox VR est une boite conçue pour accueillir un ou plusieurs casques et les exposer aux rayons UV-C pendant 60 secondes, ce qui garantit un nettoyage efficace. Les lingettes et les masques hygiéniques sont des alternatives considérées comme moins efficaces et plus couteuses pour un usage intensif. Les lingettes et les masques ne permettent pas une désinfection complète du casque, ce qui peut poser des risques pour la santé des utilisateurs.

Les ventes de casques ont été en très forte augmentation en 2022 (+200 %). Le cabinet Strategy Analytics estime à 250 millions le nombre d'appareils de réalité virtuelle et augmentée d'ici 2027. Le marché prédit en particulier une augmentation significative des achats de casques de réalité virtuelle par les professionnels dans les trois prochaines années. L'objectif premier étant de pouvoir assurer les réunions d'entreprise dans le métavers ainsi que d'assurer la formation.

Nous pensons que le port du casque qui est perçu par beaucoup comme une contrainte peut également être bénéfique. Le fait de mettre un casque matérialise l'entrée de l'expérimentateur dans le métavers. Le geste fait donc partie d'une procédure, d'un rituel qui peut avoir son importance pour la psychologie de l'utilisateur. Il marque le changement de monde.

Nous parlons de **réalité étendue** (XR pour *Extended reality*) pour qualifier non seulement la réalité virtuelle, mais également les réalités mixtes et augmentées. Dans le cadre de la réalité mixte, l'utilisateur évolue dans un monde incluant des éléments virtuels et réels. En ce qui concerne la réalité augmentée, l'utilisateur est immergé dans le monde réel auquel sont ajoutés des éléments virtuels qui viennent enrichir l'expérience.

Les équipements de réalité augmentée (RA) prennent progressivement place sur le marché. Bien sûr, la lentille de notre téléphone permet d'accéder à la réalité augmentée en filmant la réalité et en y incrustant des éléments numériques. Toutefois, d'autres solutions plus immersives existent. On notera les lunettes connectées de Nreal, les Air Nr - 7100RGL Ar ainsi que les Magic Leap. Les observateurs attendent avec impatience la sortie des lunettes du géant Apple prévue en 2023. Le Meta Quest Pro permet à la fois l'usage de la réalité augmentée et virtuelle. Toutefois, son design s'approche de celui d'un casque plus que de lunettes. La solution Air Glass d'Oppo s'appuie sur un dispositif qui se clipse sur la branche droite des lunettes afin de proposer un enrichissement de la vue. Le casque HoloLens 2 de Microsoft est également un moyen d'accéder à la réalité augmentée. L'existence de deux éditions industrielles révèle le positionnement de Microsoft autour des entreprises plus que du tout public. Cela se confirme par le cout du matériel qui est de près de 4000 euros. Rappelons que les Google Glass avaient été commercialisées sur le marché en 2011 avant d'être retirées en 2015. Toutefois, Glass Enterprise Edition de Google poursuit sa route auprès du public professionnel.

Depuis 2021, Google Maps, l'outil de cartographie de Google, intègre des fonctionnalités de réalité augmentée. Il permet notamment de bénéficier d'une expérience de navigation à l'intérieur des bâtiments grâce à cette technologie. L'application propose par exemple une signalétique en réalité augmentée pour aider les utilisateurs à trouver leur porte d'embarquement (ou d'autres lieux d'intérêt) dans certains aéroports aux États-Unis, en Allemagne et au Japon. Elle permet également de se repérer dans une ville à l'aide de la caméra du téléphone portable. En scannant les alentours, en particulier les devantures des magasins, l'outil peut identifier précisément votre emplacement et vous guider à destination grâce à une signalétique. La RA se développe rapidement grâce à la technologie NeRF (neural radiance fields), qui permet de créer des scènes 3D à partir de photos et de vidéos.

Des vues immersives sont déjà disponibles dans les villes de Londres, Los Angeles, New York, San Francisco et Tokyo. Avec la réalité augmentée, l'utilisateur peut avoir une vue en temps réel de son environnement, enrichie de données visuelles et sonores qui rendent l'expérience de navigation plus interactive et immersive. Cette technologie révolutionne le domaine de la cartographie en offrant des fonctionnalités innovantes et des perspectives inédites, aussi bien pour les particuliers que pour les entreprises.

L'application de réalité augmentée Ikea Place permet de visualiser le mobilier de la marque directement chez vous

Les solutions de RA permettent sans obstruer la vue de visualiser des contenus numériques. Il sera bientôt possible de basculer entre la réalité augmentée et la réalité virtuelle en obscurcissant plus ou moins le champ de vision du réel. Les fonctionnalités proposées par ses dispositifs sont l'affichage de l'écran de l'ordinateur, l'affichage de notifications (appels, SMS, réseaux sociaux), la projection de vidéos ou d'objets 3D, la navigation web, la localisation GPS, la prise de photos, le jeu vidéo, etc. Pour certains observateurs, la réalité augmentée est le

Graal de l'Internet spatial. Dans cette version de l'Internet, l'information sur les choses, lieux ou évènements historiques sera localisée dans l'espace physique aux endroits où elle est la plus pertinente. En 2019, le rédacteur en chef et fondateur du magazine Wired, Kevin Kelly écrit un article sur le monde miroir (voir QR code) qui s'apparente à une prophétie du métavers sous l'angle de la réalité augmentée.

Une variété d'applications de réalité augmentée font succès auprès des consommateurs dont les célèbres IKEA Place, Google Lens et Pokemon Go. L'Oréal a présenté une expérience de réalité augmentée — le make-up studio — pour ses produits de la marque Maybelline. Cette dernière permet d'expérimenter les cosmétiques en réalité augmentée via des filtres personnalisables.

Notons que des millions de personnes utilisent la réalité augmentée via les filtres Snapshat. La plateforme Snap AR permet de concevoir et de monétiser des créations de réalité augmentée. De plus, Snapshat a dévoilé en 2021 un modèle de lunettes de réalité augmentée : les Spectacles.

L'application Google Art & Culture propose une série d'expériences mêlant réalité virtuelle et augmentée. Il est ainsi possible de visualiser des toiles de grands maitres en réalité augmentée ou même de se voir porter une pièce de musée tel que le collier de faïence égyptien du musée royal Ontario. L'application propose des visites en réalité augmentée. Il est possible, sans investir dans un casque, de tester des expériences telles que la visite du temple de Junon, temple de Zeus et de la nécropole paléochrétienne dans la Valle Dei Templi en Sicile.

Nous vous invitons à découvrir l'expérience de réalité augmentée que nous avons créée à l'occasion de la sortie de la seconde édition du manuel du métavers. Nous la proposons sous deux variantes : la première sur Snapshat et la seconde sur Facebook et Instagram.

Pour tester le filtre Snapchat à partir du QR code, vous devez tout d'abord installer l'application Snapchat sur votre appareil mobile. Ensuite, vous devez ouvrir l'application et activer la fonction de numérisation de code QR. Pointez ensuite votre caméra sur le code du filtre et vous verrez alors une vignette du filtre s'afficher à l'écran. Appuyez sur cette vignette pour appliquer le filtre. Vous devez voir apparaitre nos deux avatars animés apparaitre et vous saluer.

Pour tester le filtre Instagram, vous devez avoir un compte Instagram et l'application installée sur votre téléphone. Scannez le QR code (à droite) à l'aide de votre appareil photo pour ouvrir le filtre Instagram correspondant dans l'application. Vous pouvez ensuite l'essayer en utilisant votre appareil photo sur la couverture de notre ouvrage.

Pour créer les deux filtres, nous avons utilisé les modélisations 3D de nos avatars créés avec *Ready Player Me* et les avons intégrées dans les outils de développement d'expérience de réalité augmentée Meta Spark et Lens Studio. Nous avons ensuite animé nos avatars avec Mixamo d'Adobe pour créer un effet visuel. Bien que nous ayons des compétences techniques, de nombreux filtres et expériences peuvent être créés en moins de 15 minutes. Pour des expériences plus sophistiquées, une maitrise des logiciels de création 3D, ainsi que de JavaScript, et quelques heures de pratique avec l'outil seront nécessaires.

En ce qui concerne la réalité virtuelle, nous vous conseillons d'acquérir, ou de tester dans un espace public, un casque VR et découvrir le nouvel univers qui s'offre à vous. Il n'est pas nécessaire de posséder un casque de réalité virtuelle pour suivre le livre et tester la plupart des outils du marché.

Une solution très peu couteuse pour découvrir la réalité virtuelle est celle des lunettes de réalité virtuelle 3D pour téléphone portable aussi dénommée les *cardboards*, dont le tarif varie entre 3 euros et un peu plus de cent euros. À certaines occasions, elles peuvent même être offertes lors d'évènements. Les *cardboards* permettent d'expérimenter la réalité virtuelle à moindre cout. Les *cardboards* sont des dispositifs de réalité virtuelle simples et abordables qui s'appuient sur les téléphones portables pour fonctionner. Ils sont généralement composés de carton et de lentilles, et vous insérez simplement votre smartphone à l'intérieur de la structure. Grâce à cette configuration, l'écran du téléphone est divisé en deux, et chaque œil regarde une image légèrement différente, créant ainsi un effet de réalité virtuelle stéréoscopique.

Les *cardboards* utilisent l'accéléromètre et le gyroscope, pour suivre les mouvements de la tête de l'utilisateur et ajuster l'image en conséquence. L'expérience via une *cardboard* bien que peu onéreuse est beaucoup moins sensationnelle qu'avec un casque de RV. Le rendu est moins immersif et la plupart des métavers ne seront pas accessibles avec cette solution.

Certaines applications compatibles avec *Google Cardboard* sont téléchargeables sur les plateformes d'applications et certaines sont directement accessibles en ligne. Google Culture que nous avons déjà présenté est l'une de ces expériences.

Le HoloKit X est un accessoire de type *cardboard* amélioré pour iPhone qui transforme le téléphone en un casque de réalité augmentée stéréoscopique à vision optique directe. La solution a été nommée pour plusieurs prix d'innovation en 2023.

Les captures d'écran ou autres vidéos de démonstration de réalité virtuelle ne reflètent pas l'expérience telle que vécue avec un casque. Même si les graphismes de certains métavers semblent bien souvent simplistes, l'expérience immersive est crédible et parfois même éblouissante. Cette dernière est enrichie par la technologie de spatialisation sonore qui permet de savoir où se situe la personne qui s'adresse à vous.

Pour comprendre à quel point l'immersion est prenante, nous vous conseillons de visionner la vidéo des joueurs de Sandbox VR (voir QR-code). Sandbox VR est une entreprise qui propose une expérience  immersive en groupe jusqu'à six personnes dans des locaux physiques. Les participants sont équipés de casques de réalité virtuelle et de traqueurs de mouvements pour une immersion maximale dans des scénarios variés, qui donnent l'impression de vivre à l'intérieur d'un jeu ou d'un film. L'équipe fondatrice de l'entreprise est composée d'anciens membres d'EA, Sony et Ubisoft, apportant ainsi une expérience de jeu de qualité professionnelle. Les joueurs sont pris au jeu, avec des sensations de peur et d'adrénaline dans un environnement virtuel réaliste.

Le métavers présente souvent un graphisme simpliste, notamment au niveau du design des avatars. Cela n'est pas uniquement dû à une contrainte technique. Le phénomène de vallée de l'étrange prédit une relation entre le degré de ressemblance d'un objet avec un être humain et la réponse émotionnelle (souvent négative) à cet objet. Les objets humanoïdes (p. ex. les avatars) qui ressemblent beaucoup, mais imparfaitement à des êtres humains provoquent des sentiments de gêne et de répulsion. Une représentation simpliste des avatars (tels que les Mii de Nintendo) est une manière de s'assurer de ne pas tomber dans la vallée étrange. Nous observons les mêmes pratiques dans l'industrie robotique, avec notamment des robots comme Pepper qui ressemblent plus à des enfants qu'à des humains.

Précisons que ce qui est recherché en réalité virtuelle est la crédibilité et non le réalisme. Cette dernière est suffisante pour obtenir l'implication psychosensorielle des expérimentateurs. La réalité virtuelle se démarque des autres médias grâce à **l'illusion de la non-médiation** — comprenez le fait d'utiliser un média tout en l'oubliant.

La sensation d'être dans le monde réel tandis que nous sommes dans un média est un attribut unique du métavers qui peut faire une grande différence.

Avant d'entrer dans le métavers

À ce stade, si vous disposez du casque de réalité virtuelle Meta Quest et n'avez jamais utilisé votre appareil, consultez la vidéo à droite, pour suivre le tutoriel proposé par l'application First Quest (premiers pas avec le Quest 2) afin de débuter en toute sécurité dans ce nouvel univers.

Il est possible de se déplacer dans l'espace virtuel de deux manières différentes : en évoluant dans le monde physique (gestes et pas) ou en se téléportant. Pour cela, il faut pointer une zone devant soi avec le *joystick*. Lorsque vous effectuez des mouvements dans le monde réel, ces derniers sont retranscrits dans le monde virtuel.

Il peut être dangereux d'évoluer dans l'univers virtuel sans avoir la perception des objets qui vous entourent. Pour y remédier, un **gardien** est défini. Il se base sur l'espace disponible autour de vous sans risquer de percuter un objet. Cet espace est configuré à l'initialisation. Lorsque vous vous approchez des limites, une grille apparaitra pour vous protéger. Si vous semblez sortir de la limite, alors l'expérience est mise en pause pour votre sécurité. Soyez vigilants, car les témoignages d'accidents se multiplient.

Si vous portez des lunettes, soyez prudent avec les lentilles des appareils qui sont particulièrement sensibles. Des protections existent sur le marché. Des boites de rangement sont également disponibles pour protéger votre appareil lors de son transport. Enfin, des sangles de tête ajustables parfois accompagnées de batteries de secours assurent un meilleur confort et une plus longue durée d'utilisation (p. ex. bobovr). Enfin, des stations de charge, des ventilateurs anti buée et des périphériques audios peuvent permettre une meilleure expérience.

Continuum de virtualité

Pour synthétiser l'ensemble des possibilités offertes par l'intégration du monde virtuel dans le monde physique, il est utile de s'appuyer sur le **continuum de virtualité** de Milgram. Ce continuum englobe toutes les variations et compositions possibles d'objets réels et virtuels. Nous présentons ci-après une image simplifiée de ce continuum.

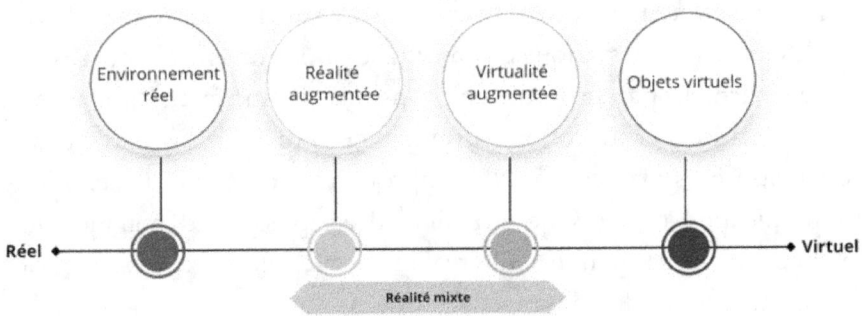

Le continuum de virtualité de Milgram

La réalité augmentée est majoritairement composée d'objets réels auxquels sont ajoutés quelques objets virtuels. Les filtres que vous venez de tester sont en réalité augmentée. La virtualité augmentée est prédominée par des objets virtuels, auxquels sont intégrés quelques objets réels. Les actions effectuées par un utilisateur dans un environnement mixte (MR pour réalité mixte) sont le résultat d'une interprétation des gestes de l'utilisateur avec les objets virtuels et réels qui l'entourent et qui, par le biais de simulations, restituent de manière réaliste l'image modifiée à ce dernier.

La notion de réalité mixte est d'une certaine manière assez proche du concept philosophique d'**hyperréalité**. Cette dernière se définit comme une amélioration fictive de la réalité. Dans une telle situation, l'humain n'est plus tout à fait en mesure de distinguer la réalité de l'imaginaire. Jean Baudrillard, Daniel Boorstin, Albert Borgmann font partie des théoriciens associés à ce terme. Si le concept est défini comme le symptôme d'une culture postmoderne, le métavers lui donne une nouvelle consistance.

Le métavers semble se développer par rapport au continuum en tirant à la fois parti de son évolution du réel au virtuel (de gauche à droite) et du virtuel au réel (de droite à gauche).

D'un côté, il permet une meilleure captation et numérisation des artéfacts et des expériences réelles dans l'univers virtuel. De l'autre, il permet une concrétisation de l'expérience virtuelle dans le monde réel avec les jumeaux numériques, la monnaie numérique ou la possession d'objets virtuels par exemple. Notons que le métavers améliore la communication virtuelle en offrant une présence sociale et une incarnation plus avancée, ce qui rapproche les modes et les effets de communication de ceux de la réalité. Il est possible d'imaginer qu'à l'avenir, il n'y aura qu'une seule réalité sociale. Nous éclaircirons tous ces éléments au fil de l'ouvrage.

Une partie significative des solutions qualifiées de métavers sont à ce jour des univers en virtualité augmentée ou totalement virtuels. Dans un univers virtuel immersif, une fois le casque sur vos yeux, votre champ de vision est totalement occupé par l'univers artificiel.

Cela signifie que vous pouvez vous déplacer en marchant (ou en vous téléportant) et que l'environnement s'ajuste automatiquement à vos mouvements et à votre point de vue. Si vous vous retournez, vous découvrez le paysage virtuel derrière vous. Si vous saisissez un objet virtuel, vous pouvez le mouvoir et vous déplacer avec. Vous ne voyez plus rien de votre environnement réel.

L'image de la page suivante est celle d'un espace de travail (Horizon Workrooms de Meta) en **virtualité augmentée**. Dans l'environnement virtuel sont ajoutés des objets réels. La surface du bureau correspond à celle du bureau réel, le clavier de l'ordinateur correspond au clavier réel. Il est possible de dactylographier un texte sans difficulté. L'environnement du Méta Quest permet également de recréer de manière virtuelle certains de vos mobiliers de maison. Cela peut vous permettre de vous installer confortablement sur votre divan virtuel (et réel) sans quitter le monde virtuel.

Espace de travail sur Horizon Workrooms par Meta en virtualité augmentée

Enfin, les contrôleurs situés dans les deux mains de l'expérimentateur sont fidèles aux manettes réelles. Elles permettent des interactions avec les objets virtuels. De plus en plus, les manettes deviendront facultatives et l'expérimentateur pourra contrôler l'interface avec des gestes. La dernière mise à jour de Meta a révolutionné la façon dont nous interagissons avec le métavers en permettant un contrôle gestuel intuitif de l'interface, sans avoir besoin d'un contrôleur. La reconnaissance des mouvements est désormais intégrée au casque, permettant aux utilisateurs de cliquer sur des éléments d'interface avec un pincement de doigts ou d'ouvrir des menus virtuels en appuyant avec l'index. Cette technologie de contrôle gestuel représente un pas en avant dans la réalisation de l'immersion totale du métavers. En offrant une interaction plus naturelle avec l'environnement virtuel. Elle renforce la sensation de présence dans le métavers, créant ainsi une expérience plus immersive pour les utilisateurs.

L'environnement proposé par Vertigo Games ci-après est totalement virtuel. Il s'agit d'une capture d'écran de l'expérience de visite de l'annexe secrète décrite par Anne Frank dans son journal. Dans le musée actuel, l'annexe est vide et sa visite requiert une réservation longtemps à l'avance et une file d'attente du fait de l'étroitesse de l'espace. L'expérience virtuelle est accessible immédiatement et nous y découvrons les pièces comme si elles n'avaient jamais été modifiées. Nous sommes dans des conditions tout à fait réalistes par rapport à la situation de l'époque. L'expérience est enrichie par une voix reprenant les extraits du célèbre journal.

Les expériences virtuelles sont très prenantes, car nous avons la sensation d'être sur les lieux. L'immersion est en fait l'interface graphique la plus naturelle qui soit, celle vectrice de notre évolution depuis les origines. Le réel nous porte dans un espace tridimensionnel accompagné du facteur temps. La réalité virtuelle et augmentée offre donc une interface qui correspond parfaitement à nos caractéristiques biologiques et nos habitudes de vie. L'efficacité de notre cerveau pour traiter les signaux visuels est un signe de ces capacités et de notre construction biologique. À titre d'exemple, nous n'avons besoin que d'un dixième de seconde pour comprendre une scène visuelle telle que l'annexe secrète de la maison d'Anne Frank tandis que le temps de traitement de chiffres et de textes est beaucoup plus long.

Visite de l'annexe secrète de la maison d'Anne Frank en réalité virtuelle

La dichotomie perçue aujourd'hui entre notre vie digitale et notre vie réelle est souvent mise en avant. Nous émettons ici l'hypothèse que cette distinction peut être due au fait que nos expériences digitales se limitent souvent à un écran plat, ce qui ne permet pas une immersion complète dans un environnement en 3D. Avec l'émergence du métavers et de la réalité virtuelle, cette distinction pourrait s'estomper, car ces technologies permettent une expérience immersive beaucoup plus proche de celle que nous avons dans la vie réelle.

Nous pensons que les expériences et les technologies associées au métavers sont une nouvelle manière de construire notre identité et notre relation avec les autres et notre environnement dans une forme d'hyperréalité.

Le métavers offre une manière de devenir qui l'on veut être et rebat les cartes du possible et les stéréotypes de notre vie quotidienne. Les interactions sociales sont au cœur de ce nouveau web avec la possibilité d'assister à des spectacles virtuels aux premières loges. Il devient envisageable d'échanger et de partager des expériences avec des individus du monde entier sans se déplacer. Nous pouvons même voyager et découvrir de nouveaux univers. C'est donc aussi une nouvelle manière de faire du tourisme ou de visiter son futur bien immobilier (p. ex. Versity). Les personnes isolées peuvent recevoir de la visite et se socialiser avec leur famille ou même avec des inconnus. L'exploration de zones de la planète inaccessibles ou dangereuses devient également possible.

Après avoir exploré les différentes facettes du concept de métavers, il est maintenant temps de passer à la pratique et de découvrir comment y entrer. Dans le prochain chapitre, nous vous guiderons à travers les premiers pas à franchir pour créer votre avatar et vous immerger dans cet univers virtuel. Nous vous présenterons des exemples concrets de visites culturelles et de réunions professionnelles qui vous donneront un aperçu des multiples possibilités offertes par le métavers.

CHAPITRE 3
Premiers pas dans le métavers

« Les personnes sont représentées par des entités virtuelles appelées avatars, qui fonctionnent comme des programmes informatiques. Les avatars sont les corps audiovisuels que les utilisateurs utilisent pour communiquer et interagir entre eux dans le métavers. »

Neal Stephenson

Avant d'embarquer dans le métavers, il est nécessaire de donner corps à votre identité numérique. La première étape sera donc de créer votre avatar. Ce dernier est une représentation tridimensionnelle associée à votre identité dans le monde virtuel. Votre avatar peut être fidèle à votre image ou bien totalement différent. D'une certaine manière, il étend et enrichit votre identité personnelle. Il vous appartient et c'est à vous de décider de son apparence. Vous pourrez même créer plusieurs avatars si vous souhaitez en changer. Lorsque votre avatar sera prêt, nous irons à la découverte de quelques environnements virtuels.

Création de votre avatar et implications

Le terme **avatar** signifie en sanscrit « descente ». Si à l'origine il désigne l'incarnation d'une divinité dans le monde ordinaire, il fait ici référence à une transformation ou une métamorphose d'une personne ou d'une chose. Il matérialise le passage du monde réel au monde virtuel. La symbolique est forte comme nous le verrons en conclusion de cet ouvrage.

Il existe de multiples solutions pour créer votre avatar. Pour le moment, vous n'apparaitrez pas toujours de la même manière sur les différentes plateformes, mais un outil comme **Ready Player Me** offre un réalisme  intéressant et une compatibilité assez grande avec des métavers variés (QR-code). Vous pourrez ainsi garder le même avatar sur quelques métavers même s'il n'existe pas d'interopérabilité complète entre les nombreux univers virtuels. Il est probable que certaines plateformes ne vous permettent pas d'utiliser cet avatar et vous obligent à en créer un autre. Ce problème d'interopérabilité est en cours d'étude par les organismes de standardisation.

L'entreprise Ready Player Me fondée par Timmu Tõke a déjà permis à sept-millions de personnes d'incarner leur présence dans le métavers, et à plus de 4 000 entreprises d'utiliser des avatars dans leurs produits. Précisons que votre avatar est votre incarnation virtuelle. Il suivra vos gestes et votre faciès. Ainsi, lors d'échanges avec d'autres avatars, ceux-ci vous percevront sous votre nouveau costume. Vous pouvez créer plusieurs avatars et en changer lorsque vous le souhaitez. Vous pouvez disposer d'un avatar à votre image et d'autres plus fantaisistes ou conformes à une image que vous souhaiteriez avoir. La virtualité vous donne une chance de rester vous-même tout en devenant quelqu'un d'autre.

Pour commencer, il est recommandé de créer un avatar qui vous représente afin que vos amis et vous-même puissiez vous reconnaitre dans le métavers. Ne sous-estimez pas l'importance de votre apparence, car tout comme dans la vie réelle, elle aura un impact sur votre expérience, vos interactions et la perception des autres.

Des études ont démontré que lorsque les utilisateurs ont des avatars qui leur ressemblent, ils sont plus enclins à se sentir engagés et à développer un sentiment d'identification avec leur représentation virtuelle.

De plus, l'apparence de votre avatar influence la manière dont les autres vous perçoivent. Les utilisateurs du métavers établissent souvent des jugements et des connexions sociales basés sur l'apparence de leurs avatars. Par conséquent, choisir un avatar qui vous représente d'une manière positive et cohérente avec votre identité peut favoriser des interactions plus agréables et significatives avec les autres participants.

Il est probable que l'image de votre avatar puisse même impacter votre confiance en vous et votre estime de vous. Les sensations d'incarnation de l'expérimentateur dans leur avatar sont bien réelles, mais plus ou moins profondes.

De nombreux travaux de recherches traitent de cette question. Il s'agit de comprendre jusqu'à quel point nous nous sentons incarnés par ces avatars virtuels. La théorie de la cognition incarnée met en avant l'importance du corps dans les processus cognitifs. La cognition est un phénomène émanant du corps, qui reçoit des stimulations ou inductions proprioceptives et extéroceptives de l'environnement et qui joue un rôle central dans la réponse comportementale. Dans le contexte de la réalité virtuelle, le corps physique est représenté par un avatar, un corps virtuel. Les recherches démontrent que la relation entre la cognition, le corps et l'environnement demeure intacte. Par conséquent, des effets similaires sur les processus cognitifs liés à l'apprentissage et à la mémorisation sont observés dans les environnements virtuels.

L'effet Proteus tire son nom du dieu grec Proteus, connu pour sa capacité à changer de forme et d'apparence à volonté. Dans le contexte des environnements virtuels, l'effet Proteus fait référence à la manière dont les caractéristiques des avatars peuvent influencer le comportement et les attitudes des utilisateurs. Les personnes peuvent adopter des traits de personnalité ou des comportements en fonction de l'apparence de leur avatar, tout comme le dieu Proteus changeait de forme. Ainsi, l'expression est utilisée pour souligner cette relation entre les avatars et les changements de comportement des individus.

Il se pose également la question de la perception de l'autre qui est cette fois devenu virtuel. Dans *Le visage de l'autre*, Emmanuel Lévinas a largement traité ce thème. Notre avatar étant à la fois imparfait et projeté dans un monde artificiel, les questions ressurgissent. L'autre est-il une chose, un objet ou est-il bien plus que cela ? Touche-t-il à une forme d'infini ? La pensée de Lévinas devient presque réflexive lorsque conceptualisée dans les univers virtuels. Lévinas indique qu'autrui se manifeste devant moi comme altérité sans fond et en ce sens infini. Nos avatars étant devenus des projections immatérielles de ce que nous sommes, leur manifestation se fait au travers d'un nouveau prisme de virtualité qui floute nos perceptions. Comment saisissons-nous les autres dans le métavers ? Le philosophe établit que le visage de l'autre doit m'interdire la violence. En est-il de même pour le visage imparfait de mon avatar et quelles conséquences pour notre morale ? La renaissance de notre identité et notre incarnation dans un espace numérique est un sujet d'une profondeur philosophique incontestable.

Dans notre étude récente sur Decentraland, nous avons analysé la manière dont les utilisateurs choisissent leurs avatars, en mettant

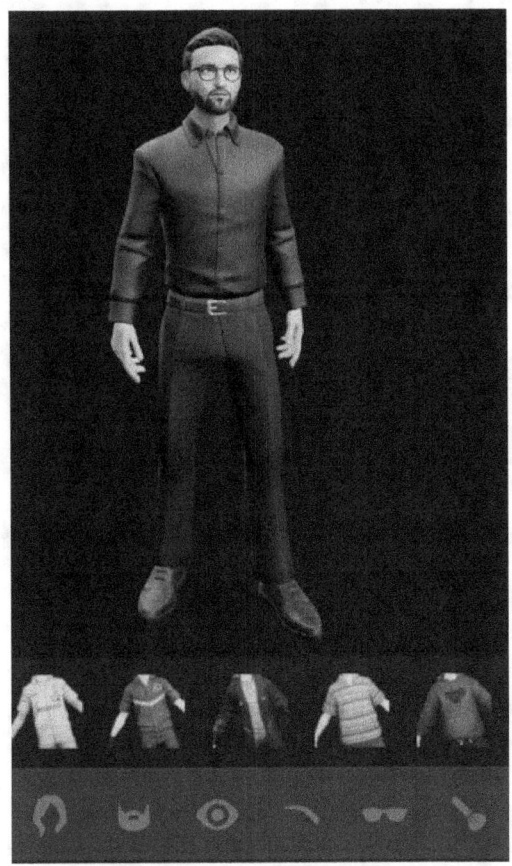

l'accent sur leurs attributs anthropomorphiques. En exploitant des mesures telles que la ressemblance de la tête, la complétude du corps humain, et la ressemblance du corps humain, nous avons pu étudier les préférences des utilisateurs. Il apparaît que les utilisateurs préfèrent des avatars qui combinent des traits humains et non humains, cherchant un équilibre entre le familier et l'extraordinaire. Cette tendance à osciller entre des avatars qui offrent une ressemblance humaine et ceux qui embrassent des éléments plus fantastiques souligne une relation complexe entre le confort des traits humains et l'attrait des caractéristiques non humaines. Les transitions dans les choix d'avatar reflètent l'exploration personnelle et l'adaptation au sein de l'espace virtuel, mettant en lumière les dynamiques d'expression de l'identité individuelle et d'interaction sociale.

Pour faciliter le travail de création de votre avatar, vous pouvez prendre une photo de votre visage ou télécharger une photo existante sur Ready Player Me. L'algorithme se chargera de modéliser un avatar à votre image. Vous pourrez ensuite modifier son apparence de la tête aux pieds pour le rendre plus crédible. Des vêtements peuvent également être choisis ainsi que des accessoires.

Il est possible d'acheter des artéfacts numériques proposés par des marques (lunettes, chaussures, vêtements) afin de les associer à votre avatar et les emporter avec vous dans les univers virtuels. Ces items sont souvent en quantités limitées, voire uniques.

Les marques et les créateurs trouvent peu à peu place dans le métavers afin de proposer une personnalisation des avatars avec des accessoires de qualité. Nous en parlerons en détail dans le chapitre 9. Ready Player Me a par exemple des partenariats avec Adidas, New Balance et même la Warner. Le jeune public est susceptible de dépenser beaucoup d'argent pour une tenue virtuelle. Les tenues de marque sont un signal de statut social en ligne. En vous en procurant, vous pourrez traverser avec style les environnements immersifs. Nous observons déjà la démultiplication de boutiques virtuelles. Ces items contribueront au renforcement de l'identité virtuelle qui joue un rôle important dans l'adoption de cette technologie.

Notons que des solutions telles que Kinetix proposent la création d'avatars animés sur la base de simples vidéos. Il s'agit d'un mini studio d'animation accessible à tous. Le résultat peut être partagé dans les univers virtuels. L'outil est compatible avec Ready Player Me et permet de créer des vidéos animées de votre avatar sur la base de vidéos filmées. Enfin, de nombreuses entreprises se positionnent dans la numérisation précise du corps humain pour créer des avatars ultra-réalistes. Mark Zuckerberg par exemple introduit un avatar réaliste, le « Codec Avatar », lors d'une interview avec Lex Fridman. Cette technologie, faisant appel à des scans faciaux avancés, permet de créer des avatars ultra-réalistes pour la réalité virtuelle et augmentée. Le Codec Avatar reproduit fidèlement les expressions faciales en temps réel, améliorant ainsi l'expérience utilisateur dans les environnements virtuels. Cette innovation représente une avancée majeure dans le domaine de la réalité virtuelle, rendant les interactions plus naturelles et immersives. Vous pouvez consulter l'interview (en anglais) en scannant le QR-code.

Parmi les autres solutions sur ce domaine, on peut citer des entreprises telles que 8i, Artec 3D, le Digital Human Research Center (DHRC),

Dimension10, Eisko, ObserVR, Osso VR et Quantum Capture. Ces technologies permettent de créer des avatars qui sont si précis et si détaillés qu'ils peuvent être utilisés dans de nombreux domaines tels que la médecine, la recherche scientifique, le divertissement et l'éducation.

Maintenant que vous avez créé votre avatar, vous êtes prêt à vous aventurer dans le métavers. Commençons par explorer une galerie d'art numérique pour nourrir votre curiosité, puis nous organiserons une première réunion dans un espace professionnel.

Visite culturelle

Spatial est une application parfaite pour démarrer une expérience immersive avec votre avatar Ready Player Me. Nous vous proposons d'entrer dans ce métavers en vous baladant dans une galerie d'art virtuelle. Si vous disposez d'un casque ou d'un accessoire de réalité virtuelle, vous pouvez y installer l'application. Si vous n'en possédez pas, les espaces sont accessibles via votre *smartphone* ou un navigateur web (scannez alors le QR-code).

Il existe une multitude d'espaces virtuels à visiter sur Spatial. Nous vous conseillons de débuter par la galerie de Jake Fried. Ses œuvres dynamiques sont particulièrement adaptées au format immersif. Les ventes des œuvres de cet artiste via le métavers ont atteint un montant de plus de deux-millions de dollars !

Prenez le temps de découvrir les œuvres et d'écouter l'histoire de l'artiste. Ce dernier a commencé par une carrière de peintre. Puis, il s'est intéressé à la façon dont une image change au fil du temps. Il a finalement décidé de devenir animateur d'œuvres. Il produit aujourd'hui des œuvres dynamiques inspirantes et pleines de messages.

Familiarisez-vous avec l'environnement. Naviguez dans divers espaces et voyez les possibilités offertes par un tel environnement virtuel. Vous pouvez échanger avec les autres visiteurs et faire réagir votre avatar pour applaudir, par exemple, en rapprochant et éloignant les deux contrôleurs ou en cliquant sur l'animation dans le menu. Les univers immersifs sont avant tout des **espaces de rencontre et d'échange** à l'image des réseaux sociaux numériques.

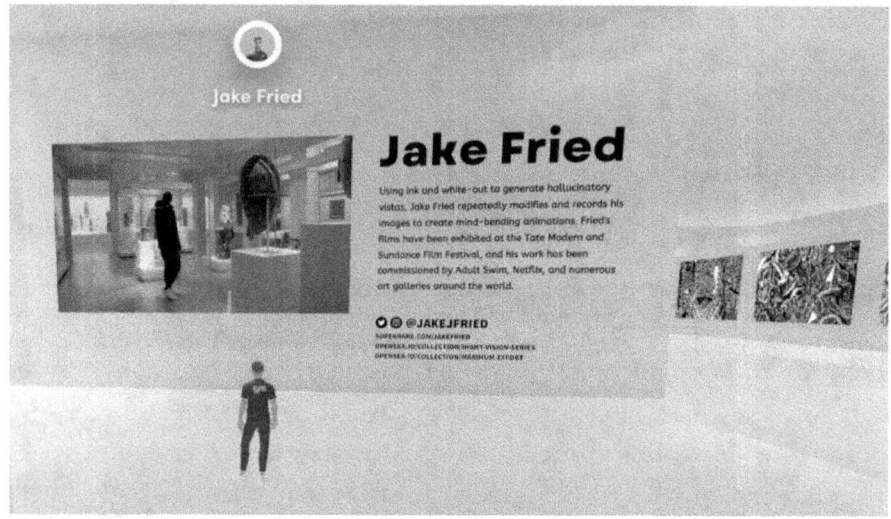

À la découverte des œuvres et de l'histoire de Jake Fried

Pour compléter votre visite culturelle, nous vous invitons à tester un plongeon dans une œuvre d'art que vous connaissez certainement : la chambre de Vincent Van Gogh. L'artiste Ruslan a reproduit en trois dimensions la chambre du célèbre peintre et l'a rendu disponible sur la plateforme Sketchfab permettant aux visiteurs de plonger dans les lieux en réalité virtuelle ou plus simplement de la visualiser en trois dimensions. Il indique avoir réalisé cette reproduction en cinq jours seulement.

Enfin, la visite de Pétra en Jordanie (avec YouTube VR accessible sur un casque de réalité virtuelle) est une expérience culturelle saisissante qui donne l'impression de se retrouver dans la cité antique. Grâce à la réalité virtuelle, les visiteurs peuvent explorer les sites historiques de Pétra, tels que l'emblématique Al-Khazneh, la Place des Sacrifices et les Tombeaux royaux. Les points de vue filmés par drone donnent l'impression de survoler les lieux. Les détails de l'architecture sont visibles en haute définition. En testant cette expérience, nous avons été marqués par le réalisme qui nous a donné l'impression de nous créer des souvenirs. Depuis cette expérience, nous nous interdisons de visiter certains sites du globe en réalité virtuelle, car nous aurions l'impression de gâcher la surprise et d'avoir déjà visité les lieux !

Meta Quest TV transforme l'expérience de regarder des divertissements à la télévision en proposant une immersion en réalité virtuelle (VR). Cette plateforme permet de parcourir une large bibliothèque de vidéos et d'animations ainsi que des chaînes.

Parmi les contenus disponibles sur Meta Quest TV, le documentaire *Conquest of the Skies* se distingue particulièrement. Cette série documentaire en trois parties, présentée en VR 3D 180, invite les spectateurs à un voyage extraordinaire à travers l'évolution du vol. Elle permet de se retrouver face à face avec des créatures préhistoriques, des insectes, des reptiles et des oiseaux, offrant une expérience que la télévision traditionnelle ne peut égaler. Le réalisateur Lewis Ball a indiqué avoir développée sur neuf mois cette série qui combine des matériaux d'archives améliorés, plongeant les spectateurs dans un monde préhistorique. L'épisode préféré de Ball, "Rivals", offre une immersion dans la préhistoire, permettant aux spectateurs de se rapprocher d'animaux disparus. *Conquest of the Skies* est une expérience immersive qui ne se contente pas de stimuler les sens, mais vise également à éduquer et à éclairer. C'est une invitation à explorer l'évolution du vol sous un angle totalement nouveau, rendue possible grâce à la réalité virtuelle.

Nous pensons que le secteur culturel sera un vecteur de développement majeur pour le métavers, car il offre une opportunité unique de créer des expériences culturelles innovantes et de les partager à un public plus large et diversifié.

Réunion dans le métavers

Dans un contexte différent, mais tout aussi essentiel, nous vous proposons de découvrir un espace de travail pour une réunion professionnelle en utilisant la solution **Horizon Workrooms** de Meta. Vous pouvez rejoindre l'espace de travail depuis un navigateur ou utiliser un casque pour configurer votre espace. L'accès est donc multimodal.

Les entreprises qui ont expérimenté les groupes de travail en réalité virtuelle ont constaté un niveau d'engagement, de motivation, d'échanges et de concentration plus élevé par rapport aux réunions habituelles à distance. Cette nouvelle approche de collaboration offre des avantages uniques qui stimulent l'efficacité et la productivité des équipes.

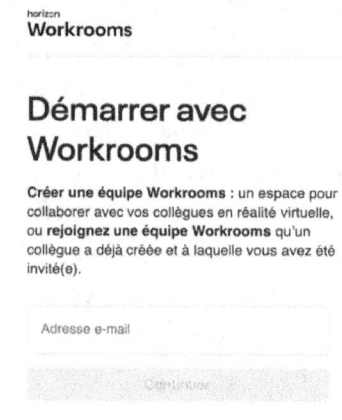

Lorsque les collaborateurs se réunissent dans un environnement virtuel immersif, ils ont l'opportunité de vivre une expérience plus engageante. Les avatars personnalisés et les espaces virtuels conçus spécialement pour les réunions professionnelles créent un sentiment de présence et de proximité, malgré la distance physique réelle. Cela favorise un sentiment d'appartenance à un groupe et renforce la cohésion d'équipe, ce qui est essentiel pour la collaboration efficace.

De plus, la réalité virtuelle permet d'optimiser l'interaction et les échanges entre les participants. Grâce à des fonctionnalités telles que le partage d'écrans, la manipulation d'objets virtuels et la communication vocale en temps réel, les membres de l'équipe peuvent interagir de manière plus fluide et naturelle. Cela facilite la communication et la compréhension mutuelle, conduisant à une meilleure coordination et à des prises de décision plus efficaces.

Pour débuter l'expérience, vous devez créer un compte Horizon Workrooms et appartenir à une équipe.

Si vous êtes le premier de votre équipe à rejoindre la plateforme, vous pouvez vous inscrire et créer une équipe. Si un membre de votre équipe utilise déjà la solution, il peut vous envoyer directement une invitation.

Installez-vous à votre bureau et rendez-vous sur le site workrooms.workplace.com/signup pour commencer.

Depuis Workrooms (en RA sur Meta Quest), vous pouvez définir l'espace de travail qui se trouve physiquement devant vous, il sera remplacé par un bureau lumineux et esthétique. Vous pourrez ensuite rendre accessible l'écran de votre ordinateur dans votre espace de travail virtuel via l'application Meta Quest Remote Desktop en quelques minutes seulement. Vous pouvez alors interagir avec votre ordinateur dans votre tout nouvel espace de travail.

 L'outil permet de créer des réunions dans un espace dédié. Pour le tester, nous vous invitons à créer une réunion et à inviter des amis ou collègues afin de tester en situation la fonctionnalité. Vous pourrez échanger avec les participants et même observer leurs expressions faciales via leurs avatars. Vous disposerez également d'un tableau blanc permettant de partager des notes écrites à la main. Des fichiers et vidéos peuvent être partagés sur un écran de la salle de réunion.

Il est possible de rejoindre une réunion Workrooms en utilisant une simple visioconférence ou en utilisant la réalité augmentée pour une expérience plus immersive. Nous vous encourageons à tester et explorer les fonctionnalités de l'outil. La chaine Daily Vr sur YouTube peut vous aider à découvrir le panel des fonctionnalités.

Notons que d'autres outils permettent de réaliser des réunions dans le métavers, par exemple, AltspaceVR, Glue, Spatial, Frame. Vous pouvez découvrir les possibilités imaginées par Epic conférence en scannant le QR-code ci-contre. Des bureaux virtuels sont également proposés en deux ou trois dimensions par des plateformes ludiques tels que Gather, mais aussi Glowbl, Lemverse, Workadventure ou Remotless.

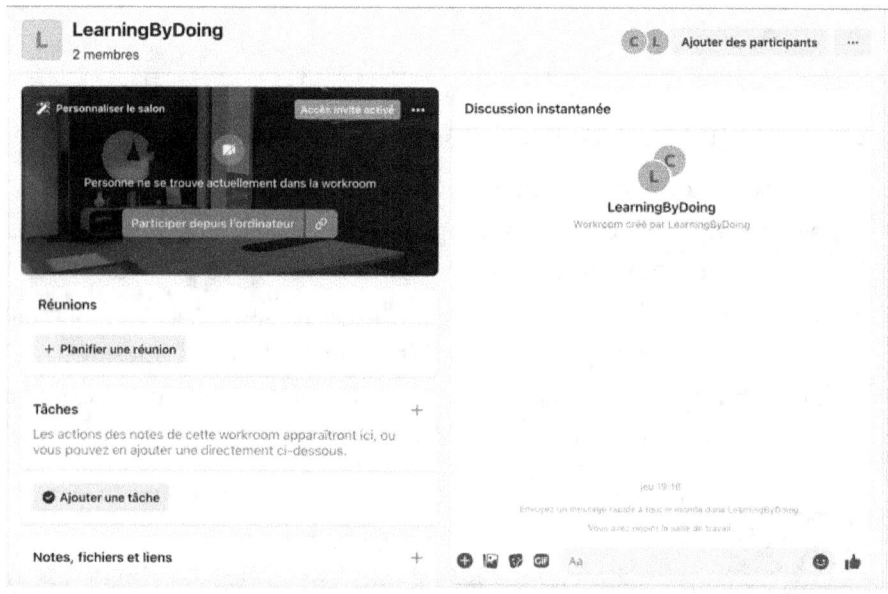

Espace de gestion d'une équipe sur Workrooms

Les entreprises en quête d'une meilleure productivité pourraient être un levier d'adoption majeur du métavers. Un grand nombre d'acteurs pensent que le métavers est sur le point de **révolutionner le travail à**

distance en apportant une qualité aux interactions sociales dans l'espace numérique. Les univers virtuels permettent de prendre en compte la communication non verbale. De plus, les lieux de travail virtuels permettent aux collaborateurs de disposer de ressources supplémentaires : des bureaux spacieux et lumineux, des tableaux sur mesure, des écrans virtuels pour la bureautique, des espaces d'échange et des sites de travail dont les volumes et quantités pourraient être quasi illimités et beaucoup moins couteux que dans la vie réelle. Le métavers éducatif MetaKwark a investi dans un campus virtuel majestueux dont la réalisation dans le monde réel aurait couté près de 1,2 milliard de dollars.

La crise sanitaire a largement contribué à l'accélération de l'adoption de ce type de format. Selon un rapport de Forrester, au moins trois des quatre solutions phares suivantes, Zoom, Slack, Webex et Google Apps ajouteront à l'avenir des fonctionnalités de type métavers. Microsoft a intégré sa solution Mesh dans Teams afin de proposer des réunions sous forme d'avatars en alternative à la vidéo.

Durant la pandémie de Covid-19, Accenture a innové en accueillant plus de 150 000 nouveaux collaborateurs à l'aide de la réalité virtuelle. Chaque nouvel employé recevait à domicile un casque de réalité virtuelle accompagné d'un kit de bienvenue. Pour cette intégration unique, Accenture a développé le « Nième étage », un espace d'accueil virtuel évolutif et accessible depuis n'importe quel endroit du monde. Cette initiative place Accenture en précurseur de l'adoption de la réalité virtuelle dans le milieu professionnel à grande échelle. Par ailleurs, Bank of America utilise également la réalité virtuelle pour la formation de plus de 200 000 de ses employés, soulignant ainsi la tendance croissante de l'utilisation de cette technologie dans les entreprises.

Le télétravail, rendu obligatoire pour beaucoup pendant la crise du Covid, a mis en évidence la possibilité pour les entreprises de faire preuve de plus de flexibilité. Les collaborateurs ont été poussés à franchir le pas par des contraintes externes, ce qui a contribué à l'accélération de la transformation digitale. Pour beaucoup, le télétravail est maintenu au moins partiellement, car il offre des avantages non négligeables. Cependant, le manque de relations humaines derrière un écran est tout aussi flagrant. Le métavers a le potentiel de rétablir un mode de communication plus naturel et proche de la réalité afin de pallier ce problème. La sensation de présence est une des grandes promesses du métavers. Une enquête récente de PwC a révélé que 51 % des entreprises sont en train d'intégrer la réalité virtuelle dans leur stratégie ou ont déjà intégré la réalité virtuelle dans au moins un secteur d'activité. L'adoption du métavers pourrait donc se faire en premier lieu via nos expériences professionnelles.

Après ce premier tour d'horizon, vous comprenez qu'il existe une **galaxie d'espaces virtuels** aux usages et ambitions variées. Ce que nous découvrons est donc un univers en expansion composé de multiples initiatives portées par des géants, mais également par des entreprises spécialisées et des startups. La création d'un unique métavers semble à ce jour utopique, car elle nécessiterait une collaboration entre des acteurs dont les intérêts peuvent parfois diverger. Toutefois, à l'image du web, il est possible que les interopérabilités entre les métavers se développent et génèrent une navigation simplifiée entre les espaces et un partage de ressources de plus en plus intelligent.

Après avoir effectué nos premiers pas dans le métavers et exploré les possibilités offertes par la création d'un avatar, il est temps de se pencher sur un aspect crucial du métavers : les actifs numériques. Ces actifs, qu'ils soient des pièces de monnaie virtuelles, des œuvres d'art numériques ou des objets de collection, sont au cœur de la nouvelle économie du métavers.

CHAPITRE 4
Un terrain de jeu pas comme les autres

« Le métavers est là, et il transforme non seulement la façon dont nous voyons le monde, mais aussi la façon dont nous y participons — de l'usine à la salle de réunion. »

Satya Nadella

Le métavers n'est pas uniquement une question d'expérience de réalité virtuelle ou mixte. Il n'est pas non plus seulement un espace où nos actions vont vers un objectif de productivité ou de divertissement. Le paysage global est bien plus exhaustif.

Une des principales sources de rupture technologique concerne la fin des barrières physiques et numériques, notamment dans le cadre de l'échange, de la possession et de la rareté de biens. L'une des plus grandes nouveautés est la gestion des **actifs numériques**. Dans ce chapitre, nous allons découvrir les différentes formes d'actifs numériques, comment les posséder et les échanger, ainsi que les défis auxquels ils sont confrontés.

Découvrir les actifs numériques

Vous vous souvenez certainement de votre visite dans le métavers Spatial. Les œuvres exposées dans les galeries ne sont pas de simples images dédiées à être admirées, mais des objets numériques associés à un  propriétaire. Nous vous proposons une nouvelle visite pour découvrir les œuvres de l'artiste Leila Pintos (QR code). Une fois dans la galerie, déplacez-vous pour vous positionner face à une œuvre, puis cliquez sur cette dernière. Vous voyez apparaitre une fenêtre vous proposant de consulter l'œuvre sur **OpenSea** — une place de marché pour créations numériques. Vous découvrez alors que cette dernière est en quantité limitée, voire unique et que vous pouvez l'acquérir ou faire une proposition d'achat.

L'œuvre Galax ci-dessus est au tarif de huit ethers, soit plus de 12 000 dollars. Un tel montant pour une représentation visuelle numérique, cela peut surprendre. Cependant, un fichier numérique peut désormais faire l'objet de rareté, voire d'unicité. Les objets de ce type sont réputés et font l'objet d'une forte demande, ce sont des NFTs.

Depuis la création du web, la valeur liée à un actif numérique était diluée du fait de la facilité à copier-coller n'importe quel contenu. Il est maintenant possible de conserver la rareté d'une œuvre en limitant le nombre de copies et en assurant la possession de celle-ci par une forme de **propriété numérique**. Ainsi, si vous décidez d'acheter une œuvre, vous devenez le propriétaire de cette dernière.

Vous pouvez effectuer quelques recherches sur la plateforme OpenSea (https://opensea.io) afin de découvrir les artéfacts numériques en vente et prendre la mesure de ce marché considérable. Il pesait plus de 44 milliards de dollars en 2021. Seriez-vous prêt à investir dans certaines œuvres ?

L'actif affiché ci-après représente la Une du Time du 15 aout 2022 dédiée au métavers qui a été réalisée par l'artiste Micah Johnson. Cette dernière existe en seulement 2400 exemplaires. Cette œuvre qui marque un moment important de l'histoire du métavers est actuellement en vente au prix de 62 dollars. Nous disposons d'un exemplaire de cette œuvre, car elle symbolise pour nous une étape importante de l'entrée du métavers dans la culture populaire.

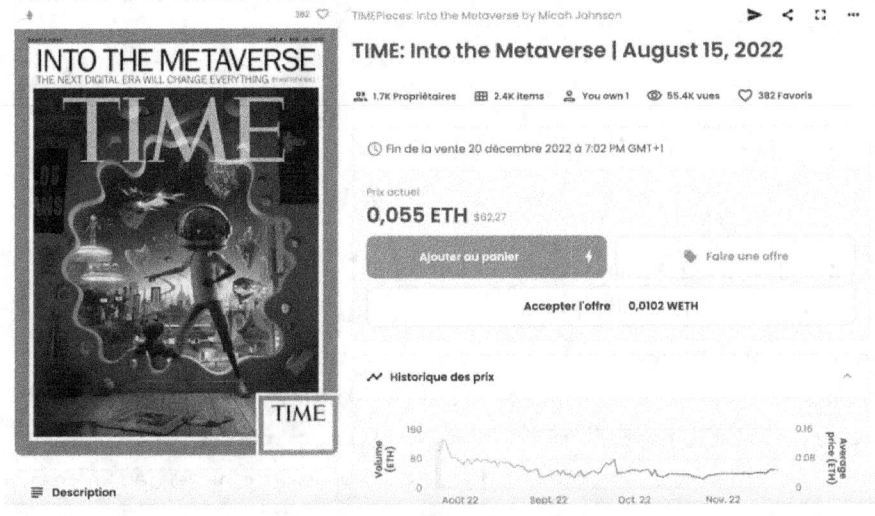

Une du Time en vente en quantité limitée

De nombreuses places de marché d'artéfacts numériques sont disponibles. Parmi les plus célèbres, on dénote Rarible, Mintable, SolSea, NiftyGateway, Superrare, MakersPlace, Crypto.com et Solanart. Depuis octobre 2022, la place de marché de NFT dénommée Blur prend de l'ampleur. Cette dernière est particulièrement appréciée des cryptofans et concurrence sérieusement Opensea. En effet, Blur a pris en quelques mois 40 % de part de marché.

Enfin, VeVe est une application mobile qui permet d'acheter et vendre des collections numériques sous licence. C'est la première place de marché à proposer des NFTs de marques telles que Marvel, Disney, Star Wars, Givenchy offrant ainsi une opportunité unique aux fans de collectionner des objets de collection numériques authentiques.

Nous verrons plus tard dans ce livre le processus permettant de créer et d'investir dans ce type d'œuvres. Pour mieux comprendre l'engouement qui se crée autour des univers virtuels et de la possession d'objets numériques, nous vous proposons de découvrir un autre type d'actif. Cette fois-ci, il s'agira d'un terrain virtuel du jeu Upland. Cette application vous permettra de posséder gratuitement votre premier actif numérique.

Posséder un actif numérique

Upland est une application mobile et web qui encourage les participants à accumuler des richesses dans le jeu. Chaque joueur peut posséder une parcelle de terrain virtuel délimitée par une cartographie du monde réel à l'image d'un plan cadastral. Les parcelles sont en quantités limitées, car elles correspondent à des adresses réelles. À ce jour, quelques villes seulement sont ouvertes à l'achat et à la vente. Comme dans la vie réelle, le cout dépend de la dimension du terrain, de son emplacement et de la demande. Les utilisateurs peuvent acheter et revendre leurs propriétés. Les utilisateurs de Upland ont gagné plus de 1,8 million de dollars américains en négociant des propriétés numériques !

Le mode de fonctionnement de Upland est assez similaire au jeu du Monopoly. Il existe des ressemblances fortes dans la manière dont le jeu encourage à acquérir des propriétés. Chaque terrain a un montant de loyer, et les organiser en collections permet d'obtenir plus de revenus. Enfin, il est possible de construire sur les propriétés afin d'en augmenter la valeur.

L'acquisition d'une propriété s'effectue grâce à des jetons UPX que vous pouvez obtenir ou acheter. En arrivant dans l'univers Upland, vous bénéficiez gratuitement de jetons vous permettant d'investir. Nous vous invitons donc à partir à la recherche de votre premier bien. Attention, il est possible que vous deviez chercher un certain temps avant de pouvoir trouver un terrain accessible avec le nombre limité de jetons UPX que vous avez reçus lors de l'inscription. Cependant, avec un peu de patience et de recherche, il est toujours possible de trouver un terrain approprié.

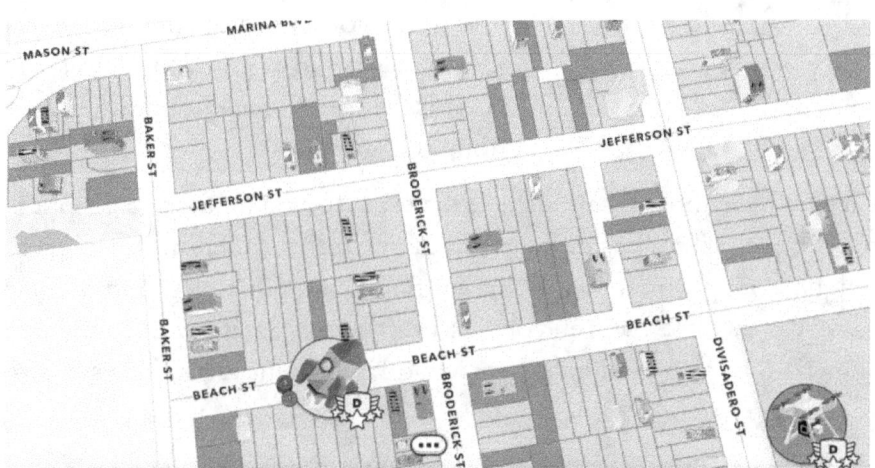

Carte des terrains de la ville de San Francisco (les zones vertes sont à la vente)

Notez qu'il est impossible à ce jour de se procurer un bien dans les villes de Los Angeles et New York avec la quantité de jetons offerte à l'inscription. Le cout des propriétés est très élevé et le marché y est saturé. Les premiers utilisateurs ont pu y obtenir des parcelles qui sont très convoitées aujourd'hui. Vous comprenez l'intérêt d'être un adepte de la première heure dans un univers virtuel dont la maturité est encore lointaine.

À l'avenir, vous pourriez être surpris de l'évolution de la valeur de vos biens numériques. L'univers Upland se développe petit à petit et le marché fluctue. Notons que chaque bien vous apporte une rente (en UPX) que vous pouvez récupérer quotidiennement.

Le jeu organise des chasses au trésor où des jetons peuvent être découverts. À cette occasion, il faut se déplacer sur la carte en direction du trésor (une flèche indique la direction à suivre et la distance approximative) en essayant de le trouver dans le temps imparti. Pour parcourir la carte, il est nécessaire de passer par des adresses de biens ne vous appartenant pas. Vous devrez alors payer un droit de passage au propriétaire (quelques visites sont toutefois gratuites).

Chaque bien apparaissant dans le jeu est associé à un titre de propriété numérique. S'il n'a pas de valeur juridique réelle, il identifie de manière unique son propriétaire. Pour vérifier l'historique des transactions associées à votre bien et vous assurer que vous êtes le propriétaire actuel, vous pouvez cliquer sur son adresse (point bleu), puis sur *Title* et enfin *view on Blockchain*.

Vous voyez la transaction correspondant à votre achat de terrain. Un numéro de bloc y est associé ainsi que la mention irréversible qui indique que personne ne peut renier cette transaction. Un peu plus bas, vous notez l'historique des transactions associées à ce bien virtuel. Si vous décidez un jour de le vendre et si un acheteur l'acquiert, alors une ligne supplémentaire apparaitra, modélisant cette nouvelle transaction. L'historique conservé est infalsifiable, car les transactions sont inscrites dans ce que l'on dénomme la *blockchain* ou chaine de blocs.

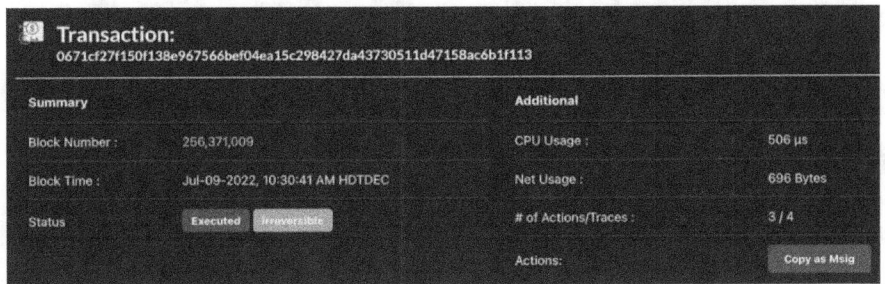

Une transaction Upland ajoutée à la blockchain EOS le 9 juillet 2022

Le succès d'Upland est à la fois lié à la dimension ludique, mais également au souhait de valoriser des biens numériques. Beaucoup d'utilisateurs se créent un patrimoine digital dans le but de le revendre plus tard avec une plus-value. Il existe donc une dimension spéculative non négligeable.

D'autres applications telles que Decentraland, Sandbox ou OVR proposent également aux utilisateurs d'acheter des parcelles de terrains virtuels à l'intérieur du métavers. Ces parcelles peuvent se vendre à des prix très élevés.

Les célébrités et les marques ont rapidement saisi l'opportunité offerte par les terrains virtuels dans le métavers, avec des achats significatifs dans des espaces comme The Sandbox. Cette tendance a vu des acquéreurs s'installer à proximité de grandes marques et influenceurs, cherchant à bénéficier de leur notoriété. Un exemple frappant est l'achat d'un terrain pour 450 000 dollars par un individu désireux de devenir voisin virtuel de Snoop Dogg dans The Sandbox. Cependant, les analystes soulignent que cette stratégie comporte des risques, notamment si la célébrité vend son terrain, ce qui pourrait entraîner une chute de la valeur du quartier.

Dans ce contexte, Over The Reality (OVR) se distingue comme une plateforme innovante de réalité augmentée, offrant une expérience différente de celle des métavers en réalité virtuelle. OVR a divisé l'espace physique en 1,6 trillion d'hexagones, permettant aux propriétaires de terrains de créer des expériences de réalité augmentée. Ces expériences sont accessibles aux visiteurs via la caméra de leur téléphone portable, dans un style similaire à Pokémon Go (par Niantic), avec des objets à collecter et des expériences géolocalisées. Notre parcelle, située près du carrousel du Louvre, représente un pari sur la présence accrue de marques et de public dans ces zones prestigieuses, potentiellement augmentant la demande pour cette adresse.

Un aspect clé de l'application OVR est l'OVR Mapper, qui utilise la caméra des appareils intelligents pour capturer des photos d'un lieu. L'intelligence artificielle assemble ensuite ces images individuelles pour créer une carte tridimensionnelle. Avec un lieu cartographié en 3D, les actifs numériques peuvent être placés plus précisément dans le monde physique, permettant la création de scènes et d'expériences fiables en réalité augmentée. Ce système de positionnement visuel (VPS) offre une précision bien supérieure au GPS et fonctionne également pour la cartographie des espaces intérieurs. Cette approche innovante d'OVR illustre la diversité et le potentiel des métavers, où la réalité augmentée ouvre de nouvelles avenues pour l'interaction entre les espaces physiques et numériques.

Ferveur et la mort programmée des CryptoKitties

L'une des premières plateformes orientées autour de la possession d'artéfacts virtuels est **CryptoKitties** parue en 2017. Cette application en apparence simple et naïve a connu un très grand succès. Il s'agit d'un jeu centré autour de créatures à collectionner — des chats virtuels.

Chaque *cryptokittie* est unique et il est possible de les reproduire afin d'obtenir de nouveaux chatons dont l'unicité est également garantie.

L'apparence de chaque *kitty* est déterminée par les « chattributs » de son code génétique.

Chaque « chattribut » est responsable d'un trait différent du chaton, et ils se combinent pour rendre chacun unique (voir image à gauche). Il existe des milliards de combinaisons possibles. En cliquant sur un chaton, vous aurez accès à ses propriétés.

Nous vous présentons ci-après notre modeste collection de *kitties*. Archimède est actuellement en vente, il est le petit de Pythagore et Edison. Ces derniers n'ont pas grande valeur, mais nous y sommes tout de même attachés.

La notion de sexe n'existe pas, tous les couples de *kitties* peuvent se reproduire. Les propriétés d'un chaton donnent à ce dernier une valeur plus ou moins importante en fonction de la rareté de leurs attributs. Cette rareté est indiquée par un pourcentage situé sous chaque caractéristique.

Notre modeste collection de cryptokitties

Un terrain de jeu pas comme les autres

C'est souvent la volonté de posséder un chaton rare ou particulièrement attachant qui encourage les joueurs à continuer. Un tel chaton peut être vendu à un prix élevé sur les marchés secondaires.

En 2018, le Cryptokitty Dragon (à gauche) a été vendu pour 600 ETH — soit plus de 140 000 euros. Cette vente a laissé dans l'incompréhension les observateurs qui ont pensé à un achat accidentel ou même à du blanchiment d'argent. CryptoKitties n'a pas commenté cette vente en particulier, mais a indiqué aux journalistes : « peut-être y avait-il un lien personnel que l'acheteur avait avec le chat ou le vendeur. Peut-être qu'ils ont vraiment, vraiment aimé l'apparence du CryptoKitty. »

CryptoKitties est un jeu qui entre dans le cadre de la mécanique *play to collect* (P2C), où les joueurs collectionnent des items et même *play to earn* (P2E) dans le cas où ils espèrent gagner de l'argent grâce à leurs collections.

Aujourd'hui, les chatons n'ont presque plus aucune valeur et le jeu ne présente plus d'intérêt financier pour les participants. Étant donné que le nombre total de chatons n'est pas limité, les joueurs ont pu créer une multitude de *kitties* rendant la collection de moins en moins rare. L'intérêt s'est également perdu et 96 % des joueurs ont quitté la plateforme. Les frais de transaction étant parfois élevés, certains joueurs ont donné naissance à des chatons à perte, car les frais de création étaient très largement supérieurs à la valeur du chaton. Il existe aujourd'hui plus de deux — millions de *kitties*, et la collection ne bénéficie plus d'aucune rareté. Il est néanmoins toujours possible de se procurer un chaton pour environ deux euros et ces derniers peuvent

toujours être reproduits. Pour comprendre plus en détail la montée et l'échec des *cryptokitties*, vous pouvez consulter un article IEEE (la plus grande organisation professionnelle technique au monde, dédiée à l'avancement de la technologie au profit de l'humanité) sur le sujet avec le QR-code ci-contre.

Afin de pouvoir acheter des Cryptokitties ou une œuvre exposée sur Spatial, il faut disposer d'une monnaie un peu particulière, une cryptomonnaie et un portefeuille virtuel. Nous vous expliquerons comment procéder lors d'un chapitre dédié. Nous insistons sur le fait qu'il n'y a plus aucun intérêt financier à investir dans les *kitties*, si ce n'est pour l'expérience et pour découvrir le jeu qui a contribué à l'histoire du web 3.

Les cryptokitties ont inspiré toute une génération de jeux sur la chaine de blocs, donnant lieu à la création de la norme ERC-721 (socle important du web 3) ayant permis l'existence des NFTs et donc de la rareté des biens au-delà de la monnaie.

Grâce à Upland et Cryptokitties, vous venez de découvrir sous un angle ludique des applications qui s'appuient les NFTs et les jetons numériques. Nous allons désormais nous intéresser à la technologie qui sous-tend cette nouvelle réalité : la blockchain. Dans ce nouveau chapitre, nous allons explorer les différentes facettes de cette technologie. Nous verrons comment la blockchain permet la création, la gestion et la circulation des actifs numériques uniques, ainsi que les implications que cela peut avoir sur la propriété, la valeur et la conservation de ces biens virtuels. Enfin, nous aborderons la question du stockage décentralisé, qui est un élément clé de l'infrastructure du métavers et de l'écosystème blockchain en général.

CHAPITRE 5
BLOCKCHAIN ET JETONS

« Les gens ne comprennent pas les NFT, le métavers et la crypto aujourd'hui de la même manière qu'ils ne comprenaient pas les achats en ligne en 1995. »

Anuj Jasani

La *blockchain*, également connue sous le nom de chaîne de blocs est un élément clé de la technologie indispensable aux univers virtuels et même à l'avenir du web. Elle offre une méthode sécurisée et décentralisée pour effectuer des transactions de biens numériques, éliminant ainsi le besoin d'une autorité centrale de régulation.

En établissant la confiance parmi les utilisateurs du métavers, la blockchain révolutionne l'échange de valeurs dans le monde virtuel. Dans ce chapitre, nous vous invitons à explorer les principes fondamentaux de cette technologie ainsi que certaines de ses applications remarquables, afin d'approfondir votre compréhension de son potentiel.

Chaine de blocs

Tandis que l'Internet a été conçu pour le partage de l'information, la chaine de blocs offre la possibilité de partager de la valeur.

Le fonctionnement de la *blockchain* est relativement similaire à celui mis en œuvre il y a plusieurs centaines d'années par les habitants de l'ile de Yap. À cette époque, dans l'état de Micronésie, une monnaie de pierre était utilisée. Certaines de ces pierres pouvaient atteindre plus de quatre mètres de haut et peser plusieurs tonnes. Celles-ci étaient percées en leur centre et se dénommaient le Rai. Impossibles à déplacer facilement, ces pierres étaient utilisées comme monnaie et se trouvaient exposées à la vue de tous.

Pour chaque transaction financière, le vendeur et l'acheteur se réunissaient devant l'ensemble de la population locale et face aux pierres. Des accords verbaux étaient alors passés devant l'auditoire qui devenait garant de la transaction par mémoire collective. Le changement de propriétaire de la pierre était annoncé et mémorisé par tous dans la plus grande transparence et sans autorité de contrôle (il n'y avait pas de banques ni de notaires). L'usage de pierres lourdes et percées garantissait la non-falsification de la monnaie. La transparence, la sécurité et l'absence de tiers de confiance sont des principes communs entre cette monnaie de pierre et la *blockchain*.

La **chaine de blocs** permet de créer un réseau de confiance entre des participants en certifiant les transactions via un registre anonymisé, dématérialisé et décentralisé. Cette dernière assure la transparence et la traçabilité des transactions, de même que leur sécurisation malgré l'absence d'organe central de contrôle. Cette absence d'autorité de contrôle en fait l'une des technologies les plus prometteuses de ces dernières années permettant l'émergence d'une véritable économie numérique. Les participants peuvent échanger des biens de valeurs sans passer par un acteur officiel à qui l'on doit faire confiance. La confiance est diluée entre les membres du réseau et est assurée par le protocole mis en place qui favorise la collaboration et décourage et rend presque impossible la fraude.

Toutes les transactions sont vérifiées par les membres du réseau puis ajoutées dans des blocs les uns à la suite des autres formant ensemble un grand registre de transactions. Une fois intégrées, les transactions sont non modifiables ; les informations peuvent être ajoutées dans la *blockchain*, mais ne peuvent pas y être modifiées, car les blocs sont liés les uns aux autres. Si un bloc est modifié, la suite de blocs paraitra inconsistante et invalide.

Imaginez un village qui souhaite partager de manière transparente toutes ses transactions financières. Pour cela, on utilisera des feuilles imprimées contenant les transactions quotidiennes. Chaque nouvelle feuille sera scellée à la précédente avec un sceau de cire utilisant l'empreinte digitale du maire. Si quelqu'un veut modifier une feuille, la manipulation sera immédiatement visible et notifiée par les citoyens.

La chaîne de blocs repose sur des mécanismes cryptographiques sophistiqués, parmi lesquels figurent le chiffrement asymétrique et les fonctions de hachage. Ces procédés garantissent la sécurité et l'intégrité des transactions réalisées au sein du réseau.

La transparence de la chaine de blocs oblige les acteurs à dévoiler toutes les transactions effectuées. Ces dernières restent toutefois anonymes. Vous pouvez par exemple consulter les transactions de la *blockchain* Ethereum en utilisant Etherscan (etherscan.io), ou celles de Binance en utilisant BscScan (www.bscscan.com).

La figure ci-dessous illustre les étapes importantes dans la réalisation d'une transaction entre deux acteurs via la technologie *blockchain*.

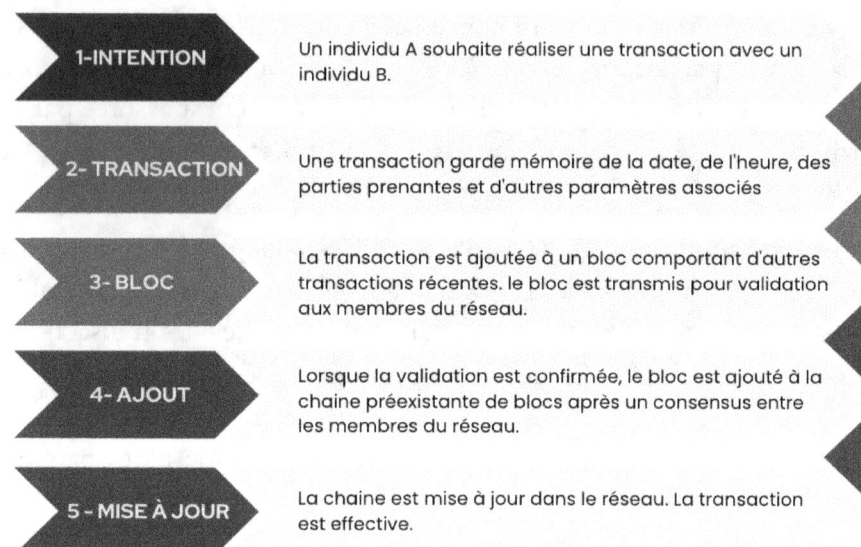

Étapes associées à la validation d'une transaction sur une chaine de blocs

Nous parlons de **minage** pour faire référence au procédé en charge d'ajouter un bloc — ensemble de transactions — dans la chaine. Ce sont les mineurs (participants du réseau) qui écrivent les transactions dans le registre global qui est ensuite mis à jour dans le réseau.

Sur la *blockchain* Bitcoin (de l'anglais *coin* : pièce de monnaie et *bit* : unité d'information binaire), les mineurs doivent procéder à des calculs couteux pour espérer valider un bloc. C'est la phase de consensus par preuve de travail — *Proof of Work* (PoW). Les participants essayent de trouver le bon calcul pour pouvoir ajouter leur bloc dans la chaine, mais seul l'un d'eux obtiendra le succès. L'effort réalisé pour miner un bloc est rémunéré pour inciter à la participation. C'est ce dernier qui est à l'origine des frais de transaction aussi appelés *gas fee* (littéralement « frais d'essence »).

Les ***gas fee*** sont variables, ils changent de seconde en seconde et dépendent de différents paramètres, dont la complexité de la transaction et la congestion du réseau. Si de nombreuses personnes tentent de faire une transaction en même temps, les frais seront plus élevés. Si vous faites votre transaction à un moment plus calme, les frais seront plus faibles. Sur Ethereum (chaine de blocs fondée en 2014), la valeur des frais peut être obtenue en temps réel à partir du site : https://etherscan.io/gastracker. Ils peuvent varier de quelques centimes à plusieurs dizaines d'euros.

Le mécanisme de consensus *Proof of Work* (PoW) est souvent critiqué, car même s'il permet d'assurer la sécurité des transactions, il est énergivore et lent. D'autres solutions de validation de blocs existent telles que le *Proof of Stake* (PoS) ou le *Proof of History* (PoH) qui permettent de diminuer l'impact énergétique et augmenter l'extensibilité de la chaine de blocs. Dans le cadre du *Proof of Stake*, les nouveaux blocs sont formés par des validateurs choisis aléatoirement parmi ceux qui mettent en jeu leurs jetons sur le réseau (*staking*).

Depuis septembre 2022, la *blockchain* Ethereum a migré vers la méthode de validation PoS, ce qui a permis de diminuer de plus de 99 % l'énergie utilisée pour sécuriser le réseau. Ethereum est une chaine de blocs qui se démarque entre autres de Bitcoin par sa capacité à intégrer des **contrats intelligents**. Ces contrats sont présents dans la chaine sous forme de code informatique et peuvent accomplir des actions (p. ex. transactions financières) dès que les conditions d'exécution sont réunies. Les contrats intelligents intègrent des éléments semblables aux accords commerciaux. En simplifiant, on peut considérer Ethereum comme un ordinateur mondial décentralisé capable de supporter des applications et des organisations accessibles à tous.

L'origine du terme « éther », la monnaie associée à la blockchain Ethereum, viendrait de son co-fondateur, Vitalik Buterin. Il fait référence à l'éther, un concept autrefois envisagé en physique. Celui-ci désignait ce que l'on croyait être un milieu invisible et omniprésent dans l'univers, facilitant la propagation de la lumière. Autrefois, l'éther était perçu comme une sorte de fluide ou de substance remplissant l'univers, à travers lequel la lumière se déplaçait. Bien que cette théorie ait été depuis réfutée et considérée comme obsolète, elle servait à illustrer comment quelque chose d'imperceptible et d'indétectable pouvait avoir un impact profond sur notre compréhension de l'environnement.

Les chaines de blocs permettent l'émission et la gestion de **jetons** fongibles et non fongibles. Le Bitcoin et les autres cryptomonnaies font partie de la famille des jetons fongibles. Les Cryptokitties et les terrains Upland, quant à eux, représentent la catégorie des jetons non fongibles (NFT pour *Non Fongible Token*).

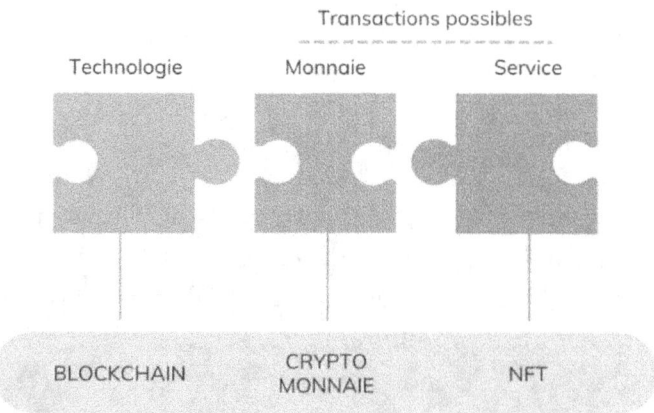

Cryptomonnaies et NFT s'appuient sur le même socle : la chaine de blocs

Il existe à ce jour plusieurs standards relatifs à l'émission de jetons sur la chaine de blocs Ethereum. Parmi eux, le format ERC-721 pour les NFTs en exemplaire unique et le standard ERC-20 pour les jetons fongibles.

Les jetons UPX fongibles qui vous ont été offerts à l'inscription ou lors de vos différentes actions dans le jeu Upland (p. ex. chasse au trésor) vous ont permis d'acquérir un jeton non fongible correspondant à votre propriété virtuelle.

Contrairement à une pièce de monnaie (ou à un bitcoin) qui peut s'échanger contre n'importe quelle autre pièce de monnaie de même valeur, un jeton non fongible n'est pas équivalent à un autre et n'a pas la même valeur, à l'image de l'adresse unique qui correspond à votre terrain sur Upland. Un NFT est associé à un actif numérique reconnaissable comme tel et appartenant à un individu. Nous présentons ci-dessous un comparatif entre les jetons fongibles et les jetons non fongibles.

Cryptomonnaies	NFTs
Fongibles	Non fongibles
Interchangeables	Uniques
Non collectionnables	Collectionnables
Divisibles	Indivisibles
Monnaie digitale	Image, musique, artéfact numérique, place de concert, terrain virtuel, etc.

Comparaison entre jetons fongibles et non fongibles

Selon Bloomberg, les transactions basées sur les jetons ont atteint 10 milliards de dollars en 2022 et devraient croître à un taux annuel composé de 35% jusqu'en 2030. Cette tendance est soutenue par l'adoption croissante de la crypto et des portefeuilles numériques par la jeune génération, qui est de plus en plus encline à utiliser des technologies financières alternatives.

L'économie du jeton est telle qu'elle a donné lieu au terme ***tokenomics*** qui fait référence à l'analyse de la mécanique de création et de fonctionnement des jetons d'une plateforme. Elle intègre les dimensions relatives à l'évolution de l'offre et de la demande tels que le nombre de jetons disponibles, la répartition du jeton (p.ex. pourcentages détenus par l'équipe, les investisseurs privés, les investisseurs particuliers, la réserve, le marketing, la communauté) ainsi que les conditions de suppression des jetons. La tokenomique étudie également les mécanismes de jeu et les incitations autour des jetons. Une dimension psychologique et contextuelle est parfois intégrée à l'image de l'économie traditionnelle. Les investisseurs attachent une importance à la dynamique créée autour des jetons d'une application et à son utilité, car la valeur y est directement corrélée. Précisons que l'économie du métavers est parfois dénommée la métanomique.

Cryptomonnaies

Une **cryptomonnaie** est une monnaie sans support matériel, elle est dite virtuelle. Nous en dénotons à ce jour plusieurs dizaines de milliers, dont les célèbres bitcoins et ethers avec plus d'un milliard d'utilisateurs. Les cryptomonnaies sont identifiées par les acteurs majeurs comme la plus grande révolution financière de tous les temps. Tout comme les monnaies fiat, les cryptomonnaies sont des unités que l'on possède non pas dans l'objectif de leur consommation directe, mais pour l'échange contre des biens et des services.

La force d'une cryptomonnaie réside dans le fait de pouvoir l'échanger sans tiers de confiance. Il n'y a pas besoin de banques ou d'autres organismes pour échanger de la valeur grâce à la chaine de blocs et à son mécanisme de réseau décentralisé. Les acteurs du réseau contribuent collégialement au succès du bitcoin à l'échelle mondiale.

Le réseau est inclusif, car toute personne peut en faire partie sans avoir besoin d'un document d'identité ni remplir de conditions autres que celles imposées par la technologie (ordinateur, logiciel, accès Internet). Il permet un accès facile et universel à votre capital, sans aucune restriction géographique ou condition d'accès. Vous pouvez accéder à vos bitcoins depuis n'importe où dans le monde, tant que vous disposez d'un accès à Internet. Contrairement aux systèmes bancaires traditionnels, il n'y a pas de barrières géographiques ou de restrictions sur l'accès aux comptes bitcoin. Cela permet une grande flexibilité pour les utilisateurs et leur permet de gérer leur capital en toute simplicité. Les individus en situation d'interdit bancaire ou n'ayant pas accès au système financier traditionnel peuvent bénéficier du bitcoin ou d'autres cryptomonnaies.

La courbe d'adoption des cryptomonnaies semble suivre celle de l'adoption de l'Internet (source : World Bank). En 2023, le nombre d'utilisateurs de cryptomonnaies est équivalent à celui des internautes à l'approche de l'année 2000 (425 millions soit 5% de la population mondiale).

Pour aider les réfugiés ukrainiens, la plateforme d'échange de cryptomonnaies Binance a offert une carte bancaire crypto alimentée de 75 dollars (en cryptomonnaies BUSD) par mois pendant trois mois. Cette carte Visa permet d'effectuer des transactions de tous les jours avec des cryptomonnaies. En effet, Binance a obtenu un partenariat avec Visa qui lui permet d'émettre des cartes de débit.

Depuis septembre 2021, le Salvador a reconnu le bitcoin comme monnaie légale en plus du dollar. La chute de la valeur du Bitcoin en 2022 pose cependant de grandes difficultés au pays. Pour lutter contre la non-bancarisation et prendre un pari technologique, la République centrafricaine a également légalisé le bitcoin en avril 2022.

Bitcoin (BTC) est le fer de lance des cryptomonnaies ; c'est le premier actif numérique qui ne peut pas être dupliqué. Il a pris naissance le 3 janvier 2009, grâce à son créateur uniquement connu sous le pseudonyme Satoshi Nakamoto qui lance la création du premier bloc de transactions dit le bloc zéro. Depuis, Bitcoin a attiré une grande communauté de mineurs et utilisateurs du monde entier. Ce dernier a marqué l'opinion publique lorsque sa valeur a atteint les 20 000 dollars en 2017. Depuis, le bitcoin a connu un pic historique (ATH pour *all* *time high* – prix le plus élevé d'un actif) en atteignant une valeur de plus de 68 000 dollars en 2021.

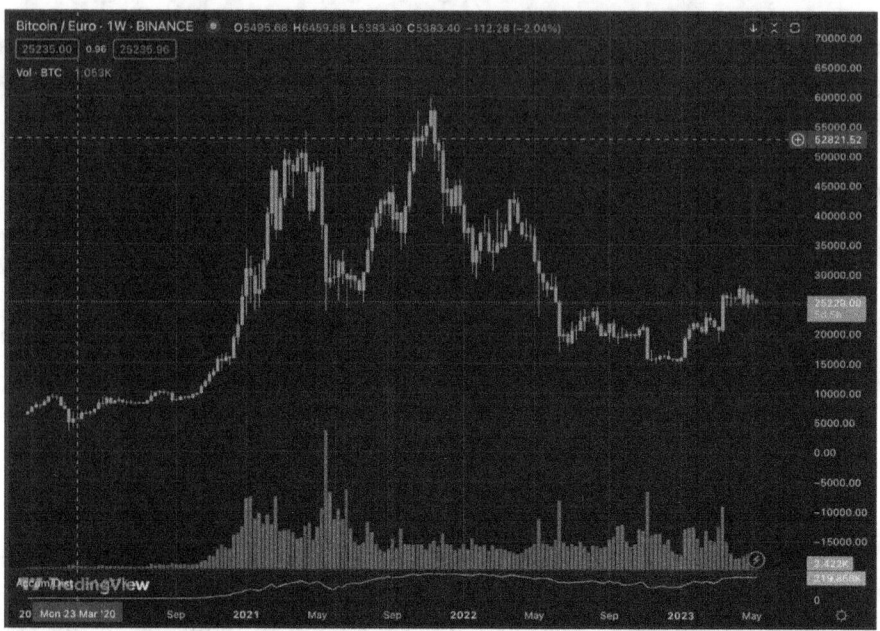

Évolution de la valeur du bitcoin de 2019 jusqu'à fin 2023

Notons que par conception, il n'y aura jamais plus de 21 millions de bitcoins. L'offre de bitcoin a donc une rareté assurée. À ce jour, 19 millions de bitcoins ont déjà été minés. Contrairement au bitcoin, le nombre d'ethers (monnaie de la chaine Ethereum) n'est pas limité. Il y avait environ 130 000 000 ETH en circulation en 2024.

Suivant l'exemple du bitcoin, des milliers de cryptomonnaies ont vu le jour. Ces jetons alternatifs sont dénommés les *altcoins* : l'ether (ETH), le ripple (XRP), le bitcoin cash (BCH), le litecoin (LTC), etc. Il est particulièrement simple de déployer une nouvelle monnaie, car les projets des monnaies existantes sont *open source* et les codes peuvent être reproduits et adaptés. Cela a favorisé l'essor de l'écosystème crypto.

On différentie souvent les pièces des jetons. Les cryptomonnaies bitcoin et ether sont considérées comme des **pièces**, car elles s'appuient sur leur propre infrastructure. Le bitcoin s'appuie sur la chaine de blocs du même nom tandis que l'ether est la monnaie de la chaine Ethereum. Il en existe de nombreuses autres (p. ex. le SOL sur Solana). Les autres monnaies s'appuyant sur Ethereum, comme le SAND (The Sandbox) ou le MANA (Decentraland), sont dites des **jetons**. Les jetons sont souvent utilisés sur le métavers pour acheter des biens ou des parcelles de terrains. La cryptomonnaie SAND vous permet d'acquérir un terrain sur The Sandbox par exemple.

En 2022, les cryptomonnaies ont connu une période difficile qui a fait baisser la valeur du bitcoin sous les 15 000 dollars. Nous parlons d'hiver crypto – ou de *bear market* — pour indiquer le refroidissement des cours pendant plusieurs mois. À l'inverse, on parle de *bull market* pour désigner une période durant laquelle le prix des valeurs est à la hausse. Les amateurs et professionnels attendent patiemment le retour du *bull market*. En 2023, la tendance semble peu à peu s'inverser.

Au-delà des tendances générales, les cryptomonnaies ont une forte volatilité. À titre d'exemple, un *tweet* d'Elon Musk sur la cryptomonnaie Dogecoin (DOGE) a fait bondir sa cotation en quelques heures seulement. Son autre *tweet* contenant le symbole bitcoin avec un cœur brisé a fait chuter sa valeur de 8 %.

À la volatilité du marché s'ajoutent des chutes imprévisibles de cryptomonnaies. En mai 2022, le stable coin TerraUSD (UST) a décroché de manière inexpliquée et brutale de son suivi du cours du dollar. En conséquence, le Luna a perdu en trois jours près de 99 % de sa valeur. Un mouvement de panique (et peut-être des manipulations) serait à l'origine du krach de la cryptomonnaie. Numérama indique « Au début du mois de mai, l'UST a décroché, et les tentatives de le remettre d'aplomb ont juste empiré la situation, faisant perdre toute valeur au Luna et à l'UST. L'effondrement de tout l'écosystème Terra a entrainé la disparition de plus de 60 milliards de dollars. » Un exemple qui ne rassure absolument pas les investisseurs qui ont perdu beaucoup dans ce krach.

La croissance rapide des services financiers décentralisés (DeFi) et des cryptoactifs a soulevé des préoccupations quant à leur impact sur la stabilité financière. Christine Lagarde, présidente de la Banque centrale européenne, a souligné cette question lors d'une audition, appelant à une réglementation rapide des cryptoactifs. La Commission de la politique économique de l'Union européenne a approuvé le projet « Markets in Crypto-Assets » (MiCA) en mars 2022. Cette réglementation proposée par la Commission européenne vise à contrôler les fournisseurs de services de cryptoactifs enregistrés dans l'Union européenne. Il prévoit notamment l'identification des clients et la tenue d'un registre de toutes les transactions. Les cryptomonnaies permettant l'anonymat pourraient être interdites dans l'Union européenne pour éviter toute marge de manœuvre frauduleuse. Le règlement MiCA permet également à l'Autorité bancaire européenne et à l'Autorité européenne des marchés financiers de mener des actions d'intervention financière en cas de risques opérationnels chez les prestataires de services de cryptoactifs. Bien que le règlement MiCA ne soit pas suffisant, il est considéré comme un pas important pour protéger les consommateurs et les investisseurs. Un intérêt majeur de MiCA est le lié au fait qu'une entreprise ayant obtenu un agrément dans un pays de l'UE peut s'appuyer dessus pour la transférer (passeport) dans n'importe quel pays de l'UE et y déployer ses services plus facilement.

En complément, notons que la technologie blockchain facilite la transparence des transactions financières, et cela s'applique également aux transactions des échanges de cryptomonnaies tels que Binance. L'audit de preuve de réserve (PoR) est un mécanisme visant à garantir que les fonds des clients sont détenus en totalité par les dépositaires, assurant ainsi que l'échange ne prête pas les actifs déposés à des tiers. En vérifiant régulièrement les dates des audits dans l'onglet dédié de votre compte Binance, vous pouvez vous assurer que votre compte a bien été audité. Cet audit de preuve de réserve permet de respecter le principe énoncé dans le livre blanc initial de Satoshi Nakamoto : « ne faites pas confiance, vérifiez ».

Pour investiguer certaines des cryptomonnaies ayant la plus grande capitalisation de marché comme SOL, BAT, SAND ou ADA, vous pouvez consulter le site coinmarketcap.com. N'hésitez pas à vous renseigner autour de chaque projet afin de saisir son utilité et ses spécificités. C'est la seule manière de comprendre l'étendue et l'effervescence des projets de la cryptosphère.

NFTs

Les jetons non fongibles ont des usages multiples et de nombreuses innovations existent dans ce domaine. À l'heure actuelle, un NFT est le plus souvent associé à un **fichier numérique**. Il peut s'agir d'une image, d'un objet 3D, d'une vidéo, d'une musique, d'un habit virtuel, d'un *tweet*, d'un nom de domaine, d'un objet d'art, d'un certificat d'un bien physique, d'un terrain virtuel, etc.

Les NFTs peuvent être exposés dans des espaces personnels ou des galeries du métavers. Ils sont parfois même exposés dans des galeries réelles telles que la NFT Factory située au 137 rue Saint-Martin à Paris. En plus d'exposer des cryptoartistes, cette dernière propose des ateliers théoriques et pratiques ainsi que des initiations au monde des NFTs.

Au-delà de leur aspect décoratif, les NFTs s'invitent également dans notre garde-robe virtuelle. Qu'il s'agisse de vêtements ou d'accessoires, ces items numériques enrichissent nos avatars et nos vies dans le métavers. Cette tendance souligne un changement majeur : ce que l'on acquiert dans le métavers devient aussi significatif que ce que l'on possède dans la vie réelle. Le concept de **Direct-to-Avatar** (D2A) en est un parfait exemple. Avec le D2A, marques, entreprises et utilisateurs peuvent vendre et commercialiser des produits directement aux avatars. L'avenir du commerce semble indéniablement numérique, et le métavers s'annonce comme un canal incontournable pour une multitude de produits et services.

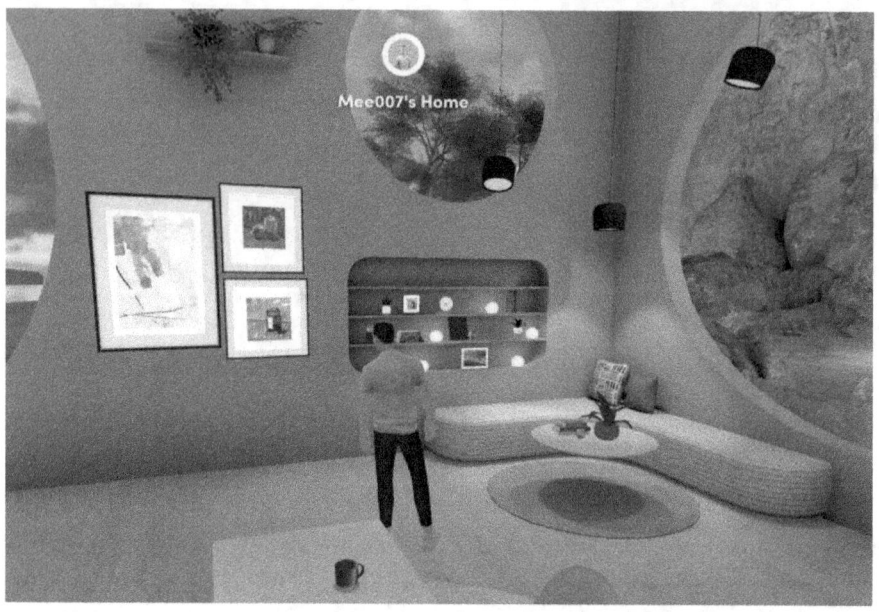

Espace sur Spatial comportant des NFTs originaux

Les jetons non fongibles peuvent s'acheter avec l'aide d'une cryptomonnaie. Ils ont donc une valeur réelle dans notre économie. Puisque la chaine de blocs permet d'assurer des transactions sécurisées et sans organe de contrôle, les NFTs garantissent la propriété d'un fichier numérique. La *blockchain* Ethereum héberge la majeure partie des NFTs, même si un nombre grandissant d'alternatives existent pour la création de ces derniers (p. ex. Polygon, Solana, Avalanche).

En 2022, le marché des NFTs est estimé à près de trois-milliards de dollars. La valeur d'un actif de ce type peut naturellement évoluer en fonction de critères variés. La spéculation est possible et encourage beaucoup d'acteurs à investir dans le but de valoriser leur capital.

Le CryptoPunk 5822 est l'un des actifs digitaux les plus chers du monde vendu pour 23,7 millions de dollars en février 2022. La collection des 9998 CryptoPunks réalisée par Matt Hall et John Watkinson en 2017 est composée d'images d'art pixélisées générées par algorithme représentant chacun un portrait unique de punk. Connaissant leur valeur aujourd'hui, il est intéressant de noter que les premiers possesseurs des **CryptoPunks** pouvaient en acquérir gratuitement. Cette collection est l'un des premiers exemples de l'usage d'art crypto (*CryptoArt*) qui a inspiré beaucoup d'autres collections. Vous pouvez découvrir ces œuvres sur OpenSea que vous avez déjà visité et qui est la plus grande place de marché NFT.

Quelques représentants de la collection des cryptopunks

Depuis OpenSea, vous pouvez découvrir les plus grandes collections de NFTs en consultant l'onglet statistique. Les collections ayant généré le plus grand volume de transactions sont identifiables. Le record est détenu par les CryptoPunks devant le Bored Ape Yacht Club. Les deux collections appartiennent à Yuga Labs.

Le **Bored Ape Yacht Club** (BAYC) est une collection très prisée de 10 000 NFTs représentant des singes. Le nombre de possesseurs de ses NFTs est restreint (environ 6395). La valeur d'entrée (*floor price*) pour posséder un NFT de ce type était en mai 2023 de 69 700 euros. Parmi les prestigieux membres du club des *Bored Apes* (un singe qui s'ennuie sur son yacht), on note des personnalités comme Neymar,

Justin Bieber, Timbaland, Eminem, Jimmy Fallon ou encore la reine du métavers Paris Hilton. L'appartenance à ce club permet d'accéder à des évènements privés et au métavers The Otherside.

Top 3 des collections ayant le volume de transactions le plus élevé

Les individus possédant un jeton de la collection des BAYC possèdent la propriété intellectuelle de l'image associée, ce qui n'est pas le cas de la plupart des NFTs. Ils disposent d'une licence mondiale illimitée pour utiliser, copier et afficher l'art associé au NFT dans le but de créer des œuvres dérivées. Ainsi, certains membres du club monétisent des teeshirts ou autres objets représentant leur *Ape*. Certains *Bored Ape* sont même devenus des mascottes de restaurants.

Depuis 2022, plus de 160 marques du monde traditionnel ont pris place sur le marché des NFTs (jetons non fongibles). Ces initiatives ont généré un total de près de 66 millions de dollars de revenus. Les secteurs les plus concernés sont, dans l'ordre, la mode (avec le luxe), le divertissement et les médias, l'agroalimentaire, la mobilité et le sport. Notons que c'est la blockchain Ethereum qui est prédominante dans l'écosystème, même si les chaines de blocs Polygon et Solana gagnent progressivement en visibilité. Les initiatives portées par Nike, Tiffany, Adidas et Dolce & Gabbana sont parmi les plus grands succès.

Tiffany & Co a créé une collection de bijoux virtuels et réels. La série de 250 pendentifs personnalisés dédiés aux détenteurs de CryptoPunks a connu un succès remarquable. Ces pendentifs représentaient chacun un CryptoPunk. En quelques minutes, les pendentifs au tarif de 30 ETH l'unité étaient vendus. Les pièces comportent un support en or 18 carats et plus de 30 pierres précieuses.

Starbucks a lancé en 2023 l'initiative nommée « Starbucks Odyssey » qui permet aux membres de découvrir l'histoire, les pratiques du café et la culture de la marque à travers des expériences du web 3. Les clients peuvent gagner des points de fidélité dénommés Odyssey en achetant des produits de la gamme. Ils pourront de plus accumuler des jetons numériques (NFTs) qui permettront d'accéder à des offres exclusives. Des récompenses et des œuvres d'art Starbucks uniques seront offertes. Cette initiative de fidélisation via la chaine de blocs offre une nouvelle façon de découvrir Starbucks.

Toutes les œuvres d'art NFT n'appartiennent pas forcément à des collections. La vente de NFT la plus élevée à ce jour est celle de l'œuvre *Beeple's Everydays : The First 5000 Days* créée par Mike Winkelmann, dit Beeple (à la tête de Venew Labs), le NFT a été vendu aux enchères par Christie's pour 69,3 millions de dollars. Étant inspiré des routines de dessin régulier appliquées par d'autres artistes, Mike Winkelmann s'était fixé l'objectif de créer une œuvre par jour. Son NFT est le résultat de 5000 jours consécutifs de production artistique assemblés en une seule image. Cette vente fait de l'auteur l'un des trois artistes les plus chers de son vivant.

En plus du monde artistique, des artéfacts numériques ont été transposés sous la forme de NFTs et vendus sur le marché. Le NFT du tout premier *tweet* a été acheté pour 2,9 millions de dollars en 2021. Lors de son achat, Sina Estavi, le PDG de Bridge Oracle avait indiqué : « les gens ne vont réaliser que dans quelques années quelle est la vraie valeur de ce *tweet*, comme avec La Joconde ».

En 2022, les fichiers originaux contenant le code source du web écrit par son créateur Sir Tim Berners-Lee ont été proposés aux enchères par Sotheby's sous forme de NFT. Dans la vente étaient inclus une visualisation animée du code ; une lettre écrite par Sir Tim Berners-Lee ainsi qu'une affiche numérique du code complet. Les fichiers référencés par le NFT contenaient un code d'environ 9 000 lignes, dont le contenu comprend les implémentations des trois langages et protocoles fondamentaux pour le World Wide Web : HTML (Hypertext Markup Language), HTTP (Hypertext Transfer Protocol) et URI (Uniform Resource Identifiers). Le NFT fait également référence à des documents HTML originaux expliquant aux premiers utilisateurs du web comment utiliser l'application. Le NFT a été vendu pour 5,4 millions de dollars. Le montant obtenu a été distribué auprès d'initiatives soutenues par Sir Tim Berners-Lee.

Certains acteurs proposent des usages différents des NFTs. Par exemple, le gouvernement japonais a émis des NFTs équivalents à des médailles d'honneur. Ces derniers ont été décernés aux autorités locales qui se servent au mieux de la technologie numérique pour relever les défis associés à leur mission.

Les NFTs de la catégorie des POAP (*proof of attendance protocol*) pour protocole de preuve de participation) sont des souvenirs numériques. Un POAP est un jeton non fongible dont l'objectif est de certifier une présence à un évènement, physique ou virtuel. Il marque une forme de  souvenir digital. Vous pouvez consulter la collection d'évènements auxquels a participé pe4en.eth, un utilisateur particulièrement actif, en scannant le QR-code. C'est également une bonne manière de découvrir les évènements associés au web 3.

Les NFTs de la catégorie des PoK (*Proof of Knowledge* pour preuve de connaissance) symbolisent le transfert de connaissance de manière immuable et vérifiable. Les certificats sont délivrés sur la chaine de blocs Ethereum et sont décernés aux étudiants qui valident un cours ou une formation.

Un autre exemple d'usage de NFTs est celui de l'investissement locatif. Certaines agences proposent d'acheter des NFTs représentant des portions associées à des biens réels en location. En achetant un NFT, l'investisseur possède une partie du bien et bénéficiera d'une partie des revenus locatifs associés. À l'image des sociétés civiles de placement immobilier (SCPI), l'investissement minimum requis est bien plus faible que l'achat locatif. Les rentabilités sont attractives, mais il est cependant important d'éprouver le système et sa fiabilité.

Les NFTs ont aussi été utilisés comme preuve d'amour. Pour montrer à quel point leur amour était fort, Rebbeca Rose et Peter Kacherginsky ont décidé de se marier sur la chaine de blocs en échangeant des NFTs créés pour l'occasion. Un symbole pour Rebecca Rose.

Pour résumer, nous pouvons identifier différentes catégories de NFTs en fonction de leur finalité. La classification que nous proposons n'est pas exhaustive. Elle permet toutefois de comprendre les différentes familles de cas d'usages.

NFT personnels aussi appelés *Soulbound token* (SBT pour jetons attachés à une âme) : Il s'agit d'un NFT transmis à une personne pour une cause spécifique et qui n'est pas supposé être transférable à quelqu'un d'autre. Ce type de jeton peut signaler la présence à un évènement, une rencontre, une médaille ou l'obtention d'un diplôme. Parmi les principaux exemples, on note les jetons POAP et les NFTs d'attestation d'identité (*Proof of Humanity*). L'ensemble de ces jetons peuvent fournir des preuves liées à notre parcours professionnel ou à notre identité.

NFT artistiques : Ce sont des NFTs qui représentent **des créations artistiques** principalement sous la forme d'images, comme les CryptoPunks ou le « Beeple's Everydays ». Une vaste majorité des NFTs appartient à ce groupe. Ces NFTs sont obtenus ou achetés pour signaler l'appartenance à un groupe, pour la spéculation ou simplement pour l'attractivité de l'œuvre. Ils sont largement utilisés comme image de profil par les cryptofans (PFP NFT pour *Profile Picture NFT*) ou exposés dans les métavers comme Spatial ou Decentraland.

NFT clés d'accès : Ces NFTs offrent **un droit ou un accès particulier**. Ils permettent d'intégrer des groupes privés ou des métavers. Ils identifient votre appartenance à une communauté plus ou moins restreinte qui octroie des avantages. Ils peuvent représenter des licences de logiciels ou des places de concert. Certains de ces NFTs, dénommés également des *tokens gate*, peuvent vous permettre d'avoir plus tard accès à d'autres jetons gratuitement.

La gestion des billets de concert ou d'évènements via les NFTs offre de nombreuses utilités. Les organisateurs dans le secteur évènementiel font face à l'achat et à la revente de billets de manière illégale. Certains acheteurs passent par des sites Internet de mise en relation pour acheter sur des marchés parallèles des billets de manière non contrôlée et à des tarifs exorbitants. La sécurité des personnes est parfois même mise en danger lors de la circulation de ces billets aux abords des stades et des salles de concert. L'utilisation de NFTs permet de certifier les billets d'entrée tout en assurant la possibilité d'achat et de revente de manière contrôlée et sécurisée. De plus, elle permet une redistribution plus juste des droits de créateurs. Les NFTs peuvent également offrir aux organisateurs la possibilité de suivre et de contrôler les transactions de manière plus efficace, ce qui réduit les risques de fraude et de revente illégale. Les NFTs peuvent donc être considérés comme une solution innovante pour résoudre les problèmes liés à la gestion des billets d'entrée et de revente illégale, tout en offrant des avantages aux créateurs d'évènements et aux participants.

NFT *gaming* : Ce sont des NFTs qui peuvent s'utiliser dans le cadre de la mécanique *play to earn* (P2E) ou *play to collect* (P2C). Les CryptoKitties et les Axies font partie de cette famille. Les jeux associés encouragent leurs utilisateurs à collectionner ce type de NFT pour le plaisir ou bien dans le but d'affronter des adversaires et de récupérer des récompenses en cryptomonnaies.

NFT objets virtuels : Ces NFTs représentent des **objets virtuels** que vous pouvez porter avec votre avatar ou utiliser dans votre espace virtuel pour vous démarquer. Ces objets pour avatar dits *wearables* peuvent inclure des boucles d'oreille, lunettes, poils du visage, pieds, cheveux, chapeau, casque, vêtements, masques, diadèmes, etc.

L'un des leaders de la mode virtuelle DRESSX propose des tenues 3D compatibles avec Ready Player Me. Certains de ces NFTs seront utilisables sur différents métavers, mais devront pouvoir s'adapter en fonction de la plateforme (p. ex. en voxels cubiques sur Roblox ou en 3D plus réaliste sur Spatial). À l'heure actuelle, les items virtuels DRESSX peuvent être incrustés en réalité augmentée sur des photos réelles.

La plateforme MetaMundo présente des avatars, objets et espaces virtuels de très haute qualité créés par des designers professionnels et amateurs. Ces derniers sont compatibles avec une large variété de métavers et donnent la possibilité de les utiliser sous des formats variés.

Decentral Games ICE Poker All Access Wearables combine la technologie des NFTs objets virtuels avec les clés d'accès. En possédant un artéfact Ice, vous pouvez accéder au casino virtuel de Decentraland. Les prix d'entrée de ces artéfacts étant élevés, il est même possible pour un individu qui en possède un de le déléguer à un tiers. Toutefois, si vous utilisez un NFT Ice délégué pour accéder aux tables de poker, vous devrez reverser un pourcentage de vos gains aux délégateurs en compensation de leur propriété de l'objet.

NFT phygitaux : Ces NFTs sont associés à des **biens du monde réel et virtuel**. Les objets de mode ou de luxe peuvent s'acquérir dans la vie réelle avec en complément leur obtention dans le monde virtuel et vice versa. Ce NFT peut aussi servir de certificat d'authenticité pour un objet de luxe que vous avez acheté.

NFT de terrains virtuels : Un NFT de terrain, ou « land NFT », dans le contexte du métavers, est un actif numérique unique représentant la propriété ou les droits sur une parcelle de terrain virtuel. Ces terrains sont situés dans des mondes numériques tels qu'Upland ou Decentraland et sont enregistrés sur la blockchain, ce qui garantit leur unicité et leur propriété. Les propriétaires de ces NFTs peuvent utiliser, modifier ou développer leur terrain virtuel selon leurs préférences, souvent dans le cadre d'activités telles que la construction de structures virtuelles, l'organisation d'événements ou la création d'expériences interactives.

Une étude récente a examiné les motivations des investisseurs de détail pour l'achat de ces terrains virtuels. Cette recherche a révélé que les motivations pour investir dans les NFTs de terrains sont diverses et peuvent être regroupées en quatre catégories principales : l'esthétique et l'identité, le social et la communauté, la spéculation et l'investissement, ainsi que l'innovation et la technologie. L'étude a également mis en évidence que des facteurs tels que l'âge, l'éducation, les connaissances en investissement, la propension au risque et l'impulsivité jouent un rôle significatif dans la détermination de l'appartenance à ces groupes motivationnels.

Ces découvertes offrent un aperçu précieux des dynamiques sous-jacentes du marché immobilier numérique dans le métavers, indiquant un intérêt croissant pour ces actifs numériques avec des transactions dépassant les 500 millions de dollars. La compréhension de ces motivations est essentielle pour les développeurs et les investisseurs qui cherchent à naviguer et à exploiter efficacement le potentiel du métavers.

Le terme ***mint*** fait référence à l'action d'inscrire l'œuvre digitale (sous forme de NFT) sur la chaine de blocs. Ce terme est utilisé pour refléter la manière avec laquelle un morceau de métal est frappé avant de devenir une pièce unique. Le *mint* d'un NFT peut couter plus ou moins cher en fonction de la chaine de blocs choisie et du NFT.

La plateforme Shopify permet de frapper et de vendre des NFTs. Elle se positionne sur trois principaux axes : la vente de NFTs traditionnels, la possibilité de joindre un certificat d'authenticité sur un produit physique et celle de fournir un jeton d'accès exclusif à la vente d'un produit. Il devient possible d'acheter un produit de marque tout en obtenant un certificat d'authenticité de manière automatique et sécurisée et bénéficier d'invitations exclusives à des évènements réels ou virtuels via l'obtention d'un jeton.

Stockage décentralisé

Lors de la création de NFTs via une plateforme, la plupart du temps, les fichiers ne sont pas stockés sur la chaine de blocs, car trop volumineux. À la place, c'est un identifiant du fichier (qui permet de le reconnaitre de manière unique) qui est stocké dans la transaction avec un lien vers le fichier correspondant. Les métadonnées associées se trouvent hors de la chaine de blocs sur un serveur. Cela signifie qu'il est possible pour le service de perdre le fichier original et donc la représentation du NFT ! Il est arrivé à des possesseurs de jetons de perdre la représentation de ses derniers (p. ex. *tweets* supprimés).

Si les fichiers sont stockés de manière centralisée sur un serveur, une attaque envers ce dernier, une panne ou la fermeture du service peut faire disparaitre les fichiers. La plateforme FTX mémorisait tous les NFTs *mintés* sur son site. En 2022, certains ont perdu le lien avec les métadonnées. Les jetons n'ont donc plus de représentation et le lien pointe vers une page d'erreur. Il est aussi arrivé que l'apparence des NFTs change soudainement, car les images sur le serveur de stockage ont été remplacées par des acteurs malveillants.

Pour assurer la pérennité d'un fichier associé à un jeton, il est recommandé d'utiliser un système de stockage décentralisé comme l'***InterPlanetary File System*** (IPFS). IPFS est un protocole pair à pair de distribution de contenus qui permet de stocker des fichiers de manière décentralisée. Les fichiers chargés via IPFS ne dépendent pas d'un serveur centralisé. Ils sont répliqués dans le réseau et accessibles publiquement. Même si un nœud du réseau devient défaillant, le fichier ne disparait pas, car il existe sur un autre nœud. L'identifiant du fichier est dérivé de son contenu (via la fonction de hachage) ce qui assure la non-modification de celui-ci. Des outils comme Infra et Pinata permettent de stocker facilement les NFTs sur IPFS. Une solution comme Arweave propose un système alternatif de stockage de fichiers pair à pair et pérenne.

Blockchain et jetons

CHAPITRE 6
ACHETER, CRÉER ET STOCKER DES ACTIFS NUMÉRIQUES

« La structure du bitcoin est très ingénieuse. La monnaie papier disparait, et les cryptomonnaies sont un bien meilleur moyen de transférer des valeurs qu'un morceau de papier, c'est certain. »

Elon Musk

Pour pouvoir entrer dans le métavers et y participer activement, il est indispensable de comprendre le rôle essentiel des cryptomonnaies. Dans ce chapitre, nous explorerons l'importance des cryptomonnaies dans l'écosystème du métavers, en mettant en évidence les multiples facettes de leur utilisation.

Les cryptomonnaies jouent un rôle clé dans l'accès aux fonctionnalités des applications métavers, facilitant les transactions et les échanges de valeur. Elles permettent non seulement l'achat de NFTs, ces jetons non fongibles qui représentent des actifs uniques et indivisibles, mais également la création de vos propres artéfacts numériques. Grâce aux cryptomonnaies, vous pouvez véritablement devenir un acteur actif dans la création et la gestion de votre présence virtuelle.

Les cryptomonnaies offrent également des opportunités d'investissement. La croissance rapide du métavers a entrainé l'appréciation de certaines cryptomonnaies et NFTs, créant ainsi un marché dynamique et potentiellement lucratif pour les investisseurs.

Dans ce chapitre, nous explorerons les différentes cryptomonnaies populaires dans le métavers, leurs cas d'utilisation, ainsi que les aspects à prendre en compte lors de l'achat et de l'investissement. Nous aborderons également les questions liées à la sécurité, à la règlementation et aux préoccupations éthiques entourant les cryptomonnaies dans le contexte du métavers.

Acheter des cryptomonnaies

Un des paradigmes clés du nouveau web est de rendre les transferts financiers sur Internet aussi simples et fluides que la transmission de l'information sur le Web 2. Cela implique l'utilisation de la technologie pour créer des protocoles de paiement décentralisés, qui permettent des transferts rapides, sécurisés et transparents de valeur entre les utilisateurs, sans nécessiter d'intermédiaires couteux et lents. Le paradigme de rendre l'argent aussi facile à transmettre que l'information est essentiel pour créer un web plus équitable et accessible à tous, où les paiements ne sont pas limités par des frontières géographiques ou des restrictions de transaction.

La loi PACTE (qui a largement servi d'inspiration pour le règlement MiCA) a accordé une existence légale à une nouvelle catégorie juridique que sont les actifs numériques. À cette occasion, elle définit le statut de **prestataire de services sur actifs numériques** (PSAN).

Dans les cas suivants, les acteurs ont l'obligation d'être agréments par l'Autorité des Marchés Financiers (AMF) :

- conservation d'actifs numériques ;
- et/ou achat ou vente d'actifs numériques en monnaie ayant cours légal ;
- et/ou échange d'actifs numériques contre d'autres actifs numériques ;
- et/ou exploitation d'une plateforme de négociation d'actifs numériques.

La liste des plateformes agrémentées est disponible en scannant le code ci-contre. Nous vous conseillons de manipuler des actifs numériques uniquement sur des plateformes agrémentées.

Un *exchange* est une plateforme permettant l'achat, la vente et l'échange de cryptomonnaies. Il existe un panel de solutions telles que Paymium, Coinbase, Kraken, Bitpanda. Toutefois, Binance (agrémentée par l'AMF) fait partie des *exchanges* de référence. L'entreprise est dirigée par Changpeng Zhao (alias CZ) depuis sa création en 2017. Cette dernière est actionnaire de Twitter depuis 2022 qui est le réseau social (avec Discord) de référence pour les fans de cryptomonnaies et de NFTs.

Dans le cadre de la démarche *Know Your Customer* (KYC pour Connaissance du Client), la création d'un compte Binance requiert des documents d'identités. Une fois votre compte créé, vous pouvez charger votre portefeuille en euros en utilisant votre carte de crédit ou en effectuant un virement. La seconde solution est souvent plus intéressante, car des frais moindres sont appliqués.

L'image ci-après montre un portefeuille comportant des bitcoins (BTC), de l'ether (ETH), du solana (SOL) ainsi que les tokens SAND. Pour pouvoir tester la création de NFT sur Solanart un peu plus tard dans ce chapitre, vous devrez posséder quelques SOL (0.1 suffisent). Des ethers seront utiles pour effectuer des transactions sur OpenSea et pour acheter des NFTs. Le SAND est une monnaie associée à l'un

des plus grands métavers : The Sandbox.

Si vous achetez des cryptomonnaies dans un but spéculatif, il est conseillé de varier ses investissements sur plusieurs projets afin de diversifier son portefeuille et minimiser les risques. La valeur d'un portfolio est fluctuante, car elle suit l'évolution du cours des cryptomonnaies. La volatilité de ces dernières étant élevée, votre capital n'est pas garanti. Il est conseillé de ne pas engager plus de 10 % de vos capacités d'investissement totales et d'investir uniquement des sommes que vous êtes prêts à perdre. Les cryptomonnaies sont considérées comme des investissements risqués.

En novembre 2022, l'un des plus importants *exchanges* FTX (deuxième plateforme d'échanges de cryptomonnaies après Binance) a été confronté à une crise de liquidité. En une semaine seulement, l'*exchange* tombe en faillite (et avec elle ses 134 entreprises) tandis qu'elle était encore valorisée quelques jours plus tôt à 32 milliards de dollars entrainant de grandes pertes pour ses utilisateurs. Des problèmes de gestion et de contrôle de la société ainsi que des vols et cyberattaques seraient impliqués dans cette déroute. FTX avait investi dans un grand nombre de protagonistes, sa chute a entrainé des répercussions sur les autres acteurs du secteur et crée une crise de confiance dans l'écosystème des cryptomonnaies. À la suite de l'annonce, le bitcoin a perdu 20 % de sa valeur en quatre jours seulement.

L'année 2023 a été marquée par une remontée significative du Bitcoin, qui a retrouvé son rôle de valeur refuge grâce à l'incertitude des acteurs de la finance centralisée. Malgré les risques importants liés aux investissements dans la cryptomonnaie, la courbe d'adoption continue de suivre une croissance intéressante, portée par l'intérêt grandissant pour les cas d'usage de la finance décentralisée. Si l'on compare souvent le Bitcoin à l'or et l'éther à l'argent, il faut noter que l'écosystème de la cryptomonnaie a également fait des progrès significatifs pour mieux encadrer les initiatives frauduleuses ou financièrement instables, améliorant ainsi la sécurité de l'espace pour le grand public. Malgré les défis persistants, la cryptomonnaie continue d'attirer  l'attention des investisseurs et des analystes financiers, qui cherchent à comprendre les opportunités et les risques associés à ce marché.

Avant d'investir dans une cryptomonnaie, nous vous conseillons de consulter le livre blanc ainsi que la feuille de route proposée par le projet. Notez également la présence du projet sur les réseaux sociaux et la dimension de la communauté associée. Vérifiez l'utilité de la cryptomonnaie et du projet. Vous pouvez vous former à l'aide de la plateforme Binance Academy qui comporte des conseils pour comprendre la technologie et également pour investir et faire du trading. Les professionnels des investissements pourront vous conseiller par rapport à votre situation.

Il est également recommandé de suivre l'humeur du marché. Pour cela, nous vous suggérons de consulter l'indice Fear and Greed (Peur et Enthousiasme). Cet indice (voir QR-code) intègre cinq sources de données distinctes pour mesurer quotidiennement les fluctuations émotionnelles du marché. Il prend en compte des signaux de volatilité inhabituels, le volume des transactions quotidiennes comparées aux semaines précédentes pour détecter des anomalies, et analyse les messages publiés sur les réseaux sociaux (Twitter, Reddit) afin d'en extraire une émotion moyenne journalière. L'indice propose également un indicateur de la dominance de Bitcoin pour mesurer l'intérêt relatif porté aux *altcoins*. Un volume d'investissement élevé dans les *altcoins* est généralement signe d'enthousiasme chez les investisseurs (prise de risque accrue), tandis qu'un investissement concentré sur le bitcoin indique une approche plus prudente. L'arrivée d'une **altcoin season** signifie que les investisseurs s'intéressent davantage aux *altcoins* qu'au bitcoin, car les 50 principaux *altcoins* ont enregistré une croissance de leur capitalisation boursière supérieure à celle du Bitcoin au cours des 90 derniers jours, dépassant ainsi le seuil de 75%. Enfin, l'évolution des volumes de recherche liés au bitcoin sur Google est ajoutée à l'indicateur final.

27% of all projects	27%
Have been voted as moon coins	Moon
14% of all projects	14%
Have been voted as amazing	Amazing
2% of all projects	2%
Have been voted as good	Good
1% of all projects	1%
Have been voted ok	Ok
1% of all projects	1%
Have been voted rubbish	Trash
55% of all projects	55%
Have been voted scams	Scam
RECENTLY ADDED PROJECTS	

Le site CoinGecko peut vous permettre d'identifier le niveau de confiance que l'on peut accorder à une cryptomonnaie à un instant donné. Le **Trust Score** est calculé en prenant en compte des facteurs tels que les statistiques de trafic web d'une plateforme d'échange, la fourchette du carnet d'ordre, le volume d'échange global, la fréquence des échanges et le contrôle d'anomalies.

Le site https://isthiscoinascam.com/ permet de savoir si une monnaie est fiable ou s'il s'agit d'une escroquerie. En effet, de nombreuses monnaies sont créées par des acteurs malveillants afin de récupérer des fonds sous de faux projets. Il faut donc être particulièrement vigilant.

Le site a identifié plus de 55 % de jetons fongibles récemment listés sur la plateforme comme des escroqueries.

En ce qui concerne les jetons fongibles associés à des métavers, la société de conseil Metaversed publie régulièrement un classement de fiabilité des monnaies : ***le web³ metaverse Index***. Le Top 10 est présenté dans le tableau ci-après. Ce dernier s'appuie sur une analyse de chaque métavers en fonction des variables suivantes : expérience de la haute direction, évaluation du modèle d'affaires, marché cible défini, fidélité des graphiques, expérience utilisateur, financement initial/ventes, stratégie de la feuille de route, adéquation de la marque. Plus de la moitié des entreprises investissant dans le métavers le font via l'acquisition de cryptomonnaies.

Position	Métavers	*Blockchain*	Focus
#1	Spatial	Polygon	Création Contenu
#2	The Nemesis	Ethereum	Monde ouvert
#3	Portals	Solana	Création Contenu
#4	StageVerse	Ethereum	Musique
#5	Bud	Polygon	Quêtes
#6	Ultra	EOSIO	Gaming
#7	The Sandbox	Ethereum	Monde ouvert
#8	Blankos	EOSIO	Gaming
#9	Altava	BSC	Mode
#10	The fabricant	Flow	Mode

Top 10 des métavers (classement web³ metaverse Index) en 2024

Il est possible d'étaler un achat de cryptomonnaies afin de bénéficier d'un prix moyen sans prendre le risque d'acheter en une seule fois à un

Acheter, créer et stocker des actifs numériques

taux particulièrement élevé. Vous pouvez effectuer des **achats récurrents** avec de petits montants au lieu de faire un investissement plus important en une seule fois. Cette approche est connue sous le nom de DCA pour *Dollar Cost Averaging* qui peut être une technique de protection contre le risque de volatilité.

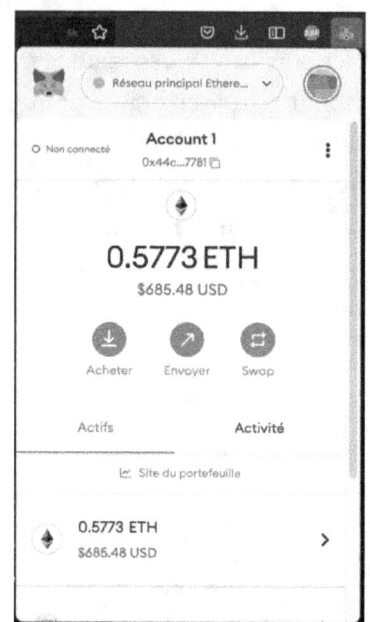

Pour lutter contre la forte volatilité, les cryptoactifs peuvent être convertis en cryptomonnaies stables — *stablecoins*. Les *stablecoins* sont conçus pour suivre le cours d'un autre actif plus stable auquel ils sont adossés (p. ex. once d'or, dollar). Par exemple, l'USDC vaudra toujours 1 dollar (comme le BUSD). Ainsi, si vous souhaitez assurer votre capital sans le retirer immédiatement, vous pourrez vous appuyer sur ces monnaies. Néanmoins, l'effondrement du *stablecoin* algorithmique UST de Terra a eu lieu en 2022.

Les gains (ou pertes) obtenus via les investissements dans des cryptomonnaies doivent être déclarés sur le formulaire 3916-BIS créé pour les comptes d'actifs numériques. Les activités occasionnelles sont distinguées des activités habituelles. Un calcul de plus ou moins-value associé à chaque transaction est nécessaire pour les dépenses effectuées avec une carte crypto si ces dernières ont nécessité l'usage et donc la conversion de cryptomonnaies en monnaie fiduciaire.

Nous rappelons que les informations contenues dans ce livre ne constituent en aucun cas un conseil en investissement ni une recommandation juridique ou fiscale. Ces informations sont présentées à titre informatif. Chaque investisseur doit effectuer ses propres recherches avant de fonder une décision d'investir. Vous pouvez profiter des sessions AMA (Ask Me Anything, qui signifie demandez-moi tout) pour en savoir plus sur les projets. Ce type de session souvent assuré par les fondateurs du projet permet au public de poser tout type de questions.

L'investissement en cryptomonnaies ne convient pas à tous les investisseurs compte tenu des risques et de la complexité. Il présente un risque de perte totale en capital investi. Prenez le soin d'analyser les projets associés à certaines cryptomonnaies afin de décider de celles dans lesquelles vous souhaiteriez éventuellement investir.

Stocker vos cryptoactifs

Une fois votre portefeuille créé et l'achat de quelques cryptomonnaies effectué, il est bon d'envisager la sécurisation de vos actifs dans un portefeuille cryptographique. Les plateformes d'échange, si elles sont pratiques pour acheter, vendre et convertir des monnaies ne sont pas des garanties pour la sécurité de votre capital. Par le passé, des plateformes se sont fait pirater ou se sont effondrées et des utilisateurs ont perdu leurs investissements.

Pour la sécurité de vos cryptoactifs, il est conseillé d'avoir recours à un portemonnaie. Il en existe deux types : les portefeuilles physiques et numériques.

En ce qui concerne les portefeuilles numériques, les plus connus sont MetaMask, Coinbase, BlueWallet et Exodus. Cependant, il existe une multitude de solutions proposant des portefeuilles cryptographiques, notamment en fonction des besoins spécifiques des utilisateurs. Certains portefeuilles se concentrent sur la sécurité, tandis que d'autres offrent une plus grande facilité d'utilisation ou des fonctionnalités avancées telles que la gestion de plusieurs cryptomonnaies. Les choix en matière de portefeuilles numériques dépendent également de la plateforme ou de l'échange utilisé pour acheter des cryptomonnaies, car certains offrent des portefeuilles intégrés.

Les portefeuilles cryptographiques prennent la forme d'applications mobiles et/ou d'extensions de navigateurs la plupart du temps sur Chrome ou Firefox ; beaucoup d'applications du métavers et du web 3 ne sont pas compatibles avec le navigateur Safari.

Metamask est un portefeuille crypto qui peut gérer uniquement des actifs stockés sur un réseau compatible EVM (Ethereum Virtual Machine). Pour gérer des actifs sur d'autres chaines de blocs non compatibles EVM, des portefeuilles spécifiques sont requis. Par exemple, le portefeuille Phantom permet de gérer des actifs sur Solana et le portefeuille Polkadot.js permet de gérer des actifs sur Polkadot.

Assurez-vous de créer votre portefeuille sur le site web officiel (Metamask : https://metamask.io), car des liens frauduleux existent. Lors de l'initialisation, ce dernier vous transmettra une *passphrase* de 12 ou 24 mots qui sera l'unique manière de récupérer votre portefeuille en cas de problème ou de changement d'appareil. À la différence d'un mot de passe qui vous permet d'accéder aux services du web 2.0, la fonction de  récupération d'une *passphrase* n'existe pas sur les applications web 3. L'identifiant de votre portemonnaie est directement dérivé de la phrase de récupération, d'où l'importance de la mémoriser et de la garder secrète. Un individu possédant cette phrase peut accéder au portefeuille et aux actifs associés à l'identifiant du portefeuille sur la chaine de blocs.

L'usage des portefeuilles numériques, aussi appelés les portefeuilles chauds, est pratique, car ces derniers se trouvent directement sur votre ordinateur et votre téléphone connecté à Internet. Un portefeuille chaud est donc toujours prêt à être utilisé. Toutefois, il peut être vulnérable aux attaques informatiques pour les mêmes raisons : un pirate peut y avoir accès via le réseau et votre machine.

La norme Ethereum ERC-4337 représente une avancée significative pour faciliter l'utilisation des *cryptowallets* et de la *blockchain*. Cette norme permet une abstraction de compte, ce qui simplifie la création et la récupération de comptes ainsi que l'authentification multifactorielle et les paiements automatiques. Grâce à cette norme, les développeurs peuvent créer des applications plus conviviales pour les utilisateurs finaux, tout en offrant des niveaux de sécurité élevés pour la gestion des actifs numériques. Les utilisateurs peuvent désormais stocker et gérer leurs actifs numériques de manière plus facile et plus sure.

L'alternative au portefeuille numérique est le **portefeuille physique** aussi appelé portefeuille froid qui est un petit appareil sécurisé contenant votre identifiant. Pour effectuer une transaction avec un portefeuille physique, il faut avoir un accès à celui-ci. L'appareil est déconnecté du réseau Internet et parfois même de toute source d'énergie quand il n'est pas utilisé, il ne peut donc pas être piraté à distance. Il peut néanmoins être volé, d'où l'importance de le protéger et de le sécuriser avec un code pin. L'un des leaders du marché des portefeuilles physiques est un produit français : le Ledger. L'entreprise française a confirmé en 2023 sa place au sein du prestigieux club du Next40 de La French Tech. Elle a vendu à ce jour plus de 6 millions de portefeuilles physiques. Ledger est reconnu comme étant le premier portefeuille numérique à avoir reçu la certification de l'Agence Nationale de la Sécurité des Systèmes d'Information (ANSSI) en France. Cette certification atteste de la qualité de la sécurité des systèmes d'information mis en œuvre pour la conception, la production et la distribution du portefeuille.

Ledger propose plusieurs produits permettant la gestion de plus de 100 cryptomonnaies. Le Ledger Nano S Plus est une clé qui doit être branchée à un ordinateur par un câble. Le Ledger Nano X est une clé qui fonctionne en Bluetooth avec une application mobile dédiée.

Comme pour un portefeuille traditionnel, une phrase de récupération est requise dans le cas où vous perdez la clé. Cette dernière sera utile si vous souhaitez effectuer une sauvegarde sur une seconde clé. Une pratique conseillée est celle de coupler l'usage d'un Ledger Nano X avec celui d'un Ledger Nano S Plus. La première clé peut rester avec vous, elle permettra d'effectuer des transactions régulières, tandis que la seconde pourra servir de sauvegarde en cas de perte ou de dysfonctionnement de la première.

D'autres acteurs proposent des solutions de portefeuilles froids tels que AirGap Vault, Keystone, Ledger et Trezor.

Physique ou numérique, le portefeuille ne contient pas directement les cryptomonnaies qui sont stockées sur la chaine de blocs, mais gère vos identifiants privés (clés privées) qui prouvent leurs appartenances et permettent d'effectuer les transactions avec les actifs.

Les échanges comme Binance conservent vos clés privées. On parle de portefeuille *custodial*. Ils ont potentiellement tous les pouvoirs sur vos actifs, il faut donc faire confiance à ces derniers. Avec un portefeuille, vous reprenez le contrôle en conservant vos clés sur votre ordinateur dans MetaMask ou sur un Ledger. La chute de l'*exchange* FTX a généré une augmentation très significative de l'achat des portefeuilles physiques par les investisseurs cherchant à sécuriser leurs actifs.

Un portefeuille peut recevoir des cryptomonnaies grâce à son adresse publique (dérivée de la *passphrase* avec des fonctions cryptographiques). Vous pouvez envoyer des cryptomonnaies depuis un *exchange* vers votre portefeuille en utilisant cette adresse. Il est possible, par exemple, d'envoyer vos ethers depuis Binance vers votre portefeuille MetaMask. Vous pouvez aussi acheter des NFTs ou interagir avec des services web 3 en validant les transactions avec votre portefeuille. Néanmoins, il faut passer par un échange centralisé comme Binance ou décentralisé comme 1inch pour acheter ou échanger des cryptomonnaies.

Les adresses des portefeuilles ne sont pas privées. Elles peuvent être partagées librement afin de pouvoir recevoir des actifs. Attention cependant, car vous obtiendrez une adresse de portefeuille différente pour des *blockchains* différentes.

Comme nous l'avons mentionné, chaque cryptomonnaie est associée à une *blockchain*. Si de nombreux jetons sont sur la chaine de blocs Ethereum (p. ex. USTD, SHIB, BAT, MANA, SAND), d'autres sont sur des chaines de blocs spécifiques. Le DOT est sur Polkadot, le BNB sur la Binance Smart Chain et le SOL sur la chaine de blocs Solana.

Votre adresse Ethereum est facilement identifiable, car elle débute par 0x. Soyez très vigilant si vous souhaitez transférer et récupérer des fonds, car si vous vous trompez d'adresse, les transactions sont irréversibles et il n'y a pas d'autorité pour invalider la transaction ou vous aider à récupérer vos fonds. Si vous envoyez des cryptomonnaies d'une *blockchain* sur l'adresse d'une autre chaine de blocs (p. ex. des DOTs sur une adresse Ethereum), vous perdrez vos fonds, car votre adresse Ethereum ne correspond pas à votre adresse Polkadot. Vous pouvez vérifier les différents formats d'adresses en scannant le QR-code à droite.

Paramètres d'un ENS depuis https://app.ens.domains

Le **nom de domaine Ethereum** (ENS) permet de symboliser une adresse de portefeuille cryptographique de manière plus lisible (p. ex. 0x4761Bfe0C154748d13eace9693DEA6451E917437 devient charlesperez.eth). La logique est similaire aux noms de domaines web (DNS) qui permettent l'utilisation d'adresses de sites web à la place des adresses IP (p. ex. 34.117.168.233 devient www.charlesperez.fr). Les erreurs dans l'écriture d'une adresse de portefeuille sont la source principale de perte de cryptomonnaies, l'usage d'un ENS permet de les éviter.

En plus du portefeuille, l'ENS peut stocker un lien vers votre avatar, votre site web et d'autres informations (voir image). Posséder un nom de domaine Ethereum coute environ 10 dollars par an. De nombreux influenceurs web 3 remplacent leur pseudonyme Twitter par un nom de domaine Ethereum afin de pouvoir récolter des donations de leur audience. C'est aussi une manière de donner de la visibilité au web 3 sur les réseaux sociaux du web 2.0. Vous pouvez vous procurer un nom de domaine Ethereum sur https://ens.domains/fr/.

Les arnaques par *phishing* se sont développées autour des usages de cryptomonnaies et des portefeuilles. Pour les éviter, respectez les trois règles d'or suivantes : (1) n'envoyez jamais de cryptomonnaies à un prétendu service, surtout s'il vous promet un retour sur investissement impressionnant et immédiat ; (2) ne divulguez jamais votre phrase de récupération ; (3) ne signez pas de transactions depuis des sites inconnus.

Un portefeuille peut servir de moyen d'authentification auprès des services du web 3 (p. ex. OpenSea). En ce sens, il remplace les couples login et mot de passe. Il peut rendre la navigation plus fluide, car un simple clic permettra au portefeuille de vous authentifier. Toutefois, soyez vigilants, car les sites proposant la connexion via *cryptowallet* ne sont pas tous bienveillants. Il ne faut pas donner l'accès à votre *cryptowallet* et valider des transactions sur des sites non légitimes.

Faites attention aux jetons « gratuits » qui apparaissent dans votre portefeuille. Si vous recevez des jetons non sollicités alors que vous n'avez effectué aucun achat, soyez particulièrement vigilant. N'importe qui peut envoyer des jetons sur votre portefeuille. Leur réception n'est pas forcément une erreur de la part de l'envoyeur ni une opportunité pour vous. Il est probable que ces jetons soient utilisés pour mener une **attaque par saupoudrage**. Si vous essayez de revendre ces derniers sur le site du jeton, vous risquez d'interagir avec un contrat intelligent frauduleux qui videra votre portefeuille. Dans ce type d'attaque, l'individu malintentionné envoie des jetons sur de multiples comptes en espérant que certains consultent le site malveillant associé. Il ne faut pas y connecter son portefeuille.

Le même type d'attaque existe pour les NFTs non sollicités où le contrat intelligent risque de vider votre portefeuille si vous essayez de les revendre ou si vous acceptez une offre d'achat.

Créer un NFT

Avec votre portefeuille, vous pouvez désormais gérer vos actifs numériques : acheter des NFTs, mais aussi en créer. En 2021, le marché des NFTs a atteint un volume de transactions de plus de 40 milliards de dollars, ce qui a poussé de nombreux créateurs à se lancer dans l'aventure. Nous vous proposons de suivre leur trace en créant quelques NFTs à la main sur les deux plateformes les plus reconnues : SolSea et OpenSea. Vous deviendrez ainsi le créateur officiel d'œuvres originales qui pourront faire partie de l'économie du monde artistique.

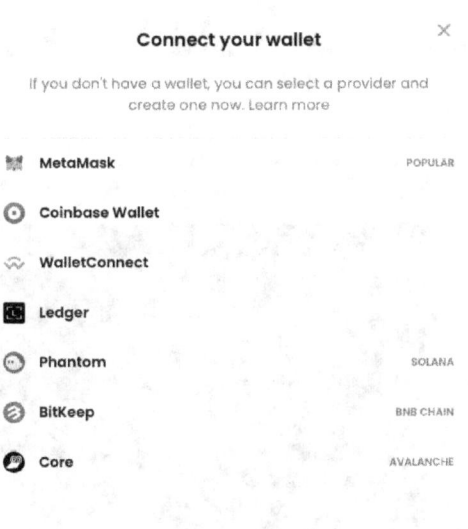

La plateforme **OpenSea** est la place de marché NFT la plus large au monde. OpenSea liste une grande variété de jetons non fongibles représentant des œuvres d'art, de la musique, des terrains virtuels, des accès aux métavers ou des noms de domaines disponibles sur les diverses chaines de blocs telles que Ethereum, Polygon, Solana, Klayth.

Vous avez déjà rencontré des NFTs tels que les CryptoKitties et mêmes quelques œuvres exposées dans Spatial, sur le site officiel OpenSea.

Pour acheter ou créer des NFTs, connectez-vous sur https://opensea.io/ avec votre *cryptowallet*. Celui-ci n'a pas besoin d'être alimenté pour la création de votre NFT, car aucuns frais ne seront prélevés. Le NFT n'est pas inscrit sur la chaine de blocs au moment de sa création, mais au moment de la première vente qui engendre le *mint* du NFT et les frais associés ainsi que le transfert de propriété. Les frais sont facturés au moment de la première vente, c'est ce que l'on appelle le *lazy mint*.

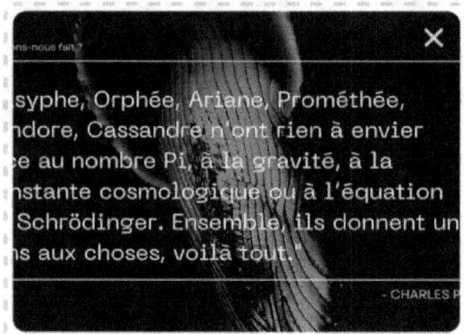

Interface de création d'un NFT sur OpenSea

Vous pouvez cliquer sur « Créer » puis « Charger votre fichier » (image, vidéo, audio ou modèle 3D). À l'heure actuelle, la plateforme accepte les formats suivants : JPG, PNG, GIF, SVG, MP4, WEBM, MP3, WAV, OGG, GLB, GLTF.

Ensuite, vous devez renseigner un nom, une description, puis les propriétés de votre NFT (à l'image des *cattributes* des CryptoKitties, ils sont entièrement personnalisables, mais ne peuvent plus être modifiés une fois la frappe effectuée) ainsi que le nombre d'exemplaires disponibles.

Rareté	Limites
Unique	1
Mythique	10
Légendaire	100
Épique	1000
Rare	5000
Peu commun	10000
Commun	100000

À titre d'information, l'échelle ci-contre indique les termes utilisés pour mesurer la rareté des biens numériques, notamment celle des accessoires digitaux sur le métavers. Cette échelle varie de « unique » à « commun » en fonction du nombre d'items disponibles.

Il est possible d'attribuer des **revenus de création** (*creator fees*) à votre NFT qui seront prélevés et reversés sur votre portefeuille à chaque revente. Le créateur peut choisir le pourcentage associé aux frais. Ils sont habituellement situés entre 5 % et 10 %.

Interface de création de NFT sur OpenSea mentionnant les revenus de création

Comme l'indique l'image, il vous suffit d'ajouter une adresse de portefeuille pour collecter automatiquement les fonds. Des frais de création sont appliqués aux ventes primaires, mais également aux ventes secondaires, afin de rémunérer de manière plus équitable les artistes.

Vous devez enfin choisir la *blockchain* sur laquelle vous souhaitez frapper votre NFT (Ethereum ou Polygon). Même si la majorité des NFTs est créée sur Ethereum, la chaine Polygon offre des avantages tels que des transactions plus rapides et des frais de transactions minimes. Même si les NFTs sont non fongibles par définition, il est possible de créer des NFTs semi-fongibles avec un nombre d'unités disponibles supérieur à un, mais tout de même limité. Par exemple, il existe un jeton offert aux lecteurs de ce manuel qui est disponible aux 500 premiers demandeurs (voir les détails à la fin du livre).

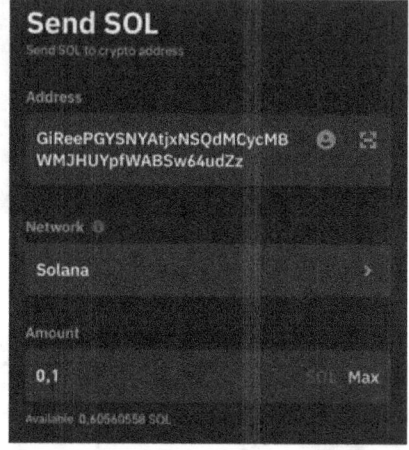

Une fois votre NFT créé, vous pouvez le mettre en vente en définissant son tarif en cryptomonnaie. Pour terminer, votre portefeuille crypto vous demandera de signer la transaction. Si vous avez choisi la chaine Polygon, vous serez invité à changer de réseau sur votre portefeuille MetaMask.

Voyons maintenant comment effectuer la même procédure sur la plateforme SolSea. Comme vous allez le constater, la démarche est très similaire. **SolSea** est basée sur la chaine de blocs Solana qui se positionne comme neutre en carbone depuis 2021. Cette plateforme

est une référence dans l'art numérique, car les frais de transaction y sont très faibles, voire nuls. À l'heure où nous écrivons ces lignes, les frais de transaction sont de 0,00028 SOL, soit un tout petit peu plus d'un centime d'euros. Vous pouvez créer plusieurs centaines d'œuvres avec 0,1 SOL.

SolSea permet aux créateurs d'attacher une licence d'exploitation relative à l'image des NFTs, ce qui n'est pas forcément le cas des autres espaces de vente. Pour pouvoir mettre en vente un NFT sur Solsea, il faut disposer d'un portefeuille compatible avec le réseau Solana, comme Ledger (physique) ou Phantom (numérique). Pour le moment, Solsea n'est pas compatible avec les portefeuilles MetaMask dédiés au réseau Ethereum. Depuis https://solsea.io, créez un compte et connectez-vous avec votre portefeuille. Il vous faudra alimenter ce dernier avec quelques SOLs (la cryptomonnaie de Solana) que vous pouvez acheter sur Binance puis transférer à l'adresse du portefeuille Solana. À la différence d'OpenSea, SolSea effectue la frappe du NFT dès sa création. Cela explique le besoin de payer des frais.

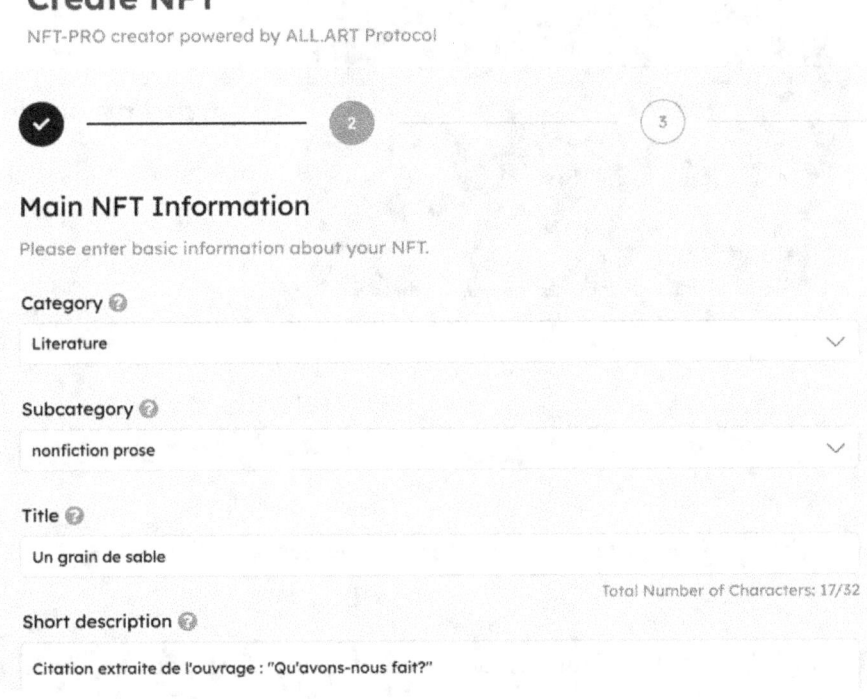

Interface de création d'un NFT sur Solanart

Pour créer un NFT avec SolSea, il suffit de télécharger votre fichier. Si vous n'avez pas de créations originales sous la main, vous pouvez utiliser un outil comme Canva ou des photographies que vous pouvez modifier et styliser grâce à des applications comme fotor.com ou befunky.com. Vous pouvez également utiliser des intelligences artificielles génératives telles que Midjourney ou DALL-E. Comme indiqué ci-après, vous avez la possibilité d'ajouter des caractéristiques à votre NFT.

Votre création est désormais associée à un NFT sur la chaine de blocs Solana. Le NFT devrait apparaitre prochainement sur la plateforme. Le Studio Manifold propose également un outil simple permettant de frapper des NFTs et de les exposer dans une galerie associée.

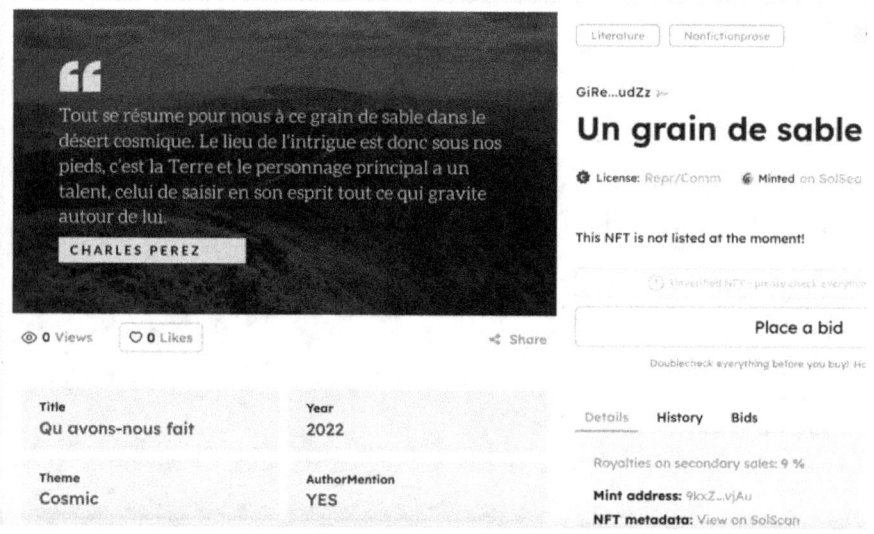

Une citation frappée sur SolSea sous forme de NFT

Le marché de l'art numérique a connu une forte croissance ces dernières années, avec l'émergence de plateformes spécialisées dans la vente et la collection d'œuvres d'art numériques comme MakersPlace,

Nifty Gateway, SuperRare et bien d'autres. Ces plateformes permettent aux artistes numériques de monétiser leur travail en vendant des copies uniques ou limitées sous forme de jetons non fongibles.

L'artiste plasticien français Léo Caillard était exposé lors du salon NFT Paris. Cette exposition a offert l'opportunité de découvrir des statues antiques revisitées, telles que celle du Discobole lançant un bitcoin, par exemple. En plus des œuvres physiques, des versions animées sous forme de NFT peuvent être exposées dans des cadres numériques en haute définition. Les NFTs offrent également une nouvelle façon d'exposer et de collectionner des œuvres d'art numériques. En utilisant des cadres numériques haute définition, les propriétaires peuvent afficher leurs NFTs chez eux comme s'il s'agissait d'une œuvre d'art traditionnelle, tout en bénéficiant de la flexibilité et de l'interactivité du format numérique.

Créer sa collection de NFTs

Comme pour les CryptoPunks, vous avez également la possibilité de créer votre propre collection. Nous avons mis en place une collection de NFTs en exploitant les talents de l'intelligence artificielle générative de DALL·E 2 (https://openai.com/product/dall-e-2).

Ce modèle permet de générer des images à partir de requêtes textuelles. Nous lui avons demandé de créer des autoportraits des plus grands peintres avec un casque de réalité virtuelle. Ainsi, nous avons pu créer des œuvres représentant Rembrandt, Van Gogh et Frida Kahlo. Vous pouvez visiter cette collection de NFT sur OpenSea.

Voici la démarche que vous pouvez utiliser pour créer votre collection. Tout d'abord, accédez à votre profil sur opensea.io et sélectionnez l'onglet « Mes collections ». Si vous n'avez pas encore de compte sur OpenSea, vous devrez en créer un avant de pouvoir commencer. Une fois sur la page « Mes collections », cliquez sur le bouton « Créer une collection » pour commencer une nouvelle collection. Vous aurez la possibilité de créer plusieurs collections à l'avenir et de les gérer à partir de cette page.

Notre collection <u>*https://opensea.io/collection/anewimpression*</u>

Lors de la création de votre collection, vous aurez le choix entre déployer votre propre contrat intelligent ou utiliser le contrat OpenSea. Si vous prévoyez de lancer une campagne de vente pour votre collection, vous devrez déployer votre propre contrat. Suivez les étapes détaillées dans la documentation relative aux lancements pour cela. Dans la section « Détails », saisissez le nom et la description de votre collection. Vous pourrez également définir une URL OpenSea pour votre collection. Ces informations pourront être modifiées ultérieurement. Saisissez les informations relatives à la catégorie et aux tags de votre collection. Vous pouvez choisir une catégorie pour votre collection et jusqu'à cinq tags descriptifs pour aider les collectionneurs à en savoir plus.

Dans la section « Illustrations », téléchargez une image de logo, une image de mise en avant et une bannière pour votre collection. Il faut choisir des images attrayantes qui représenteront votre collection de manière efficace. Dans la section « Liens », vous pouvez ajouter des connexions aux réseaux sociaux et des liens en rapport avec votre projet pour promouvoir au mieux votre travail. Enfin, cliquez sur le bouton « Créer ». Félicitations, vous avez maintenant créé votre propre collection de NFT sur OpenSea ! Vous pouvez maintenant ajouter des NFTs à votre collection en cliquant sur le bouton « Ajouter un élément » sur la page de votre collection. Dans le prochain chapitre, vous découvrirez comment certaines collections ont réussi à attirer d'importants investissements.

Nous l'avons vu, les NFT, ou tokens non fongibles, ont connu une croissance fulgurante, offrant aux utilisateurs une expérience unique de propriété et de collection d'œuvres d'art numériques. Récemment, l'impression physique de NFTs est devenue un choix populaire pour ceux qui cherchent à ajouter une nouvelle dimension à leur expérience de collection. Solid NFT, par exemple, propose des impressions de haute qualité qui permettent aux collectionneurs et aux artistes de personnaliser leur œuvre d'art numérique en choisissant la taille, le cadre et la finition de leur impression.

Solid NFT offre un certificat d'authenticité pour chaque œuvre physique créée à partir d'un NFT, renforçant ainsi la valeur de l'œuvre numérique et offrant une plus grande transparence et confiance aux collectionneurs et aux artistes. Un certificat est émis sur la *blockchain* pour chaque impression de NFT. Ci-dessus, vous pouvez voir le certificat ainsi que le lien vers la Une du Time dont nous avons déjà parlé.

Pour une expérience immersive, je vous invite à scanner le QR code ci-dessous pour visionner une vidéo exclusive dévoilant l'impression de deux de mes NFT par Solid NFT. Cette courte vidéo vous permettra de voir ces œuvres numériques uniques dans leur forme physique.

CHAPITRE 7
COMPRENDRE LA VALEUR DES ACTIFS

« Si vous voulez vraiment réussir dans les affaires d'actifs numériques, réfléchissez à l'utilisation pratique de cet actif numérique avant d'investir. »

Anuj Jasani

L'économie numérique engendrée par l'apparition de la chaine de blocs et du Bitcoin ainsi que l'évolution parfois impressionnante de la valeur des actifs a attiré un grand nombre d'individus à la recherche d'investissements particulièrement fructueux. L'expression *Wen Moon* (Qand la Lune) est même devenue populaire pour faire référence aux investisseurs de cryptoactifs souhaitant voir la valeur de leurs biens augmenter au point d'atteindre la Lune. Elle omet volontairement le H de *When* (le u dans Quand) pour indiquer à quel point les investisseurs sont pressés de voir les cours flamber. La formule *Wen Moon* est devenue un mème avec une utilisation très répandue. Elle est vendue sur de nombreux objets dérivés ! Ce chapitre abordera quelques notions liées à l'investissement dans les technologies relatives aux métavers. Les informations contenues dans le livre ne constituent en aucun cas un conseil en investissement. Chacun doit effectuer ses propres recherches avant de fonder une décision d'investir. Une étude de l'Autorité des marchés financiers (AMF) révèle que 89 % des particuliers faisant du trading perdent de l'argent. Si cette étude se focalise sur le trading sur FOREX, il est toutefois possible que le monde de la cryptomonnaie et des NFTs obtiennent des chiffres comparables, si ce n'est pire encore.

Ce chapitre n'a pas vocation à encourager les investissements. Il présente des pratiques et exemples à des fins d'information et d'éducation pour vous aider à mieux saisir les intérêts spéculatifs portés aux actifs numériques et aux métavers.

Types d'investissement

La notion de **risque** est importante à prendre en considération. En investissant sur les très grands acteurs du marché et les technologies les plus matures, on peut réduire le risque de pertes, mais on réduit également les gains potentiels. Une pratique commune est de prospecter pour investir tôt dans des projets prometteurs.

Certains investisseurs proposent une stratégie suivant la règle du 30/50/20. Un total de 30 % des réserves est sécurisé et toujours accessible, 50 % des réserves sont investies pour de la rentabilité à moyen terme et 20 % des investissements sont effectués sur des supports à risque. Ces derniers 20 % peuvent être découpés de la même manière en 30/50/20. 30 % sur du long terme (Bitcoin, Ether), 50 % sur des actifs en promesse de croissance (Altcoin, Staking) et 20 % sur des opportunités risquées (NFTs, ICO).

Les professionnels considèrent que l'investissement le plus sûr est celui qui a lieu au niveau des acteurs de l'infrastructure logicielle et matérielle, mais également des moteurs de jeu et des géants qui investissent dans le métavers. Ces acteurs sont difficilement contournables ; parmi eux, on note Unity, Unreal engine, Nvidia, Apple, Alibaba, Meta. Unity et Unreal engine sont des outils phares de la création utilisés pour construire la réalité virtuelle et étendue.

N'oublions pas que l'objectif principal du métavers est de construire un univers virtuel immersif. Historiquement, le secteur le plus expérimenté dans la création de tels environnements, capable d'accueillir des millions de personnes en temps réel, est celui du jeu vidéo, et plus particulièrement les développeurs de moteurs de jeu. Ces acteurs possèdent une expertise cruciale pour façonner le paysage du métavers grâce à leur maîtrise avancée des environnements virtuels, des graphismes réalistes et des interactions en ligne dynamiques.

Unreal Engine est un moteur de jeu qui offre la possibilité de créer des environnements virtuels détaillés. Avec les fonctionnalités de Nanite (système de géométrie virtuelle) et Lumen (système de lumière globale entièrement dynamique), il est possible de créer des environnements photoréalistes. Unreal Engine propose une simplicité d'utilisation pour la création de personnages avec MetaHumans, qui permet de créer des modèles de personnages hautement détaillés et réalistes. Unreal Engine 5 offre une prise en charge améliorée de la réalité virtuelle et une interface utilisateur performante pour une expérience de développement plus fluide.

Unity est un moteur de jeu multiplateforme qui permet aux développeurs de créer des jeux en 2D et 3D pour une grande variété de plateformes, y compris les ordinateurs de bureau, les consoles de jeu, les appareils mobiles et même les casques de réalité virtuelle. Avec une interface conviviale et une grande communauté de développeurs, Unity facilite la création de jeux pour les professionnels comme pour les débutants.

Les créations des deux géants Unity et Unreal Engine s'appliquent à de nombreux secteurs, notamment le jeu vidéo, mais également la santé, le cinéma, la météorologie ou encore l'industrie avec les jumeaux numériques. Leurs technologies occupent une place prépondérante et représentent donc un support d'investissement intéressant pour les personnes optimistes quant à l'avenir du métavers.

Les cryptomonnaies natives d'une chaine de blocs sont un second niveau d'investissement (p. ex. ETH, BTC, SOL, EOS, BNB). Ces dernières peuvent gagner ou perdre très vite en valeur. Historiquement, l'état de santé du marché des cryptomonnaies était en lien avec la valeur du bitcoin. Aujourd'hui, des projets modestes peuvent proposer des cryptomonnaies prometteuses à la croissance élevée. Pour investir dans ces monnaies, il faut juger de la qualité du projet et faire ses propres recherches. Il est également possible d'investir dans un métavers en achetant les monnaies associées comme les SAND, MANA ou AXS. Roblox étant coté en bourse depuis mars 2021, il est possible d'acheter des actions de l'entreprise (RBLX).

Le marché des NFTs a connu un très grand intérêt ces dernières années. Il est désormais retombé (chute de 96 % en 2022) sous l'effet de l'hiver crypto. Toutefois, les terrains du métavers sont des investissements qui peuvent s'avérer intéressants (p. ex. Sanbox, Decentraland, OVR). Certaines collections artistiques de NFTs (telles que le BAYC) ont connu un succès important et ont permis à des acteurs (créateurs et investisseurs) de faire un retour sur investissement significatif. Un grand nombre de collections apparaissent chaque jour avec souvent une communauté de taille remarquable.

Il est possible d'investir dans des Index (ETF pour Exchange Traded Funds) relatifs au métavers. Le fond *Fidelity Metaverse ESG Tilted* suit les entreprises du monde entier qui ont des activités commerciales dans l'écosystème métavers. Les actions intégrées sont filtrées selon les critères environnementaux, sociaux et de gouvernance (ESG). L'investissement dans un ETF permet d'investir dans un domaine sans avoir à effectuer trop de recherches. C'est aussi un moyen de diversifier ses investissements. Le fond METV (*Roundhill Ball Metaverse ETF*) permet de posséder les parts de 40 titres sous-jacents. Parmi les entreprises représentées, on compte : Roblox, Apple, Nvidia, Unity Software, Microsoft, Facebook, Amazon, Autodesk, Snap, Coinbase, etc. Il existe à ce jour plusieurs dizaines d'ETF dédiés au métavers.

Nous l'avons mentionné, le marché des cryptomonnaies et des NFTs a connu une très forte baisse en 2022. Dans la chute, Charles Hoskinson, fondateur et ancien PDG d'Ethereum, défenseur des cryptomonnaies, a annoncé avoir perdu deux-milliards de dollars. Il est possible que le marché ait connu un sommet des attentes surdimensionnées. Suivant le cycle Gartner, le marché espère aborder la pente de consolidation avant d'atteindre le plateau de productivité. Notez que le phénomène métavers, plus récent, est encore dans la montée initiale selon Gartner. Le *Hype Cycle* permet de visualiser les variations de maturité des supports et des technologies liées au métavers.

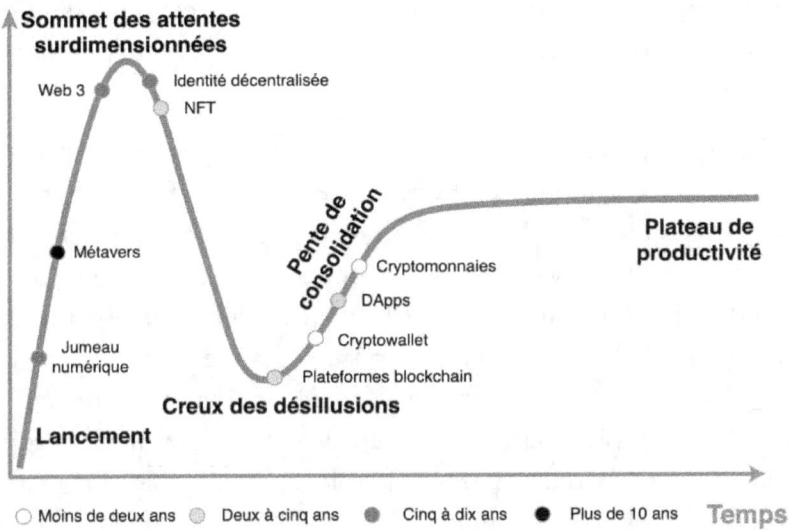

Hype Cycle Gartner montrant la maturité des technologies abordées dans ce livre

ICOs

Une **offre initiale de pièces** connue sous l'abréviation ICO pour *Initial Coin Offering*, est un type de levée de fonds à un stade précoce de l'entreprise ou du projet. L'entreprise génère sa propre cryptomonnaie (jetons fongibles) en une certaine quantité qu'elle propose à la vente au public. Cette approche est devenue un moyen alternatif de lever des capitaux ou de participer à des investissements via des actifs numériques basés sur la chaine de blocs. Le modèle ICO a prouvé sa capacité à mobiliser un financement rapide. En 2018, les ICOs ont dépassé les 550 millions de dollars en financement, ce qui était supérieur aux montants levés par le capital-risque traditionnel et le financement participatif.

Au début de son activité, une entreprise peut émettre des jetons numériques qui peuvent être acquis par la foule en utilisant des cryptomonnaies. De cette façon, une ICO est similaire au financement participatif, où une entreprise cherche à obtenir des fonds d'un grand nombre de contributeurs au lieu de compter sur un ou quelques investisseurs.

Un investisseur ICO achète des actifs numériques en utilisant une cryptomonnaie mature, telle que l'éther. Ces actifs ne sont ni des récompenses directes ni des actions de la société (ce sujet est toujours en cours de discussion), mais des actifs financiers négociables. Le profit d'un investisseur dépend de l'évolution des actifs obtenus et, par conséquent, de la valeur que le service sous-jacent est en mesure de gagner. Les actifs n'offrent pas toujours d'utilité directe, mais deviennent rapidement négociables. Un nombre croissant d'utilisateurs et de transactions aident le jeton fongible à gagner de la valeur et à améliorer sa liquidité.

L'ICO proposée par Filecoin (via la Société Protocol Labs) est parvenue à lever 257 millions de dollars en septembre 2017 via son jeton FIL. Le projet est celui d'un réseau de stockage de données décentralisé mondial. Il fait contraste avec nos méthodes de stockage de données actuelles qui sont centralisées (p. ex. Google Drive, OneDrive, Dropbox). L'objectif est de permettre à chacun de participer au réseau en rendant accessible une partie de son espace de stockage non utilisé. En contrepartie, les participants reçoivent des jetons. Les utilisateurs peuvent demander le stockage de leurs fichiers sur un nœud du réseau.

La principale difficulté technique est de trouver une manière de garantir que l'hébergeur soit fiable et ne se retire pas du réseau. Pour cela, Filecoin propose un score de réputation. De plus, le protocole s'appuie sur la chaine de blocs avec le mécanisme de consensus atypique du *Proof of space-time* (PoST).

Un utilisateur souhaitant stocker un fichier sur un nœud du réseau devra payer une certaine quantité de jetons. Régulièrement, l'hébergeur devra fournir la preuve qu'il héberge toujours le fichier. À chacune des vérifications de ce type, l'utilisateur devra payer quelques centimes. Dans le cas d'un fichier important, ce dernier pourra être répliqué sur de multiples nœuds. Les tarifs de stockage proposés par Filecoin sont très compétitifs.

Les investisseurs peuvent être intéressés par les ICO pour la spéculation dans l'espoir d'un profit rapide. D'autres investisseurs sont des utilisateurs potentiels qui pourront échanger les jetons en échange du service fourni par la plateforme.

En tant qu'investissement précoce, les ICO (Initial Coin Offerings) comportent des risques en raison de l'incertitude des résultats et de la forte asymétrie d'informations. Plusieurs ICO ont été reconnues comme des arnaques, ne fournissant jamais de service sous-jacent ou ne gagnant pas en valeur. Jusqu'à présent, la grande majorité de nos investissements dans les ICO se sont avérés infructueux. Cependant, le succès d'un projet peut parfois compenser l'échec de nombreux autres projets.

Collections NFTs

L'investissement dans les collections NFTs est certainement le plus risqué, mais comporte une dimension ludique qui attire de nombreux curieux. La sphère NFT est dominée par les géants ABC pour **A**rt Blocks, **B**AYC et **C**ryptoPunks. Ces derniers devraient continuer à dominer les volumes de transactions. Il existe à ce jour près de 100 000 collections sur la chaine de blocs Ethereum.

Les Bored Ape, les Cryptopunks et d'autres collections ont connu un franc succès faisant rêver de nombreux investisseurs. Il en est de même pour la collection World of Women (WoW) qui a été créée pour rassembler une communauté célébrant la représentation, l'inclusivité et l'égalité des chances pour tous. Selon une étude publiée en novembre 2021, les femmes artistes ne représentaient que 5 % de toutes les ventes d'art NFT au cours des 21 mois précédents. La collection a permis l'émergence d'une vague féministe dans l'écosystème. La collection WoW a été soutenue par Reese Witherspoon et d'autres célébrités.

Il est difficile de prévoir quelles sont les collections qui prendront de la valeur et celles qui connaitront une fin plus triste. Pour analyser une collection, vous pouvez commencer par consulter les chiffres clés disponibles sur OpenSea. Par exemple, regardons la collection WoW.

La collection créée en juillet 2021 sur la chaine de blocs Ethereum comporte 10 000 éléments. On dénombre actuellement 5616 propriétaires et 56 % de propriétaires uniques. Certains membres de la communauté (des investisseurs ?) en possèdent donc plusieurs. Le volume total des ventes pour cette collection est de 74 048 ETH. La collection a donc brassé un total de plus de 84 milliards d'euros. Actuellement, le prix plancher pour rejoindre la communauté et se procurer un jeton est de 1,99 ETH, soit environ 2300 euros.

Le nombre d'items et le nombre de possesseurs sont des indicateurs à analyser conjointement. Une grande quantité de possesseurs est rassurante, car si ce n'est pas le cas, quelques possesseurs ont un contrôle trop grand sur la valeur de la collection. Si l'un d'eux décide de vendre ses NFTs, la valeur de la collection peut s'effondrer très rapidement.

Comme les cryptokitties ou les Apes, chaque jeton de la collection a une construction unique avec des propriétés plus ou moins rares. Il est donc important d'identifier les propriétés de chacun pour juger de sa **rareté**.

Plus un NFT possède de propriétés rares, plus sa valeur est potentiellement élevée. Ici, le NFT (WoW #9740) a la peau aux couleurs de l'arc-en-ciel, ce qui est le cas de seulement 2 %. Cette rareté lui octroie une valeur possiblement supérieure au prix plancher. De plus, il possède trois autres caractéristiques assez rares (<5 %).

Une seule caractéristique très rare, voire unique peut permettre à un NFT d'atteindre des valeurs beaucoup plus élevées que la moyenne. Les investisseurs vérifient les propriétés et la rareté des items en temps réel en s'appuyant sur des outils automatiques.

Acheter un NFT au prix plancher (ou proche du plancher) de la collection tandis qu'il dispose de propriétés rares peut permettre de le revendre plus cher rapidement. *Flipper* un actif est le fait de l'acheter et le revendre quasi immédiatement pour réaliser un profit rapide. L'extension de navigateur SuperSea permet d'identifier automatiquement la rareté des NFTs quelques instants après la révélation d'une collection. Elle offre la possibilité de suivre les statistiques en temps réel, d'effectuer des enchères de masse et des achats rapides.

Comprendre la valeur des actifs

 La transparence de la chaine de blocs rend possible le suivi des transactions relatives à un jeton, à une collection ou à un portefeuille. Il est donc possible de s'en servir pour sonder l'écosystème.

Nous pouvons par exemple investiguer l'ensemble des NFTs possédés par le détenteur du *Ape 3146* pour avoir une idée de son portefeuille NFT à un instant donné, et suivre ses nouvelles opérations (QR code).

Cette fouille dévoile les projets dans lesquels le possesseur du *Ape* a investi, ce qui peut aider les novices à découvrir des opportunités et identifier des tendances qu'ils n'auraient pas observées seuls.

Liste des NFTs possédés par le portefeuille HiddenCharacter sur OpenSea

Le collectionneur présenté ci-dessus possède plus de 1300 NFTs. Dans les transactions récentes, on peut observer qu'il a investi en masse dans une collection dénommée *DeGodess* et une autre dénommée *Cel Mates by Mcbess*. L'achat d'une dizaine d'éléments de la même collection est révélateur des intentions de l'investisseur et d'un pari sur une tendance à la hausse de ces dernières. On observe également des investissements dans un assez grand nombre de noms de domaines Ethereum qui seront certainement revendus à meilleur prix.

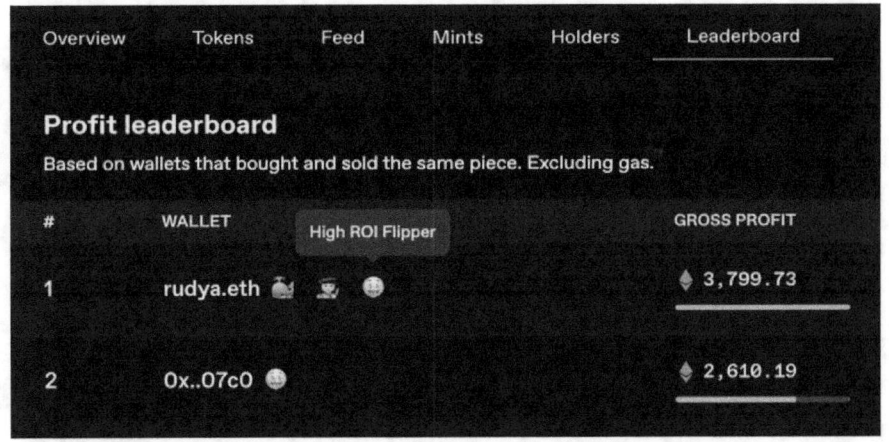

Fragment d'interface icy.tools affichant deux investisseurs avec des labels

Sur l'application icy.tools, les comptes les plus importants de la cryptosphère possèdent des labels que nous détaillons ci-après. Une Baleine NFT 🐳 possède plus de 500 000 dollars de NFTs dans son portefeuille. Une Baleine ETH 🦢 est un portefeuille qui contient plus de 1 million de dollars en Ethereum. Un patron du métavers 🕴 est un collectionneur qui détient plus de 1 000 NFT dans son portefeuille. Un ROI Flipper 😃 appartient à quelqu'un dont le portefeuille a généré plus de 500 ETH de bénéfices. Vous pouvez suivre ce type de portefeuille afin d'apprendre à identifier les opportunités et les nouvelles tendances.

Découvrir de nouvelles collections

Si l'achat d'un jeton dans des collections déjà établies et à succès est toujours possible, les investisseurs préfèrent identifier des projets prometteurs afin de les rejoindre tôt et bénéficier de ROI plus avantageux (à l'image des ICOs).

Au lieu d'acheter des NFTs déjà disponibles sur OpenSea, les investisseurs sont à la recherche de projets à venir pour faire partie des premiers possesseurs. Comme nous allons le voir, certains font des achats sans même prendre en compte l'image associée aux NFTs.

Afin de découvrir les collections qui pourraient vous intéresser, vous pouvez utiliser rarity.tools/upcoming/ ou https://icy.tools/. Ces collections ne sont pas encore en vente et vous pouvez donc bénéficier de tarifs plus intéressants afin de faire partie des premiers possesseurs.

Certains NFTs peuvent être obtenus à des tarifs très faibles. Pour bénéficier de ces offres, il faut rejoindre le projet Discord, les réseaux sociaux (Twitter, Facebook) et participer activement à la visibilité et à la vie de la communauté.

Une collection NFT indexée sur rarity tools

Pour évaluer la qualité d'un projet, il est conseillé de vérifier les liens qui sont disponibles depuis Rarity ou OpenSea comme le lien vers le site Internet officiel, le serveur Discord et le profil Twitter.

La taille et le niveau d'engagement de la communauté Twitter et Discord sont des indicateurs clés à avoir en tête pour estimer la qualité d'un projet. La réputation du projet et de ses porteurs, la qualité du site web et la pertinence de la feuille de route sont les promesses d'un projet réussi. Le ratio entre le nombre d'items de la collection et la taille de la communauté dévoile l'équilibre possible entre l'offre et la demande. Un investisseur va systématiquement rechercher un déséquilibre favorable (une demande supérieure à l'offre) susceptible de faire augmenter la valeur des NFTs. Un projet arrivant bientôt à terme et délivrant 10 000 NFTs avec une communauté de 3000 membres indique un manque d'attrait et un risque de ne pas avoir de ventes suffisantes pour faire décoller la collection. Il est beaucoup plus rassurant de voir une communauté active de plus de 20 000 membres s'intéresser à une collection de petite taille.

L'**utilité** de la collection est un élément à considérer avant d'investir. Un NFT peut signaler une appartenance à une communauté, une conviction ou un engagement pour une cause comme le *World of Women*. Un autre exemple de création de collections NFTs pour soutenir une cause est le projet HURRA, pour *Human Rights = Right to Abortion*. Ce projet d'Amnesty International vise à défendre et promouvoir le droit à l'avortement dans le cadre d'une meilleure égalité des sexes. Des NFTs donnent accès à des évènements privés ou même des métavers, d'autres sont des avatars ou des items qui pourront être compatibles avec des plateformes et jeux en P2E. Une grande majorité est formée d'images de profils qui peuvent prendre de la valeur, mais risquent également une chute d'intérêt lorsque l'effet de mode sera passé.

Les cas d'usages et la dynamique derrière chaque projet sont uniques. L'analyse de la feuille de route doit servir à comprendre un projet et à identifier son potentiel.

En rejoignant le Discord d'une collection, vous retrouvez toute une communauté d'enthousiastes. Vous pourrez donc en apprendre plus et échanger avec les membres. Si vous êtes parmi les plus fervents admirateurs, vous pouvez gagner votre place dans les **listes blanches** qui vous permettent de frapper votre NFT avant le grand public et à moindre cout. Pour gagner votre place dans ces listes, votre engagement dans les communautés Discord et Twitter est souvent requis. Le nombre de places est limité et la concurrence est rude. C'est une stratégie qui peut être intéressante, mais couteuse en temps. La collection *World of Women* a été frappée le 27 juillet 2021 au tarif de 0,07

ETH. Aujourd'hui, le prix plancher de la collection est à 2 ETH (plus de 2400 euros).

Attention néanmoins aux messages privés et faux liens de *mint* qui vous sont adressés sur Discord. Ne vous fiez à aucun message direct, car ils sont presque toujours frauduleux.

Un projet de lancement de NFTs se déroule en plusieurs phases qui sont habituellement : la phase de création de la communauté sur les réseaux sociaux, la phase de création d'une liste blanche (des membres actifs sont présélectionnés), la phase de prévente où seuls les membres des listes blanches peuvent frapper les NFTs, la phase de vente où le public peut frapper un NFT jusqu'à épuisement. À ce stade, les représentations (images et caractéristiques) des NFTs ne sont pas toujours révélées. La phase de révélation des NFTs intervient plus tard et permet à chacun de savoir si son NFT est rare et de découvrir sa représentation. Enfin, il reste la phase de vente sur les marchés secondaires. Le public peut acheter et vendre les NFTs révélés sur des plateformes comme OpenSea.

L'évolution de la valeur de la collection au fil des minutes et des heures suit une dynamique souvent similaire. Par exemple, un attrait de la communauté est presque toujours mesuré dans les minutes qui précèdent la révélation des NFTs. Ainsi, son prix augmente petit à petit jusqu'au moment de la révélation. Ensuite, la collection peut prendre en valeur ou retomber. Ainsi, acheter et revendre à des moments précis peut être une stratégie gagnante.

Cette approche nécessite d'être particulièrement vigilant aux différentes phases et de suivre minute par minute la vie du projet. Un outil comme *icy.tools* peut vous envoyer des alertes en cas de baisse ou d'augmentation significative de la valeur d'une collection et donc vous aider à automatiser l'approche.

Les investisseurs NFTs doivent prendre en compte de nombreux frais associés aux transactions. Les frais de revente dédiés aux créateurs (propres à chaque collection), auxquels sont ajoutés les frais de la plateforme de vente (2,5 % sur OpenSea) et les frais d'essence de la chaine de blocs. Il faut donc mesurer les frais et la valeur de la cryptomonnaie avant de s'engager dans un mécanisme d'achat/revente. Si les bénéfices sont réduits et si en plus vos ethers perdent en valeur, il est possible que les gains finaux soient minimes, voire nuls ou même négatifs.

Nous vous présentons sur la page suivante un exemple de calcul de plus-value réalisé sur un achat vente effectué par les auteurs entre le 9 et le 10 novembre 2022.

Notre investissement concernait la collection des NFTs du jeu *Pirate Nation*. Ce jeu propose aux adeptes de prendre la mer avec un équipage de pirates, d'explorer le monde et rassembler du butin et des richesses incalculables dans une course pour devenir le plus grand capitaine pirate du monde. L'achat de notre NFT a été effectué sur OpenSea au moment où le prix de la collection était en baisse après la phase de *frappe*, mais avant la révélation.

Le NFT non révélé (voir image à droite) a gagné peu à peu en valeur au moment où la communauté a exprimé un regain d'intérêt avec l'optique de la révélation proche des pirates. Notons que la communauté du projet, les porteurs et la feuille de route affichaient tous des signaux positifs encourageant l'investissement. En particulier l'équipe derrière le projet inspirait une confiance satisfaisante puisque les créateurs provenaient de Farmville, Riot Games, Madden, Epic Games, Zynga, EA ou Activision.

Les minutes qui ont précédé la révélation ont été importantes, car il fallait alors revendre au meilleur prix (au plus proche de la révélation) sans prendre le risque d'attendre trop. La valeur du NFT peut chuter après la révélation si le public est, par exemple, déçu de l'apparence du NFT ou si ses caractéristiques ne sont pas rares. La mise aux enchères de notre baril contenant le pirate a finalement conduit à sa vente une heure avant la révélation.

Comprendre la valeur des actifs

NOM DU NFT	Pirate Nation
Lien de la collection	https://opensea.io/fr/collection/piratenation

ACHAT (ETH)	09/11/2022
Prix d'achat du NFT	0,0715
Gas fee	0,0028
Cout de l'investissement	**0,0743**

REVENTE (ETH)	10/11/2022
Prix de vente	0,12
Frais de vente %	2,50%
Frais de vente	0,00003
Frais de créateur %	6,94%
Frais de créateur	0,00008328
Gas fee	0,002
Montant perçu	**0,11788672**

Plus-value	0,04358672
Pourcentage	**59%**
Plus-value (€)	53,7707571

Fiche de transaction d'un NFT mentionnant les frais et la plus-value réalisée

Les données nécessaires pour remplir une fiche d'achat/revente peuvent être obtenues au moment de la vente sur OpenSea et sur Etherscan. Voici le détail :

- **Frais de vente** : OpenSea prélève 2,5 % de chaque transaction effectuée.
- **Frais de créateur** : Information disponible sur OpenSea en cliquant sur le NFT dans les détails du jeton (maximum 10 %).
- *Gas fee* : Les frais d'essence sont visibles au moment de valider la transaction, les valeurs sont fluctuantes. En France, il peut être pertinent d'effectuer les transactions tôt le matin. Vous pouvez consulter https://etherscan.io/gastracker pour obtenir les valeurs en temps réel.
- **Plus-value en euros** : Calculée en fonction du cours de l'éther au moment de la vente. Pour obtenir le taux de conversion en temps réel, consultez par exemple coinbase. https://www.coinbase.com/fr/converter/eth/eur

Nous vous proposons un *template* au format Excel pour vous permettre d'estimer les plus-values effectuées vous-mêmes. Le fichier est disponible gratuitement en scannant le QR-code.

Pensez à garder la trace des transactions et des plus-values (ou moins-values) dans ce fichier, car cela vous sera utile vis-à-vis de l'administration fiscale. À ce stade, les NFTs peuvent être déclarés soit comme des actifs numériques, soit des biens meubles incorporels ou enfin comme des œuvres d'art.

Même si le pirate a engendré un modeste bénéfice, nous avons investi dans de nombreux NFTs qui ne nous ont rien rapporté, car ils n'ont jamais atteint la valeur espérée, et ce malgré une étude approfondie de chaque projet. Si ces derniers ont une valeur sentimentale, si vous êtes attachés à l'artiste ou à l'œuvre, cet investissement ne sera pas totalement perdu. De même, si le NFT vous donne accès à certains privilèges, ces derniers sont maintenus même si sa valeur baisse de manière significative. L'achat de NFTs et de cryptomonnaies dans le contexte actuel est particulièrement difficile à rentabiliser (*bear market*). Investissez donc toujours dans des projets auxquels vous croyez vraiment ou qui vous tiennent à cœur et pas seulement dans ceux qui semblent pouvoir rapporter beaucoup et rapidement.

Nous avons investi des montants très faibles dans deux spécimens du *Bear Market Yacht Club* qui n'ont jamais pris de valeur, mais dont le symbolisme nous a intéressés. Notez la dent en symbole de Bitcoin et le pendentif au symbole d'Ethereum. Ces ours représentent la chute du marché de la cryptomonnaie. Nous avons matérialisé notre ours préféré en imprimant ce NFT sur un teeshirt unique.

Au-delà de toutes les analyses quantitatives, la valeur d'un NFT est définie par le montant qu'un acheteur est prêt à mettre pour l'acquérir à un vendeur selon la loi de l'offre et de la demande. La valeur d'un NFT n'étant pas évidente à déterminer ni pour le vendeur ni pour l'acheteur, elle peut varier selon les effets de mode, de rareté, de communautés ou de la spéculation.

Pour finir le chapitre, nous souhaitons attirer votre vigilance sur les fraudes et pratiques non éthiques autour des NFTs. Le marché étant porteur, il existe de nombreuses escroqueries.

Bubble map est une startup qui offre une solution innovante pour l'investigation des transactions autour des projets crypto. L'outil permet de visualiser les transactions sous forme de graphes, avec chaque portefeuille représenté par une bulle et chaque transaction par un lien. Cette visualisation peut aider à repérer des schémas suspects dans les données, tels que des clusters ou des longues chaines entre les portefeuilles, qui peuvent indiquer une possible manipulation et un contrôle de quelques acteurs sur un volume important de jetons.

En effet, il est possible pour certains acteurs malintentionnés de manipuler les investisseurs en faisant croire à des volumes importants de transactions, alors qu'il s'agit en réalité des mêmes personnes derrière ces transactions. Cette pratique, appelée **wash trading**, est utilisée pour gonfler artificiellement les volumes de transactions et donner l'illusion d'une demande élevée pour un projet donné.

C'est pourquoi il est essentiel de bien investiguer les transactions autour des projets crypto avant d'investir. Les outils comme Bubble map peuvent aider à repérer ces schémas suspects dans les données, tels que des clusters ou des longues chaines entre les portefeuilles, qui peuvent indiquer une possible manipulation et un contrôle de quelques acteurs sur un volume important de jetons. Cette analyse minutieuse des transactions est un élément clé pour éviter les fraudes et les manipulations dans les projets crypto, et les outils comme Bubble map sont essentiels pour y parvenir.

Nous avons insisté sur l'importance de la communauté dans la valeur d'un projet. Toutefois, la présence de robots sociaux sur Twitter ou Discord peut laisser croire à une communauté dense et nombreuse même si ce n'est pas le cas. Un investisseur non vigilant pourrait être dupé. Des outils tels que Botometer ou SocialBlade peuvent aider à les détecter pour s'assurer que l'activité n'est pas automatisée, mais bien humaine. D'autres outils tels que Consumer Research, Twitonomy, Mentionmap peuvent également vous aider. Pour apprendre à mener une analyse approfondie d'une communauté et du capital social structurel d'une communauté, vous pouvez consulter notre ouvrage : *Le monde en réseau : initiation par la pratique à la théorie du graphe.*

Nous recevons quotidiennement de nouveaux NFTs non sollicités associés à des offres de rachat qui nous permettraient de devenir millionnaires. Si vous recevez un NFT non sollicité dans votre portefeuille, n'interagissez pas avec celui-ci, en particulier si des offres à très bon prix sont proposées dessus. Le volume d'échange autour de la collection associée sera certainement nul, ce qui doit vous alerter. Si vous interagissez avec le contrat intelligent, vous risquez de perdre vos fonds. Dans une telle situation, il convient d'indiquer l'activité anormale (QR-code) à OpenSea qui se chargera de supprimer les fausses collections de sa plateforme.

Avant d'effectuer la moindre action d'investissement ou de connexion de son portefeuille, il faut s'assurer d'être sur la bonne collection et le bon site web. En particulier, il ne faut jamais cliquer sur les liens qui vous sont envoyés en message privé sur Discord. Si vous n'êtes pas sûr du site sur lequel vous vous trouvez, vous pouvez utiliser des simulateurs de transactions (p. ex. *firewallet*, fonctionnalité Coinbase) afin de voir quel serait le résultat de l'interaction avec le contrat intelligent.

Enfin, il existe des collections dérivées proposées par des acteurs souhaitant s'appuyer sur le succès d'une collection réputée. Ces dernières ne sont pas issues des mêmes créateurs et peuvent être frauduleuses. OpenSea dispose d'un système de détection automatique de collections factices. De plus, les collections s'approchant d'une collection mère sont désormais pénalisées dans l'algorithme.

Nous terminons ce chapitre pour aborder un danger lié à la peur de manquer une opportunité d'investissement. L'acronyme **FOMO** pour *Fear Of Missing Out* (pour peur de manquer quelque chose) est un phénomène qui se caractérise par la crainte généralisée que d'autres puissent avoir des expériences dont on est absent. Ce phénomène d'anxiété sociale peut mener à une forme de dépendance à la technologie, comme l'utilisation excessive des réseaux sociaux et des notifications. Le FOMO est particulièrement présent dans l'écosystème crypto, où chaque nouveau projet peut être présenté comme une opportunité unique de gagner une forte quantité d'argent. Cependant, cette tendance peut entrainer des décisions d'investissement irréfléchies et impulsives qui peuvent générer des pertes financières importantes. Le marché des cryptomonnaies et des NFTs est hautement volatil et incertain. Il est donc essentiel d'effectuer des recherches et de comprendre les risques avant de prendre des décisions d'investissement. Le FOMO est un phénomène dangereux qui peut mener à des pertes de contrôle de l'utilisateur. Prenez vos décisions d'investissement en toute connaissance de cause, et ne cédez pas à la pression sociale ou à la tentation d'obtenir des gains rapides.

Vous disposez désormais des clés nécessaires pour comprendre les enjeux financiers et expérientiels du métavers. Nous vous invitons maintenant à découvrir les plus grands métavers et les applications décentralisées les plus importantes de cet écosystème.

CHAPITRE 8
UNIVERS ET APPLICATIONS DU WEB 3(D)

« Avec le métavers, nous passons de la visualisation d'un monde en 2D en regardant Internet à vivre à l'intérieur d'Internet dans un monde en 3D. »

Dave Waters

En explorant Upland et Cryptokitties, vous avez découvert des applications décentralisées qui s'appuient sur la chaîne de blocs. Avec Spatial, vous avez pu expérimenter la richesse des environnements virtuels. Il est désormais temps de poursuivre notre visite de l'écosystème du métavers en découvrant le panel des applications et univers virtuels les plus en vogue. Grâce à votre compréhension de l'écosystème crypto et des NFT, vous serez en mesure de mieux appréhender les différentes plateformes et leurs spécificités.

Si de nombreux regards sont tournés vers Meta (anciennement Facebook) et Microsoft, il n'existe à ce jour aucune plateforme dominante sur le marché des métavers. De multiples initiatives sont en concurrence, provenant à la fois de grandes entreprises et de petites startups. Cela crée un paysage dynamique et innovant, offrant une variété d'options et d'expériences pour les utilisateurs du métavers.

Applications décentralisées

Les **applications décentralisées** (DApps) ont la particularité de s'appuyer sur des réseaux décentralisés, une chaine de blocs et sur les contrats intelligents. Nous parlons de décentralisation, car les applications sont distribuées et répliquées entre les différents acteurs du réseau au lieu de se trouver sur un serveur centralisé. De nombreuses applications décentralisées s'appuient sur la chaine de blocs Ethereum. OpenSea est l'une des plus importantes applications décentralisées.

Les applications s'appuyant sur la *blockchain* sont parfois des métavers. Si elles ne proposent pas toujours d'expériences en réalité virtuelle, elles ont souvent l'objectif de se déployer un jour dans un univers virtuel. Les métavers ne sont en revanche pas tous décentralisés.

Les applications décentralisées sont assez souvent des jeux sur application mobile. Elles permettent aux utilisateurs de gagner de l'argent et pas seulement de jouer pour le plaisir. Tandis qu'habituellement, les utilisateurs investissaient du temps dans un jeu afin de gagner la partie (*play to win*). Les utilisateurs de DApps investissent du temps et parfois de l'argent dans le but de posséder (*play to own*) et de récolter des biens virtuels (*play to earn*) qui ont une valeur financière réelle. Le *free to play* (jeux gratuits) est parfois remplacé par le *pay to win*. Dans ce dernier cas, il faut payer ou posséder des actifs pour pouvoir gagner. Il n'est pas vraiment possible de gagner sans investir de l'argent.

Comme dans le cas de terrains virtuels ou de kitties (et même de chiots avec Dogami), le joueur peut gagner des artéfacts uniques en relevant des défis et en passant du temps sur la plateforme. Vous pouvez découvrir les jeux permettant de gagner des NFTs et des cryptomonnaies sur le site playtoearn.net ou en suivant le QR-code. À l'heure de l'écriture de ces lignes, le dernier jeu à la mode est **Galaxy Fight Club** (GCOIN). Il s'agit d'une arène de bataille en ligne multijoueur. Le jeu permet de voir s'affronter un *Bull* (de *Bulls on the Block*) contre un *Ape* (du BAYC) ou un *Cool Cat* avec un *Cryptopunk* ! Ainsi, les joueurs peuvent profiter des NFTs de leurs collections préférées directement dans le jeu.

Les DApps permettent quelquefois de créer une partie de l'environnement virtuel (objet, espace, expérience), de le posséder, mais également de l'échanger. L'ensemble de ces facteurs, combinés à l'expérience parfois possible en réalité virtuelle, contribue au potentiel de développement du métavers.

Métavers de référence

À ce jour, plusieurs centaines de métavers peuvent être recensés et les plus importants regroupent déjà des millions d'utilisateurs. La grande majorité de ces métavers s'inspirent, au moins en partie, du réalisme urbain. Ils présentent de grandes avenues, des places centrales et des parcelles de terrain exploitées par des particuliers ou des professionnels. Cette analogie semble nécessaire pour que l'utilisateur se sente à l'aise dans ce nouvel environnement qu'il reconnait et maitrise. Cependant, à long terme, il sera de plus en plus courant de proposer des espaces virtuels totalement fictifs et imaginaires. Cette transition vers des environnements virtuels imaginaires sera rendue possible par l'amélioration continue des technologies de réalité virtuelle et augmentée. Les utilisateurs pourront explorer des mondes virtuels qui n'ont aucune analogie avec le monde physique, offrant ainsi des expériences uniques et totalement nouvelles. Pour le moment, l'approche réaliste urbaine parait un choix judicieux pour les métavers en développement. Elle permet aux utilisateurs de s'orienter facilement et de se sentir à l'aise. Au fil du temps, les environnements virtuels continueront à évoluer pour offrir des expériences plus immersives et plus créatives, tout en maintenant une certaine similitude avec le monde réel.

Nous avons sélectionné huit métavers de référence à vous présenter dans cette section, à savoir : Second Life, Decentraland, Zepeto, Somnium Space, The Sandbox, Roblox, Somnium Space et Horizon Worlds.

Affiche publicitaire politique dans Second Life

Second Life est l'une des premières plateformes que nous pouvons qualifier de métavers. Ce pionnier des mondes virtuels en ligne a été développé par Linden Lab. Crée en juin 2003, ce jeu a été conçu bien avant que l'on ne commence à parler de chaine de blocs, de cryptomonnaies, de *tokenomics* ou de métavers. Les utilisateurs du monde entier peuvent incarner des avatars dans un univers réalisé par une communauté de joueurs. En 2007, la plateforme atteignait son apogée avec plus de onze-millions de membres, dont 50 000 entreprises. Les professionnels ont investi dans Second Life pour, par exemple, créer des boutiques et des espaces virtuels. La vie culturelle est au cœur du jeu avec des concerts, des conférences, des activités sociales, des conférences de presse, etc.

La vie politique s'y est également développée en France avec Jean-Marie Le Pen, Ségolène Royal, Nicolas Sarkozy, puis Emmanuel Macron.

Second Life a également son économie où les résidents peuvent s'engager dans des activités commerciales et créatives en utilisant la devise de la plateforme, les Linden Dollars (L$). Ces derniers sont utilisés pour acheter et vendre des biens virtuels et des services sur le jeu. Les Linden Dollars peuvent être achetés avec de la monnaie fiat ou obtenus en l'échange d'un service (p. ex. louer ou acheter une parcelle de terrain, création et vente d'items). L'éditeur dispose d'un marché des changes virtuel officiel. Il permet d'acheter ou de vendre des Linden dollars et d'effectuer des offres d'achat.

Comme le nom de la plateforme l'indique, il était question de proposer une seconde vie aux joueurs. Leur permettre de s'émanciper dans un nouveau personnage et de participer à la création d'un monde virtuel collaboratif où tout était encore possible. La fonctionnalité clé est celle de permettre aux résidents de construire le monde dans lequel ils évoluent.

L'entreprise a tiré des enseignements des grandes difficultés associées à la gestion d'un univers parallèle ouvert à un grand nombre d'utilisateurs simultanément. Le fondateur, Philip Rosedale, estime que Second Life est aujourd'hui la plateforme la mieux positionnée pour accomplir le miracle technologique du métavers. Selon lui, personne n'a jamais réussi à approcher la construction d'un monde virtuel comme Second Life, ni à comprendre les enjeux politiques et économiques de rassembler des citoyens du monde entier dans un même espace de vie virtuel.

Notons enfin que Linden Lab, avant de développer Second Life, avait pour objectif de démocratiser la réalité virtuelle au grand public. Dès 1999, l'éditeur proposait un jeu de réalité virtuelle finalement abandonné. Le retour récent de Philip Rosedale chez Linden labs en dit long sur les intentions du pionnier des mondes virtuels.

Decentraland est le premier monde entièrement décentralisé sorti en février 2020 et l'un des plus grands projets de métavers. Sa valorisation dépasse un milliard de dollars, et ce malgré un nombre d'utilisateurs journaliers de l'ordre de 10 000 personnes. Sa principale devise est le MANA, la cryptomonnaie utilisée pour toutes les transactions ayant lieu dans le jeu. Cette dernière permet d'acquérir des terrains virtuels et d'acheter des biens et des services sur la plateforme. Le tarif des terrains est particulièrement élevé (prix d'entrée à 1500 euros) comme vous pouvez le constater en scannant le QR code. Le monde virtuel est divisé en parcelles qui sont des NFTs (environ 90 000 sur Ethereum).

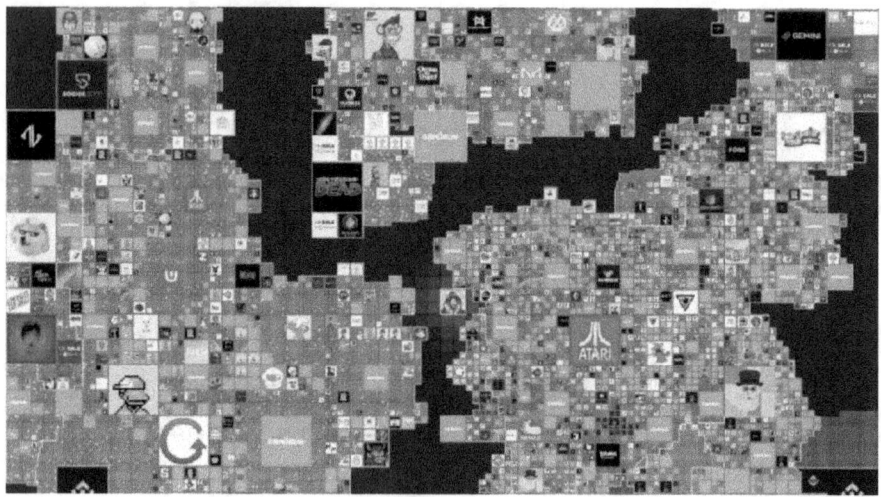

Carte de Decentraland qui rend visibles les grandes marques qui y sont présentes

Le nombre de parcelles est limité. La possession d'une parcelle accorde un contrôle total du propriétaire sur cette dernière (il peut la louer par exemple ou créer des expériences). Certaines parcelles sont non commercialisables (p. ex. elles appartiennent à la communauté, sont réservées) et les autres sont accessibles au public. Certaines parcelles appartiennent à des quartiers thématiques. Chaque quartier a un thème spécifique avec un objectif particulier (p. ex. *Vegas city* pour le jeu, *shopping district* pour la mode, *education district* pour l'éducation, *conference district* pour les évènements). Ces derniers sont gouvernés par des communautés qui appliquent leurs propres règles et prennent des décisions autonomes.

Decentraland Builder permet de créer des expériences virtuelles statiques ou dynamiques. Une autre option pour les développeurs est l'usage du SDK Decentraland.

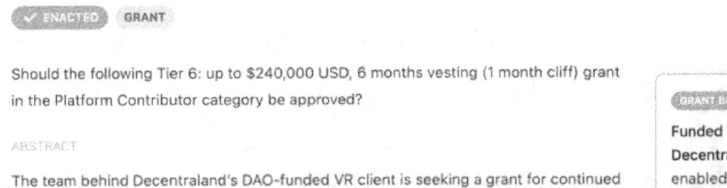

Projet de développement de Decentraland VR soumis à la communauté

Une spécificité de Decentraland réside dans son mode de gestion : c'est une **organisation autonome décentralisée** ou DAO (pour *Decentralized Autonomous Organisation*). Il s'agit d'un mode de gestion s'appuyant sur un ensemble de contrats intelligents qui fournissent des règles de gouvernance à une communauté qui prend des décisions de manière collégiale et autonome. Celui qui détient des actifs sur la plateforme (Mana ou terrain) peut obtenir un droit de vote et influer sur le fonctionnement du monde virtuel. Pour obtenir des MANA (jetons fongibles), il faut soit avoir participé activement au développement de la plateforme, soit avoir investi via un *exchange* par exemple. Tout le monde peut rejoindre le projet et participer à la communauté et le droit de vote est proportionnel à la quantité de jetons détenus.

Les membres peuvent voter des décisions politiques, économiques et décider des futures évolutions et investissements de la plateforme.

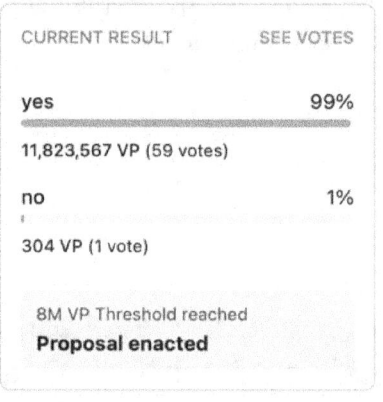

La communauté Decentraland a récemment voté pour poursuivre le développement d'une version en réalité virtuelle (avec un portage vers le Meta Quest). La décision a été validée par 99 % des votants. Decentraland VR est en cours de développement et même disponible pour les utilisateurs de SideQuest. Pour les autres, Decentraland est accessible par un navigateur web.

En règle générale, une DAO est un type de gouvernance populaire, car il permet d'impliquer et de responsabiliser les utilisateurs. Ce mode d'organisation automatisé est ouvert à tous. Chacun peut participer à la gestion collective des fonds et des projets orientés autour d'un objectif commun et sans organe décisionnaire. L'utilisateur a une place centrale sur la plateforme, il détient un pouvoir décisionnel dans l'organisation qui n'a pas forcément de statut juridique.

Certaines DAOs ont pour objectif d'acheter à long terme une équipe de NBA, d'autres sont associées au développement d'un métavers. Certaines fonctionnent comme de vrais fonds d'investissement, d'autres regroupent des amateurs et collectionneurs d'art. Le panel des possibilités est très large. Le protocole financier décentralisé utilisé pour l'échange des cryptomonnaies Uniswap (UNI) est gouverné par une DAO. Les DAOs sont un véritable symbole de l'état d'esprit du web 3 qui promet de redonner le pouvoir aux utilisateurs sans passer par des tiers de confiance. Il est pour cela parfois dénommé l'âge des communautés.

Illustration du graphisme en voxel de la plateforme The Sandbox

The Sandbox, un métavers basé sur la blockchain Ethereum, a connu une croissance impressionnante, avec aujourd'hui 4,6 millions d'utilisateurs inscrits. Fondé par les entrepreneurs français Arthur Madrid et Sébastien Borget, ce monde virtuel a atteint une valorisation de plus de quatre milliards de dollars en 2022. Malgré une légère baisse du nombre d'utilisateurs actifs mensuels, passant de 350 000 à 300 000 en un an, The Sandbox continue de se distinguer dans l'écosystème des métavers. Il a établi des partenariats stratégiques avec des acteurs majeurs de divers secteurs, notamment Ubisoft dans le domaine du jeu vidéo, Socios dans le sport, Warner Music dans l'industrie musicale, et a même établi un partenariat avec la célèbre série télévisée "The Walking Dead". Ces collaborations diversifiées contribuent à enrichir l'expérience utilisateur et à élargir l'attrait de The Sandbox au-delà des frontières traditionnelles du jeu et de la technologie blockchain.

Les utilisateurs de The Sandbox peuvent évoluer dans un espace en trois dimensions dont le graphisme est basé sur le *voxel art*, des pixels cubiques (le terme *voxel* vient de *volumetric pixel* soit pixel volumique). Ces derniers lui donnent un style caractéristique un peu rétro. L'image est une représentation des possibilités visuelles offertes par ces voxels.

Les objets utilisés sur la plateforme sont des jetons non fongibles pouvant représenter à la fois des parcelles de terrain et des artéfacts virtuels (p. ex. personnages non joueurs, équipements, objets à porter, blocs). Ces biens numériques peuvent être achetés grâce à la monnaie virtuelle qui est le SAND.

Dans ce métavers, le nombre de parcelles de terrain est limité à environ 166 000, créant ainsi une exclusivité et une valeur potentielle pour les propriétaires. Au début de l'année 2023, le prix d'entrée pour acquérir une de ces parcelles était fixé à 1 000 euros. À ce jour, 75 % de ces terrains ont déjà été vendus, et le processus de vente devrait se poursuivre jusqu'à la fin de l'année 2026. La propriété foncière dans ce métavers attire un large éventail d'acteurs, y compris de nombreuses entreprises ; plus de 140 marques, telles que Carrefour, Atari et Binance, ont déjà investi dans cet espace virtuel. Le nombre de propriétaires individuels a également connu une croissance significative, passant de 15 000 à 23 500 en l'espace d'un an. Ces propriétaires ont la liberté de construire ce qu'ils souhaitent sur leurs terrains, en utilisant des blocs modulables pixélisés, offrant ainsi une grande flexibilité et créativité dans la personnalisation de leur espace dans le métavers.

The Sandbox appartient à la famille des jeux de type **sandbox** ou bac à sable. Cela signifie qu'il n'y a pas d'objectif prédéfini, mais que les joueurs peuvent faire preuve de créativité pour créer des expériences monétisables. Le logiciel Sandbox Game Maker permet de créer des expériences de jeu sans compétences en développement de logiciels.

The Sandbox souhaite progressivement laisser de plus en plus de contrôle aux utilisateurs jusqu'à devenir à terme une organisation autonome décentralisée.

Roblox est un autre exemple de métavers de type sandbox qui a pour mission de rassembler des utilisateurs du monde entier autour d'une multitude de jeux créés par les participants. La plateforme dirigée par David Baszucki permet à chacun d'imaginer et de créer tout en explorant des millions d'expériences construites par une communauté mondiale.

Le modèle d'affaires de Roblox est basé sur plusieurs sources de revenus, notamment la vente de Robux, les abonnements Premium, la publicité et le partage de revenus avec les développeurs de jeux. La vente de Robux est particulièrement importante, car elle permet aux utilisateurs d'acheter des objets virtuels, des accessoires et des améliorations de jeu avec de l'argent réel. Les abonnements Premium sont un autre moyen pour Roblox de générer des revenus en proposant des avantages exclusifs pour les utilisateurs. La publicité est également une source de revenus importante pour la plateforme, car elle permet aux annonceurs de diffuser des publicités auprès des utilisateurs. Enfin, le partage de revenus avec les développeurs de jeux est une façon d'encourager la création de nouveaux jeux et de fidéliser les développeurs en leur offrant des incitations financières.

Roblox Corporation est entrée en bourse en 2021 et a une capitalisation boursière de 19 milliards de dollars en novembre 2022. Roblox était le deuxième jeu mobile le plus téléchargé au monde en 2021, avec 182 millions de téléchargements. Roblox est reconnu comme le métavers des enfants. Sur les 50 millions d'utilisateurs de la plateforme, la moitié ont moins de treize ans. Pour leur sécurité, une limite d'âge est définie pour l'accès à certaines expériences virtuelles. La plateforme compte plus de 200 millions d'utilisateurs actifs par mois, ce qui en fait l'un des plus grands métavers à ce jour.

Parmi les expériences les plus en vogue, notons Adopt Me!, MeepCity ou Jailbreak. Dans cette dernière, une équipe de prisonniers doit tenter d'échapper à la police lors d'une évasion. De leur côté, les policiers doivent arrêter les fuyards. Les joueurs décident de l'équipe qu'ils souhaitent rejoindre en début de partie.

Une version en réalité augmentée est proposée sur les casques de réalité virtuelle Oculus Rift et HTC Vive et depuis fin 2023 sur Meta Quest. Enfin, précisons que la boutique Roblox vend de nombreux produits dérivés (p. ex. teeshirts, réveils, mugs, figurines).

De nombreuses marques et plateformes ont pris place sur Roblox. Par exemple, Spotify a créé *Spotify Island* offrant aux utilisateurs de ce monde virtuel la possibilité de découvrir un univers sonore en compagnie d'artistes et de fans du monde entier. Spotify est ainsi la première plateforme de streaming musical à s'installer sur Roblox. Spotify Island propose des quêtes interactives, des espaces de création musicale virtuels propulsés par Soundtrap et des produits dérivés exclusifs. Les utilisateurs de Roblox peuvent interagir avec des artistes, débloquer du contenu exclusif et découvrir des surprises musicales.

Somnium Space, développé par l'entreprise anglaise Somnium Space LTD, est l'un des premiers métavers ouverts, persistants et collaboratifs. Ce qui distingue cette plateforme, c'est sa compatibilité avec une grande variété de supports, y compris la plupart des casques de réalité virtuelle, ainsi que le Tesla Suit, une combinaison haptique qui permet de ressentir physiquement l'environnement virtuel. Somnium Space offre des parcelles personnalisables et monétisables dans un environnement réaliste conçu à l'image de Spatial. La plateforme est également très impliquée dans la mode virtuelle et organise depuis plusieurs années des défilés de mode en réalité augmentée et virtuelle. Somnium Space dispose de sa propre cryptomonnaie, le Somnium Space Cubes (CUBE).

Arthur Sychov présentant son projet depuis Somnium Space

Lors du salon NFT Paris, le CEO de Somnium Space était présent en personne, grâce à la technologie de présence métaphysique, et a présenté en direct les créations artistiques digitales, certaines d'entre elles ayant été exposées et portées lors du Somnium Space Mixed Reality VR Fashion Show (voir photo ci-dessus).

Somnium Space se positionne comme un métavers innovant et avant-gardiste, offrant une expérience immersive dans un environnement réaliste et une multitude de fonctionnalités intéressantes, notamment la personnalisation de parcelles, la monétisation et la mode virtuelle.

Zepeto est une application qui offre aux utilisateurs la possibilité de créer et d'incarner des avatars personnalisés, tout en intégrant des éléments issus des réseaux sociaux, des messageries et chats, des jeux et du métavers, le tout dans un univers axé sur la mode.

L'application propose une expérience immersive où les utilisateurs peuvent explorer de nombreux mondes et profiter d'espaces de jeu et de socialisation. Ces mondes offrent un éventail d'activités captivantes, permettant aux utilisateurs de partager leurs *selfies*, leur style unique et d'autres performances de leurs avatars, y compris des danses.

Un aspect notable de Zepeto réside dans la présence de marques renommées telles que Gucci, UGGs, Ralph Lauren, Zara, Disney, et bien d'autres, qui proposent des vêtements et accessoires virtuels pour les avatars. Ces articles peuvent être acquis au moyen d'une monnaie interne, offrant ainsi aux utilisateurs la possibilité de personnaliser leur apparence selon leurs gouts et préférences.

L'application met également l'accent sur la créativité en offrant une variété de poses et d'animations que les utilisateurs peuvent utiliser avec leur avatar. Ces créations peuvent ensuite être partagées avec des amis et sur les réseaux sociaux, permettant aux utilisateurs de montrer leur personnalité et leur style uniques. Zepeto cumule 340 millions d'inscrits à travers le monde et compte 15 à 20 millions d'utilisateurs journaliers. Près de 70% des utilisateurs de Zepeto sont des femmes âgées de 13 à 21 ans.

Meta Horizon Worlds est la plateforme phare du projet métavers dans lequel le géant a investi près de 21 milliards de dollars en 2022. Cette dernière est sortie en 2021 aux États-Unis et au Canada. Elle est disponible en France depuis 2022.

Meta Horizon Worlds regroupe à la fois des environnements de discussion, des espaces pour les évènements et des univers à créer pour et par les joueurs. Comme son nom l'indique, la plateforme est composée d'un ensemble de mondes accessibles en réalité virtuelle où naviguent les utilisateurs. Il peut s'agir d'espaces de rencontre, mais également d'expériences de jeux.

Des outils sont mis à disposition des participants pour créer des univers virtuels tout en restant immergés dans celui-ci. La plateforme est accessible depuis les casques Meta Quest en réalité virtuelle uniquement pour le moment. Une version mobile est en cours de développement.

Le fondateur de Facebook, Mark Zuckerberg a annoncé une mise à jour majeure. Cette dernière apporterait une amélioration significative de la qualité des graphismes. L'attente est particulièrement élevée de la part du public et des investisseurs, car la plateforme est à ce jour très critiquée des observateurs et des médias.

Il n'existe pas encore de cryptomonnaies associées à Meta Horizon Worlds. Ce métavers n'est donc pas empreint de la technologie *blockchain* et n'a pas de projet de décentralisation.

Toutefois, Meta envisage de lancer une monnaie et de créer une économie semblable à celle de Roblox. Les créateurs d'expériences pourront être rémunérés et des items virtuels pourront être vendus. Horizon NFT official devrait permettre aux utilisateurs d'acheter des artéfacts virtuels. Cette plateforme n'est pas encore disponible en France. Enfin, des cartes d'accès à certaines zones privées sont envisagées pour monétiser la plateforme.

Autres Dapps et mondes virtuels

Nous vous proposons dans la suite une description d'autres plateformes et applications qui peuvent se comparer au grand projet du métavers.

Multiverse (https://www.multiverseonline.io) est une plateforme sociale collaborative accessible aussi bien en réalité virtuelle que sur un simple téléphone portable. Initialement dédiée à l'apprentissage de l'astronomie avec son imposant planétarium, la plateforme s'est depuis enrichie de nombreux espaces professionnels destinés aux réunions et à la vente. Le terme multivers souligne la capacité à créer un écosystème composé de multiples univers virtuels, où chacun peut présenter ses propres caractéristiques et spécificités, favorisant l'interopérabilité et la diversité des expériences pour les utilisateurs. En reprenant la notion cosmologique de multivers, qui englobe une multitude d'univers parallèles régis par des lois physiques communes, la plateforme Multiverse aspire à unifier les mondes virtuels et à créer un espace cohérent et dynamique pour ses utilisateurs. Cette approche vise à faciliter les échanges et les interactions entre ses différents métavers, contribuant ainsi à l'émergence d'un écosystème numérique interconnecté.

Axie infinity est à l'image des Cryptokitties, un jeu basé sur la possession de NFTs dont le charisme est évident. Il permet d'élever des petites créatures rondes nommées *axies*. Les *axies* s'élèvent et peuvent se reproduire pour posséder de nouvelles caractéristiques. Contrairement aux apparences, les *axies* sont des créatures féroces qui aiment se battre. À la différence des cryptokitties, les *axies* sont faits pour s'affronter. Les joueurs peuvent constituer des équipes afin de se battre dans une arène. Chaque victoire permet de gagner de la monnaie virtuelle utile au développement et à l'épanouissement de ses *axies*. Les jetons fongibles SLP (Smooth Love Potions) et les AXS (Axie Infinity Shards) sont utilisés par la plateforme.

Le jeu est souvent mentionné pour avoir été une source de revenus important pour de nombreux joueurs philippins durant le Covid. La plateforme permettait à certains joueurs de générer plus de revenus que ce qu'ils gagnaient en travaillant dans leur pays. Ce rêve de jouer pour gagner a toutefois eu des conséquences néfastes sur la santé financière et psychologique de certains participants, lorsque la valeur de la monnaie virtuelle s'est effondrée. Nous reviendrons sur les risques liés au métavers et à la mécanique *play to earn* (P2E) à la fin de ce livre.

Même si Axie Infinity ne propose pas d'expériences de réalité virtuelle ni de monde tridimensionnel, beaucoup d'observateurs qualifient cette DApp de métavers. L'usage de la mécanique P2E et de la *blockchain* semble la raison de cette qualification même si cette dernière est bien évidemment discutable.

Otherside est le métavers de Yuga Labs, l'équipe à l'origine des célèbres collections de NFTs — les *bored apes* et les *mutan apes*. Comme d'autres espaces virtuels, il n'est ouvert pour le moment qu'aux détenteurs d'un jeton non fongible de l'une de ses célèbres collections ou bien d'un terrain (la valeur d'entrée est de plusieurs milliers de dollars). La mise en vente des 55 000 parcelles de terrains de la collection *otherdeed* (ce sont des iles flottantes) a connu un tel succès que la *blockchain* Ethereum a été congestionnée occasionnant des frais de transaction énormes. Le lancement de ce métavers a vu se regrouper plus de 4000 fans. L'ApeCoin (APE) est le jeton officiel de ce métavers. La plateforme a misé sur le *storytelling* pour embarquer les utilisateurs de son nouvel univers virtuel dans une quête centrée autour d'un mystérieux obélisque.

VRChat est une plateforme sociale créée par Graham Gaylor et Jesse Joudrey en 2014 qui permet aux utilisateurs d'interagir au travers d'avatars d'une très grande variété. Elle comporte près de trois-millions d'utilisateurs. Ce métavers est accessible aux joueurs via un casque de réalité virtuelle ou une simple application. VRChat offre une collection d'expériences virtuelles sociales et de jeux tout en donnant le pouvoir de création à sa communauté. Cet espace est reconnu pour permettre aux personnes de tisser un vrai lien social dans le jeu.

La plateforme a permis la création de plus de 25 000 mondes virtuels. VRChat a connu un pic d'utilisateurs connectés simultanément de plus de 23 000 personnes, ce qui est un score remarquable pour un métavers. Un modèle de souscription prémium permet à la plateforme de générer des revenus. En 2023, VRChat indique n'avoir aucun plan actuel ou futur de décentralisation ou d'intégration d'actifs numériques.

Minecraft est un jeu vidéo populaire développé par Mojang Studios et acquis par Microsoft en 2014. Lancé en 2011, ce jeu de type bac à sable (sandbox) a connu un succès mondial en permettant aux joueurs de créer et d'explorer des mondes virtuels générés de manière procédurale, composés de blocs représentant différents matériaux et éléments.

Les joueurs de Minecraft peuvent interagir avec l'environnement en minant, construisant, fabriquant et combattant diverses créatures. Le jeu offre plusieurs modes de jeu, notamment le mode survie, où les joueurs doivent collecter des ressources, construire des abris et lutter contre des monstres pour rester en vie, et le mode créatif, où les joueurs disposent de ressources illimitées et peuvent créer des structures et des œuvres d'art impressionnantes sans contraintes.

Minecraft est connu pour sa communauté active et engagée qui partage des créations, des astuces et des tutoriels en ligne. Les serveurs multijoueur permettent aux joueurs de se connecter et de collaborer, ce qui a conduit à la création d'expériences de jeu partagées et de mondes entiers construits par des communautés de joueurs.

Il est intéressant de souligner que Minecraft, en plus d'être un monde virtuel persistant, offre également une expérience immersive méconnue. Grâce à Minecraft VR, les utilisateurs peuvent explorer l'univers de Minecraft en réalité virtuelle. Le site officiel met en avant que les confrontations avec les créatures monstrueuses deviennent encore plus palpitantes, l'exploration des cavernes les plus obscures gagne en intensité avec le son 3D, et la beauté d'un lever de soleil resplendissant est encore plus saisissante. Minecraft comprendrait actuellement plus de 140 millions de joueurs actifs.

Sorare est connu en France pour détenir le record de la plus grande levée de fond avec 680 millions de dollars. Les NFTs de la plateforme sont des cartes virtuelles de joueurs de football. Les joueurs peuvent se constituer une équipe et affronter des adversaires afin de gagner des cartes ou  des Ethers. C'est donc un jeu de type *play to earn*. L'originalité tient au fait que les scores des cartes dépendent des résultats des joueurs dans le monde réel. Le succès tient à la combinaison ingénieuse des cartes à collectionner avec de la fantaisie sportive. Si la qualification de Sorare en tant que métavers est largement discutable, ses caractéristiques Web 3 sont indiscutables.

Plusieurs dizaines de milliers de services sont recensés en lien avec le métavers ou le monde des applications décentralisées et nous ne pouvons pas les référencer toutes dans ce livre. Parmi les applications et plateformes les plus importantes, notons ByteDance, Portal, Alien worlds, Illuvium. À l'image de Minecraft, les éditeurs de jeux vidéo historiques appartenant à la catégorie des Massively Multiplayer Online Games (MMOG) se positionnent sur le marché du métavers. Ces derniers sont même au cœur de l'écosystème. La fréquentation de leurs mondes est, à ce jour, très largement supérieure à de nombreuses plateformes virtuelles.

Fortnite comporte 350 millions de joueurs. Son éditeur Epic Games a levé deux-milliards de dollars afin de bâtir le métavers. Notons que ce dernier est détenu à 40 % par le géant chinois Tencent et qu'il prévoit un passage à la réalité augmentée d'ici peu.

Epic Games est un acteur majeur du secteur du jeu vidéo qui s'intéresse de près au développement du métavers. Récemment, la société a franchi une étape importante en lançant un éditeur Unreal pour sa plateforme phare, Fortnite. De plus, elle a mis en place des plans de monétisation pour le contenu généré par les utilisateurs, ainsi qu'une place de marché unique et un outil de modélisation et de simulation d'avatars hyperréalistes appelé Metahuman Animator.

Grâce à ces initiatives, Epic Games se positionne comme un acteur clé dans le développement du métavers et de l'avenir du jeu vidéo. Le nouvel éditeur Unreal pour Fortnite offre de nombreuses possibilités aux créateurs de contenu, tandis que les plans de monétisation permettent aux utilisateurs de tirer profit de leur travail. En outre, la place de marché d'Epic Games est un endroit où les joueurs peuvent trouver des contenus de qualité supérieure.

Le milieu du jeu vidéo propose de plus en plus d'expériences qui entrent dans le spectre du web 3 et du métavers. Il existe à ce jour plus de 3 millions de joueurs et ce marché est donc une porte d'entrée remarquable pour le développement de cette technologie. De nombreuses expériences de jeu traditionnel s'appuient désormais sur la *blockchain* pour offrir une expérience de jeu modernisée par l'immersion ou par les jetons.

Les frontières encore floues de ce qu'est le métavers (entre NFT, AR, VR, cryptomonnaies, décentralisation, jeu vidéo) ne permettent pas de faire des estimations fiables de sa fréquentation et de son marché. Les jeux vidéo sont à l'origine de certaines estimations non réalistes. Les chiffres mentionnés en introduction et dans les médias sont donc à prendre avec précaution.

Vous pourrez utiliser coinmarketcap.com/view/metaverse/ pour identifier les plateformes de type métavers qui ont une capitalisation élevée. La plateforme dappradar dappradar.com/rankings vous permettra d'obtenir une liste plus exhaustive des projets. Enfin, vous pouvez consulter la liste des métavers recensés en 2023 sur le site de la société de conseil Metaversed consulting. La visualisation de la page suivante proposée par Jon Radoff présente un panorama des acteurs majeurs du métavers. Elle illustre la richesse de l'écosystème alors même que nous sommes au tout début.

Le manuel du métavers

Cinq niveaux du métavers

Nous avons abordé les strates les plus importantes constituant les fondamentaux du métavers. La figure ci-après résume les différentes briques contribuant à cet écosystème.

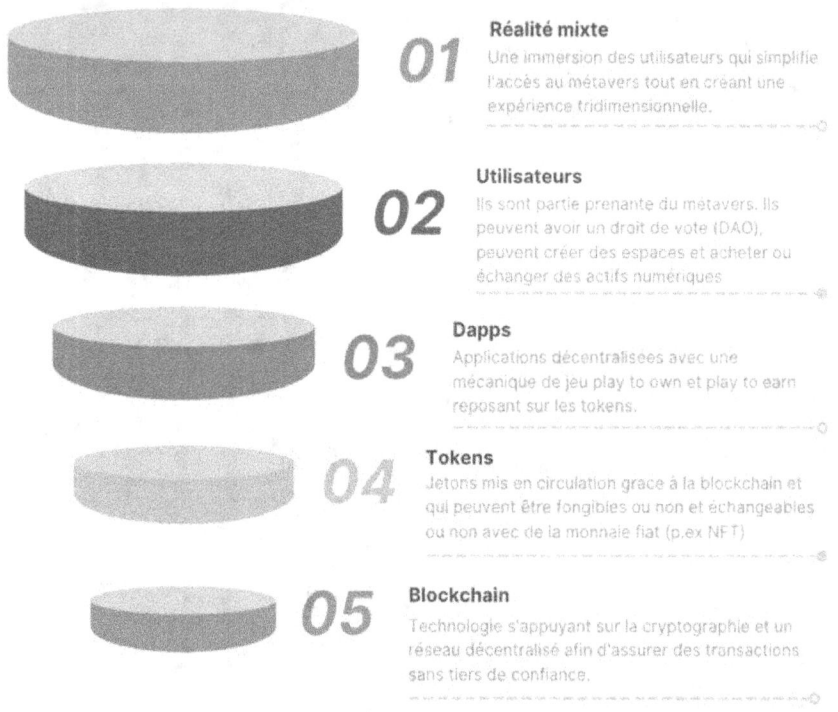

Les cinq niveaux du métavers

La chaine de blocs (5) et le réseau décentralisé constituent le socle technologique nécessaire à la réalisation de transactions de confiance. Cette couche dépend de l'Internet et des technologies réseau. Elle doit relever les défis majeurs de la sécurité, de la décentralisation et de la scalabilité. C'est ce que l'on appelle communément le trilemme de la blockchain. Les procédés cryptographiques et les mécanismes de consensus pour la validation des transactions sont au cœur de ce socle technologique.

Les jetons émis (4) et échangés sur la chaine de blocs permettent de créer une nouvelle forme d'économie et un partage d'actifs numériques où la notion de propriété est assurée sur des biens pouvant être rares et même uniques. Les cryptomonnaies et les NFTs sont des représentants de ces jetons qui contribuent à la dynamique économique du métavers et du web 3. Les contrats intelligents permettent de programmer des logiques transactionnelles complexes directement sur la chaine de blocs et donc d'offrir une panoplie d'applications. Ces deux premières strates devraient permettre à terme une plus grande interopérabilité aux espaces virtuels.

Les applications décentralisées (3) engagent les utilisateurs et les responsabilisent grâce à un système de ludification, de possession et de gains/pertes réels. En utilisant un métavers, bien souvent, les participants sont emmenés à faire des achats pour acquérir des terrains, des objets. Cela encourage les joueurs à entrer dans la mécanique du *play to own* et du *play to earn*. Les contributeurs peuvent également créer des expériences et des objets virtuels monétisables via la cryptomonnaie du métavers. La décentralisation la plus aboutie est celle des organisations autonomes qui accordent un droit de vote et donc un rôle décisionnel à l'utilisateur sur la gouvernance de l'univers dans lequel il évolue. Ces technologies s'appuient sur les jetons de la strate inférieure et les contrats intelligents.

Les utilisateurs (2) sont la pierre angulaire du métavers. Ce dernier est avant tout un espace de vie et de socialisation. L'homme est un être social et le succès des évènements (p. ex. concerts, festivals) dans le métavers est le reflet de ce que pourrait devenir un vrai espace d'interaction sociale et de vie dans le métavers. Rappelons que sur de nombreuses plateformes, les utilisateurs sont les créateurs et les décideurs du monde virtuel. Ils sont donc cocréateurs de l'environnement et d'une histoire qui n'est plus figée par les éditeurs, mais qui est inventée par les occupants.

La réalité mixte (1) est une porte d'entrée immersive vers les univers virtuels tridimensionnels qui se matérialise par le port de lunettes ou de casques de réalité virtuelle. Elle viendra peu à peu enrichir nos expériences bidimensionnelles sur *smartphone*. En tant qu'êtres humains, nous sommes habitués à agir dans un espace tridimensionnel et notre perception spatiale est un élément clé de notre existence. C'est pourquoi l'immersion dans un espace tridimensionnel est une progression naturelle pour notre façon de naviguer sur le web. Actuellement, notre expérience sur le web est limitée par l'utilisation de modèles réduits à deux dimensions. Cependant, la réalité mixte offre la possibilité d'ajouter cette dimension manquante, en permettant une immersion plus complète et une interaction plus intuitive. Cela ouvre de nouvelles opportunités pour les créateurs, les utilisateurs et les professionnels de tous les horizons pour explorer de nouvelles façons d'interagir avec le monde numérique. L'immersion des sens est la touche finale nécessaire pour incarner le web, pour se sentir vivre dans le nouvel espace.

La rupture des contraintes géographiques et des frontières physiques et numériques est matérialisée par cette strate. Toute personne ayant testé une expérience virtuelle pourra comprendre à quel point l'immersion ressentie est prenante. Cette strate permet le transfert des émotions entre avatars. À titre d'exemple, l'expérience proposée par PokerStar VR utilise le suivi des émotions visuelles pour mieux refléter les conditions réelles du jeu. Les gestes, les mouvements oculaires et les réactions sont capturés en temps réel, rendant l'expérience très réaliste. Comme dans la vie réelle, certains joueurs portent des lunettes de soleil dans le jeu pour masquer une partie de leurs émotions. De plus, le jeu propose des fonctionnalités telles que la possibilité de piloter un drone au-dessus de la partie de Poker ou de posséder des accessoires tels qu'un cigare virtuel qui se consume au fil de la partie !

Les cinq briques du métavers permettent une expérience enrichie entre la réalité et la virtualité. Nous pensons que l'ensemble des strates sont nécessaires pour offrir une expérience optimale. Les solutions actuelles n'exploitent pas systématiquement toutes ses dernières. Ensemble, elles peuvent contribuer à créer un espace numérique immersif de confiance où chacun est valorisé à hauteur de sa participation.

Certaines plateformes faisant partie de la catégorie des métavers ne sont pas accessibles en réalité virtuelle (p. ex. The Sandbox). Toutefois, ce sont souvent des environnements qui permettent la création d'un avatar et un déplacement dans un univers à deux ou trois dimensions. D'autres sont accessibles avec des casques de réalité virtuelle et non avec d'autres. Notons que des plateformes immersives n'offrent pas toujours la possibilité de posséder des actifs numériques sous forme de jetons (p. ex. Meta Horizon Worlds).

Enfin, beaucoup d'univers virtuels ne sont pas décentralisés. Certains gèrent uniquement les actifs de manière décentralisée tandis que d'autres proposent un modèle de gouvernance totalement autonome. À ce jour, Decentraland est un métavers qui se positionne de manière remarquable sur les cinq strates.

Nous pouvons identifier deux types de plateformes de métavers : celles qui sont contrôlées par une unique entité et les plateformes décentralisées, qui sont développées et gérées par les communautés. Les plateformes centralisées sont gouvernées par une seule entité, avec des politiques en place pour règlementer le monde virtuel (p. ex. Meta, Roblox). Les utilisateurs sont limités par le respect de ces paramètres et ne peuvent pas contrôler ou posséder des éléments de l'environnement numérique. À l'inverse, les plateformes décentralisées sont open source et les utilisateurs ont une grande liberté pour contrôler leur expérience. Ces dernières sont généralement composées de parcelles de terrains qui existent sous forme de NFT et qui appartiennent aux utilisateurs et non à l'entreprise (p. ex. Upland, Decentraland, The Sandbox, CryptoVoxels, Somnium Space). La gestion de la plateforme est assurée par la communauté plutôt qu'une autorité centrale. Les utilisateurs ont beaucoup plus de contrôle sur leurs actifs, ainsi que sur la construction et le fonctionnement du métavers. On parle de *Virtual Blockchain worlds* (VBW) pour qualifier les mondes virtuels qui s'appuient sur la chaine de blocs.

Quel que soit le nombre de dimensions intégrées dans les outils existants, ils participent ensemble à l'effort de construction du métavers. Ils offrent une porte d'entrée pour obtenir de nouvelles expériences sociales.

Les technologies sont désormais suffisamment matures pour permettre l'émergence d'une économie de la création sur le métavers. Les espaces virtuels sont désormais occupés et créés par des artistes, des marques et des passionnés. C'est ce que nous vous proposons de découvrir dans la suite de notre parcours.

CHAPITRE 9
UN ESPACE À CRÉER ET À OCCUPER

« Le métavers n'est pas quelque chose qu'une entreprise construit. C'est le prochain chapitre de l'Internet dans son ensemble. […] Un Internet incarné où vous êtes dans l'expérience pas seulement en train de la regarder. »

Mark Zuckerberg

Une étude de Forrester Research publiée en 2022 stipule au sujet du métavers : « les consommateurs choisiront de faire leurs courses, d'effectuer leurs opérations bancaires, de travailler, de jouer, d'apprendre et de faire du sport dans le monde immersif comme ils choisissent de le faire dans le monde physique, en ayant en plus un choix illimité d'apparences, d'amis et de lieux et en bénéficiant d'un tout nouvel ensemble d'interactions et d'expériences qu'il nous faut encore concevoir ».

Les gens souhaiteront partager leur style de vie sur le métavers de la même manière qu'ils le font sur les réseaux sociaux, d'autant plus que de nombreuses plateformes ont fait le choix de laisser les utilisateurs décider de leur évolution et même de leur construction. Les possibilités deviennent illimitées à la fois pour les visiteurs, les consommateurs, mais également pour les créateurs et les marques qui ont déjà accès à cet écosystème très riche. Pour permettre au métavers de devenir un bien commun et un espace pour tous, les acteurs devront coconstruire cet univers virtuel et y trouver leur place.

Créateurs

La démocratisation des réseaux sociaux numériques a encouragé bon nombre d'utilisateurs à devenir des créateurs de contenu proposant souvent une qualité professionnelle. La possibilité accordée à chacun de devenir un vecteur de communication a permis à des anonymes de créer et partager des contenus inédits, surprenants, attractifs. Des créateurs ont ainsi acquis une audience très large sur les réseaux et un pouvoir de recommandation élevé concernant les produits à acheter ou les services à utiliser. Le **marketing d'influence** s'est largement appuyé sur leur succès afin de repenser la relation client et l'image de marque numérique. De manière similaire, les utilisateurs du web 3 peuvent créer des contenus et des expériences nouvelles qui marqueront les foules.

L'avancée de la réalité virtuelle et de l'intelligence artificielle offre la possibilité de créer un nouvel univers peuplé de personnages à la fois fictifs et réels. Une multitude d'artistes vont pouvoir exprimer leur talent pour faire du métavers une œuvre numérique collective qui sera certainement la plus importante après la création de notre base de connaissance Wikipédia.

Le nombre de contributeurs de Wikipédia qui se compte en millions contraste avec l'historique *Encyclopédie ou Dictionnaire raisonné des sciences, des arts et des métiers*, porté par un cercle restreint (environ 300 personnes) et qui avait nécessité plus de 21 ans de travail. Le projet porté par Denis Diderot et Jean Le Rond d'Alembert comportait un total de 60 000 entrées tandis que Wikipédia arbore fièrement plus de deux-milliards d'articles. Pour la seule section française, plus de 20 000 contributeurs actifs sont identifiés.

Sur le métavers Roblox, plus de 11,5 millions de créateurs sont déjà au travail. Les environnements gagneront en richesse grâce à l'apport de communautés toujours plus grandes et fédérées autour d'un projet. Le métavers peut devenir une œuvre d'art dans laquelle nous allons nous immerger. La création d'objets originaux enrichira des espaces tridimensionnels les rendant au choix plus réalistes ou fantaisistes. Toute la biodiversité de notre planète peut être reproduite sur l'espace virtuel. Pourtant, nous ne connaissons même pas la moitié des espèces actuellement sur notre planète. Les créatures disparues peuvent réapparaitre et de nouvelles espèces imaginaires prendre vie. La création et la présence de toutes formes d'objets et de personnages totalement loufoques sont envisageables. Chaque artéfact contribuera à l'amélioration du monde virtuel en apportant un niveau de détail de plus en plus sophistiqué.

Les utilisateurs de Second Life ont montré qu'il est possible de construire un monde vivant, riche et varié de manière communautaire. Les résidents ont créé eux-mêmes des espaces, des bâtiments, des objets, des vêtements et accessoires pour avatars, des animaux, des plantes, mais aussi des animations et des sons. La longévité de Second Life est attribuée à cette possibilité de création et de partage qui est offerte à ses utilisateurs. L'environnement évolue avec eux, avec leurs besoins et leurs envies. Le monde virtuel se façonne selon les normes et les modes en vigueur, à vitesse réelle, sans avoir besoin de demander des mises à jour logicielles.

Sur Minecraft, les utilisateurs ont fait preuve d'une

incroyable imagination. Un créateur a construit seul une reproduction de notre univers incluant les galaxies, les planètes, la Voie lactée et même les éruptions solaires. D'autres créateurs individuels et professionnels ont permis de reproduire le Battlestar Galactica, une citée d'or, la tour de Babel, un palais d'hiver et même Minas Tirith (la terre du milieu de John Ronald Reuel Tolkien).

Minecraft dispose d'une édition éducation qui permet aux enseignants de construire des expériences d'apprentissage pour les jeunes dans un environnement qu'ils connaissent bien. Un enseignant a reproduit le système cardiovasculaire et pulmonaire humain permettant aux apprenants de suivre les grandes artères et de comprendre le mécanisme d'oxygénation du sang.

English Adventures with Cambridge est une expérience d'apprentissage des langues basée sur des histoires créées par les experts de *Cambridge Assessment English*. Situé dans l'environnement virtuel de Minecraft, ce monde plonge les étudiants dans une expérience d'apprentissage linguistique en trois chapitres où ils partent à l'aventure, rencontrent des personnages et résolvent des énigmes tout en développant leurs compétences en anglais. Les créateurs indiquent que « la répétition, les erreurs et l'exposition sont des éléments cruciaux de l'apprentissage, et le monde unique aide à consolider les connaissances et à accroître la motivation, l'engagement et la confiance, tous des éléments nécessaires à un apprentissage linguistique réussi ! »

Il en est de même sur Roblox et Decentraland qui ont compris l'importance de laisser les utilisateurs construire le monde virtuel tel qu'ils le veulent. Les expériences se multiplient et viennent enrichir chaque jour les métavers. Beaucoup d'outils permettent de créer sans prérequis techniques ou artistiques. Ces logiciels souvent fournis par les métavers sont accessibles même à un très jeune public. Du temps et de la patience sont néanmoins nécessaires pour prendre les outils en main et réussir à exprimer sa créativité. Le logiciel Voxedit (édité par The Sandbox) permet de créer et d'animer facilement des personnages et des objets virtuels en voxels. L'outil de création de Decentraland est également accessible à tous. Vous pouvez consulter  la vidéo de démonstration et de prise en main de l'outil sur YouTube et juger de la facilité avec laquelle il est possible de créer une scène. https://builder.decentraland.org/land. De même, Second Life intègre un environnement de création. La même chose est possible sur de nombreux autres univers virtuels. Meta Horizon Worlds permet la création d'espaces depuis le métavers et en mode immersif. Nous attendons encore la possibilité d'utiliser un *chatbot* vocal pour créer un espace avec la voix.

Espace créateur sur Decentraland

La solution Adobe Aero offre un moyen de créer, partager et visualiser des expériences de réalité augmentée. Les outils de création 3D tels que Unity, Unreal engine, AutoCad, Blender sont très largement utilisés, mais nécessitent une expertise dédiée. L'intelligence artificielle rend la création de plus en plus accessible au grand public.

Dans l'univers du Web 3.0, une nouvelle dynamique économique émerge, où la création artistique s'accompagne d'une valorisation monétaire. Ce modèle repose sur la transformation de chaque œuvre en NFT (jeton non fongible), intégrant des frais de créateurs. Ainsi, un artiste peut bénéficier économiquement de chaque transaction, y compris des ventes secondaires, en percevant un pourcentage à chaque changement de propriétaire. Ce système permet aux créateurs de profiter de l'appréciation de la valeur de leur œuvre au fil du temps.

Cependant, le paysage des NFT est en pleine mutation, notamment avec la décision d'OpenSea, le principal marché de NFT, de ne plus imposer les frais de revente obligatoires pour les artistes à partir de mars 2024. Cette mesure, transformant les frais en pourboires facultatifs, a suscité des préoccupations parmi les créateurs de NFT, qui voient leurs revenus potentiels diminuer, en particulier sur les ventes secondaires.

Face à cette évolution, l'Open Metaverse Alliance (OMA3), une organisation dédiée à l'établissement de normes pour un métaverse interopérable, a initié une campagne pour établir un standard unifié pour les royalties des NFT. Des acteurs clés tels qu'Animoca Brands, Magic Eden et Yuga Labs invitent la communauté NFT à collaborer à la création d'une norme universelle pour les frais de royalties, visant à protéger les intérêts des créateurs.

En parallèle, des créateurs et des plateformes explorent des alternatives. Pudgy Penguins, par exemple, envisage de se diversifier dans la commercialisation de produits dérivés et de lancer son propre marché de NFT pour sécuriser les frais de créateurs. Magic Eden a introduit le Open Creator Protocol, permettant l'application de frais de royalties sur toutes les nouvelles collections lancées sur sa plateforme.

Cette situation illustre les défis et les opportunités au sein de l'écosystème des NFT. La baisse de l'activité sur des plateformes telles qu'OpenSea et Blur a entraîné une réduction des royalties, incitant les créateurs à rechercher de nouveaux débouchés. En revanche, des initiatives comme celle de l'OMA3 et le Open Creator Protocol de Magic Eden indiquent une tendance vers la standardisation et la défense des droits des créateurs. Ces évolutions mettent en lumière la nécessité de trouver un équilibre entre l'attraction des traders de NFT et le soutien aux créateurs, qui sont le moteur de l'innovation et de la créativité dans cet espace en pleine croissance.

Au-delà des objets d'art 2D ou 3D, les acteurs du domaine musical commencent à bénéficier du web 3 pour monétiser leurs créations. La startup française Stage11 est en train de créer une nouvelle façon d'expérimenter la musique en combinant les jeux, la réalité mixte et les objets de collection numériques.

Les NFTs offrent de nouvelles possibilités aux auteurs et leurs lecteurs. La revente d'un livre numérique devient possible et l'auteur en reste bénéficiaire. On peut également imaginer que les jeux vidéo quittent leur support physique tout en gardant la possibilité d'être offerts ou revendus. Les livres pourraient même se transformer en expérience virtuelle.

Marques

Le métavers présente plusieurs avantages pour les marques, notamment la création de nouvelles sources de revenus, l'augmentation de la portée et de l'engagement, ainsi que la possibilité de tester et d'apprendre de nouvelles stratégies de marketing. Les personnes qui interagissent avec la marque dans le métavers sont différentes de celles des canaux traditionnels, car elles sont souvent des natifs du numérique et appartiennent à de nouveaux groupes de consommateurs. De plus, le métavers offre un modèle économique plus sain, car il crée des incitations pour les utilisateurs et des avantages pour les marques grâce à l'effet de réseau. Les amateurs de produits de marques peuvent aller au-delà du simple statut de consommateur pour devenir des parties prenantes, créant ainsi de la valeur.

Un espace à créer et à occuper

L'adoption des réseaux sociaux a créé un tournant dans la relation client avec les marques. Les entreprises ont dû adapter leur stratégie pour tirer profit des nouvelles pratiques et intégrer les spécificités propres à chaque plateforme tout en restant cohérentes avec leur image. Aujourd'hui, elles suivent avec de plus en plus de réactivité les utilisateurs sur les réseaux sociaux les plus modernes tels que TikTok.

Le métavers offre un nouveau terrain de possibilités avec un avantage certain aux premiers adoptants. Pour que leur présence soit bénéfique pour tous, les professionnels devront repenser la vente d'articles, la publicité, la relation client et la gestion des communautés. Les marques peuvent proposer des collections NFTs et des expériences immersives et personnalisables pour séduire les clients et renforcer le lien avec eux.

Il existe toujours la possibilité de bénéficier de panneaux d'affichage en réalité virtuelle, mais la publicité peut y être intégrée de manière plus subtile. Certains professionnels insistent sur l'importance de repenser les pratiques et les indicateurs marketing pour créer un environnement favorable à tous. Les clients sont souvent réticents à la publicité et aux incitations trop importantes et directes de la part des vendeurs. Les influenceurs sur les médias sociaux sont devenus des intermédiaires appréciés proposant un échange amical et un meilleur contact émotionnel. Au lieu de répliquer les anciennes pratiques et remplir les espaces virtuels avec des panneaux publicitaires risquant faire fuir les visiteurs, les entreprises doivent créer des espaces qui incitent les utilisateurs à venir et à y rester pour explorer. Certains professionnels indiquent que le **temps d'exploration** sera l'ultime indicateur de performance à surveiller dans le métavers, mettant de côté les autres indicateurs d'engagement, tels que le nombre de visites, le nombre de *likes* ou même les passages à l'achat.

Le métavers peut devenir le lieu où les clients pourront mieux connaitre l'univers de l'entreprise et où l'entreprise pourra mieux comprendre ses clients. Un des exemples qui vient naturellement à l'esprit est l'espace de vente. Les boutiques virtuelles ont été nombreuses sur Second Life. Néanmoins, il ne s'agit pas de répliquer les sites de commerce électronique recensant des produits ou d'imiter les espaces de vente qui les exposent. Il s'agit d'imaginer de nouvelles expériences sociales enrichies.

Un grand nombre de clients Ikea profitent des espaces d'exposition dans les magasins pour trouver l'inspiration et découvrir de nouveaux produits. Voir les items en contexte aide les clients à mieux choisir, mais les incite également à l'achat. L'ensemble constitue une expérience plaisante. Certains se promènent dans les espaces par simple curiosité et dans un but exploratoire sans objectif d'achat. Il est facile d'imaginer de tels espaces mettant en scène des produits du quotidien (chambre, salon, cuisine, balcon, bureau) sur le métavers, donnant la possibilité aux clients d'explorer, de s'inspirer et de constituer un panier destiné à la livraison, le tout de manière agréable et cela même si aucun magasin ne se trouve à proximité. La localisation physique des marques peut ainsi être complétée par un espace virtuel accessible, quelle que soit la situation géographique du client. Les produits et services virtuels deviennent ouverts au monde sans contrainte géographique.

Diesel possède un magasin virtuel dans lequel il est possible de passer commande pour recevoir des produits physiques. La grande marque de champagne Dom Pérignon a suivi la tendance en commercialisant en 2021 en partenariat avec Lady Gaga une centaine de bouteilles au format NFT. Les acheteurs d'un coffret disposent du NFT et reçoivent chez eux la bouteille correspondant à leur achat. À cette occasion, Dom Pérignon a conçu un espace virtuel dédié dont la pièce exclusive a été dessinée par Lady Gaga.

Au-delà d'un espace de vente, les jumeaux virtuels des produits existants peuvent être proposés à l'usage dans des espaces n'appartenant pas à la marque. À l'image des collaborations avec les influenceurs ou du bouche-à-oreille sur le web 2, les utilisateurs peuvent découvrir des objets qui leur plaisent dans les espaces de leurs amis ou au travers d'expériences proposées par des personnes tierces. Des logos pourraient être intégrés sur des objets de l'univers virtuel.

Le constructeur BMW (comme beaucoup d'autres marques) propose des vêtements sponsorisés pour habiller votre avatar sur Ready Player Me. Une manière pour les fans de porter les couleurs de l'entreprise. Les marques de vêtements proposent des tenues pour avatar afin d'honorer leurs classiques ou de promouvoir de nouvelles collections. La marque Nike permet aux possesseurs de certains modèles physiques de baskets d'obtenir le même modèle au format NFT pour leur avatar. Une tenue virtuelle devient un vecteur de visibilité pour les marques.

Le polo sponsorisé par BMW sur la plateforme Ready Player Me

L'industrie de la mode s'est largement approprié l'espace virtuel proposant des habits et accessoires à la vente. Les tenues sont parfois très avant-gardistes. Certaines peuvent être portées par l'avatar, d'autres s'adaptent simplement à une photographie et sont dédiées au partage sur les réseaux sociaux, comme la collection de Noël proposée par Printemps.

DressX propose de vous habiller avec une tenue NFT en réalité augmentée via votre appareil photo. Cette marque de mode digitale conçoit des tenues en collaboration avec Bershka, Adidas ou Coca-Cola. Le succès de DressX met en lumière l'importance croissante de la mode et du design dans le monde des vêtements virtuels, qui jouent un rôle essentiel dans l'expression de la personnalité et la construction de l'identité numérique des utilisateurs.

Ce succès témoigne également de l'émergence d'une économie de l'image de soi et de la mode dans les métavers, où la possession d'articles vestimentaires est de plus en plus valorisée. Les vêtements virtuels sont devenus des éléments clés dans les univers de réalité augmentée, où les utilisateurs cherchent à exprimer leur personnalité et leur style, affirmant ainsi leur identité numérique. Cette évolution reflète une tendance plus large dans la société, où l'image de soi et l'affirmation de son style sont devenues des enjeux majeurs pour de nombreuses personnes, notamment les jeunes générations qui sont particulièrement friandes de technologies immersives.

D'autres marques collaborent avec les jeux vidéo, comme Sims ou Fortnite, pour y proposer des créations. De grandes maisons comme Dolce & Gabbana ou Tommy Hilfiger étaient présentes à la première édition de la *Metaverse Fashion Week* sur Decentraland en mars 2022. Les marques doivent être présentes là où se trouvent leurs fans afin d'établir une véritable relation d'engagement.

De nombreuses marques ont pris place sur le métavers tandis que l'âge moyen des visiteurs est très faible (certains n'ont pas l'âge d'être des consommateurs). L'objectif n'est pas toujours de vendre un produit, mais d'acquérir un nouveau profil de fans et de rajeunir la base de clients.

Au-delà des espaces de vente, de nombreuses marques ont déjà créé des espaces proposant des expériences. Gucci a créé sa ville italienne — Gucci Garden — sur Roblox. Elle propose une expérience immersive qui explore la vision créative de la maison. Dans cette expérience, l'avatar des promeneurs se transforme en absorbant les éléments de l'exposition devenant ainsi de véritables œuvres d'art. Il est également possible d'acheter des items de la marque sous forme de

Un espace à créer et à occuper

NFT dans un espace dédié.

L'intérêt de Nike pour le web 3 et le métavers est particulièrement marquant. En effet, dès 2021, la marque a racheté la startup RTFKT, qui est spécialisée dans la conception de vêtements et de chaussures virtuelles. Depuis, la marque multiplie les initiatives et les succès. Par exemple, Nike s'est associé à Roblox pour entrer dans le métavers par la grande porte avec l'univers **Nikeland** comportant des minijeux. L'entreprise a annoncé avoir accueilli plus de 21 millions de visiteurs. Cet espace permet à la marque de se rapprocher d'une nouvelle génération d'athlètes et de tester ou codévelopper de nouveaux produits avec les utilisateurs. Nikeland pourrait aussi organiser des évènements sportifs à l'avenir.

Voici comment Nike définit son espace sur Roblox (le langage est adapté à la cible jeune) : « Bienvenue à NIKELAND où le sport n'a pas de limites. Jouer à chat sur les trampolines ? Pourquoi pas. Le sol est de la lave en mode parkour ? C'est parti ! Explore le monde du sport, nage dans le lac Nike, fais la course avec tes amis sur la piste et découvre des secrets cachés ! Fais bouger ton corps. Secoue ou fais tourner ton mobile pour activer de super capacités dans l'expérience. 🏁 Il n'y a pas de ligne d'arrivée, mais dès que nous atteindrons 10 000 likes, nous publierons un nouveau code promo ! 🏁😎 Personnalise ton avatar grâce à des articles Nike. Parcours le showroom pour trouver une collection de chaussures, de vêtements et d'accessoires Nike pour perfectionner ton look, y compris une casquette et un sac à dos Nike exclusifs gratuits que tu peux emmener partout sur Roblox. ✨ Débloque les superpouvoirs du sport. Utilise les mouvements du monde réel pour les activer, comme les courses de vitesse et les sauts en longueur. »

Image de l'univers virtuel Nikeland

Pour assurer une présence dans certains espaces virtuels, les marques devront investir dans **l'acquisition de terrains**. L'achat d'un espace sur The Sandbox ou Decentraland est nécessaire pour les entreprises souhaitant y créer une présence. Les espaces sont souvent en quantités limités, ce qui explique l'attrait des investisseurs qui craignent de ne pas pouvoir posséder d'emplacement. Il est très probable qu'à l'image des noms de domaines au début du web, l'obtention d'un terrain bien placé devienne de plus en plus difficile au fil du temps. La monétisation de terrains rendus rares donne lieu à des montants d'achat de plusieurs millions d'euros. À ce jour, la parcelle la moins chère (petite et mal placée) de Decentraland est en vente à plus de 2000 euros.

Pour pallier les difficultés de trouver un espace virtuel, des méta-agences immobilières proposent de vous accompagner vers l'achat ou la location de bien virtuels en fonction des conditions qui sont les vôtres. Comme dans la vie réelle, il est question de l'emplacement, du voisinage, de la taille et du montant que vous souhaitez investir. Si vous n'avez pas le budget pour acheter, Rentabyl ou Landworks permettent de louer des parcelles Decentraland. Certains acteurs, comme Spatial, Minecraft, Roblox ou Meta Horizon Worlds offrent la possibilité de créer un espace gratuitement.

Le grand théâtre de Decentraland

L'organisation ou la participation à des **conférences** en réalité virtuelle sont également des manières de se faire identifier pour une marque. Des évènements ou concerts privés peuvent être organisés sans avoir besoin de créer un nouvel espace. La plateforme Decentraland propose un centre de conférences en location. De nombreux sites du centre de conférences sont disponibles à cet effet : le théâtre du cinéma star, le grand théâtre, l'amphithéâtre Danaan, l'amphithéâtre d'Athéna et le centre de réunion. Des évènements y sont régulièrement organisés.

Les grandes chaines hôtelières ont pris conscience de l'importance du métavers pour accueillir des évènements et proposer des expériences inédites à leurs clients. RendezVerse, par exemple, a recréé des hôtels de renom tels que Marriott, Atlantis, Hilton et Four Seasons dans le métavers. Cette société propose même des services d'enregistrement, d'analyse et de révision complète des expériences vécues sur sa plateforme. Elle fournit des indicateurs clés de performance et des transcriptions des échanges pour permettre une amélioration continue des services proposés. Cette approche innovante permet aux hôtels de renforcer leur image de marque, de se différencier de la concurrence et de proposer des expériences uniques et mémorables à leurs clients.

Une conférence organisée dans le métavers peut profiter d'une ambiance et d'effets spéciaux uniques impossibles à réaliser dans une salle physique. Les scènes et décors peuvent se modifier instantanément pour changer l'atmosphère de la salle. Les participants de la conférence Meta Connect 2022 ont été particulièrement impressionnés par les effets spéciaux utilisés dans la salle virtuelle.

VRROOM se positionne comme la référence de l'industrie du contenu dans le métavers en offrant des expériences immersives de qualité supérieure en réalité augmentée et virtuelle. Avec une plateforme de production et de diffusion de contenus similaire à YouTube, VRROOM se concentre exclusivement sur les expériences immersives, offrant ainsi des opportunités inégalées pour la réalisation de spectacles, d'évènements culturels et de festivals innovants. Ce studio de production français est à la pointe de la technologie en matière de réalité virtuelle et de réalité augmentée, offrant une expérience de visionnage unique sur sa plateforme de diffusion. VRROOM se positionne comme un acteur clé dans le développement de l'industrie du contenu dans le métavers, offrant une plateforme de pointe pour les créateurs de contenu, les marques et les artistes cherchant à tirer parti des technologies immersives pour créer des expériences innovantes et captivantes.

Les NFTs faisant partie de l'univers du web 3 peuvent aussi être bénéfiques aux marques. Certaines zones du métavers peuvent être privatisées et rendues accessibles uniquement à certaines personnes possédant un NFT. Une manière de se démarquer, de créer du prestige et de la rareté pour alimenter l'économie. L'Olympia vient ainsi de s'associer à la marketplace Tailor pour proposer 250 cartes de membre sous forme de jetons non fongibles. Ces derniers donnent lieu à des privilèges à vie et même au-delà, car elles sont transférables.

La quantité très impressionnante de nouveaux projets peut rendre difficile la visibilité de vos actions dans le métavers ou le web 3. Il est largement recommandé de passer par des collaborations avec des acteurs reconnus afin de bénéficier d'une notoriété et d'une

Un espace à créer et à occuper

communauté existante.

Si vous organisez un évènement et souhaitez que vos participants se souviennent de vous, vous avez la possibilité de leur offrir un souvenir virtuel. En scannant un QR-code, les participants obtiennent un  NFT marquant leur présence. Ces jetons sont faciles à créer pour les organisateurs et forment une collection d'évènements et d'expériences vécues pour les participants. Les instructions pour la création de vos jetons et leur distribution sont disponibles sur le site poap.xyz ou en suivant le QR-code ci-dessus. Le processus est très simple.

Une collection de POAPs récoltés en 2022

La diffusion de preuves de participation sous forme de NFT POAP peut se faire de deux manières. La première consiste à utiliser un ensemble de QR codes uniques affichés sur un support numérique tel qu'une tablette, un écran ou un smartphone. Chaque utilisateur peut scanner un QR code pour obtenir un NFT unique, et le QR code est mis à jour pour le prochain utilisateur. Cette approche garantit une preuve de présence pour chaque individu, empêchant ainsi le partage d'un seul QR code pour tous.

Une autre méthode de diffusion est proposée par le biais d'une carte NFT développée en partenariat entre POAP et IYK. Lors d'évènements, les personnes concernées peuvent approcher leur téléphone près de la carte pour recevoir le lien de création du NFT. Ces cartes sont souvent utilisées pour marquer une rencontre avec quelqu'un, remplaçant ainsi les cartes de visite par un souvenir inoubliable. Elles peuvent également servir à attester de la présence à un évènement ou sur un stand d'une entreprise. Les détenteurs de la carte reçoivent un NFT qui leur permet de se connecter à un tableau de bord et de gérer les POAP qu'ils souhaitent diffuser. Ainsi, la carte peut être réutilisée pour différentes occasions.

Des maisons de luxe se lancent dans le monde des NFTs afin de vendre des items numériques originaux quelquefois pour des causes caritatives. Dolce & Gabbana a produit une collection de vêtements et bijoux NFTs intitulée Collezione Genesi. Les acheteurs deviennent membres de la cryptocommunauté #DGFamily qui leur offre des privilèges comme des accès à des produits réels ou virtuels. La maison Guerlain a invité les artistes à réaliser des œuvres NFTs au profit de la Fondation Goodplanet.

Les NFTs, déjà utilisés dans le secteur du luxe pour certifier et tracer des produits haut de gamme, s'inscrivent désormais dans une démarche plus large et réglementée avec l'introduction du Passeport Numérique de Produit (DPP) par l'Union Européenne. Cette réglementation, prévue pour être pleinement opérationnelle d'ici 2027, vise à promouvoir la durabilité et la transparence des produits commercialisés dans l'UE. Chaque produit devra disposer d'un passeport numérique unique, accessible via un identifiant produit, fournissant des informations détaillées sur sa durabilité, sa fiabilité, sa réparabilité, et son impact environnemental.

L'adoption de cette réglementation par des entreprises comme Arianee, qui offre déjà des solutions de gestion de NFT pour les marques de luxe, marque un pas vers une économie circulaire et responsable. Arianee aide les marques à créer une communication directe avec les consommateurs en transformant les produits en plateformes d'engagement, où les informations peuvent être mises à jour tout au long du cycle de vie du produit. Le DPP et les NFTs convergent pour offrir une nouvelle dimension de certification, de gestion du cycle de vie des produits et d'engagement client, renforçant la transparence et la traçabilité dans l'industrie du luxe et au-delà.

Dans un autre registre, certaines parties d'échecs, comme l'affrontement Karpov – Kasparov au Championnat du monde 1985, ont marqué l'histoire. Une telle partie sous forme de NFT aurait une valeur symbolique, mais aussi monétaire. Le leadeur du jeu d'échecs en ligne Chess.com s'est associé à Treasure Chess pour proposer aux fans de transformer leurs parties afin de les certifier, partager, échanger et de les vendre. N'importe quelle partie effectuée sur la plateforme peut devenir un trésor sur la chaine de blocs Polygon.

L'usage de jetons peut aider une marque à créer ou améliorer l'engagement de ses clients. Un exemple d'engagement d'une audience est l'usage de ***fan tokens*** dans le milieu du sport. Les passionnés peuvent acheter des jetons de fanclub dans la discipline de leur choix afin de participer activement à la communauté, ce qui offre une nouvelle source de revenus pour les clubs en plus d'un lien renforcé avec le public. Le système de vote mis en place par Socios permet aux détenteurs de jetons de prendre part à certaines décisions du club. Si vous êtes fan de sport et d'un club en particulier, vous pouvez tester l'application et participer à une chasse au trésor pour tenter de gagner gratuitement des jetons SSU, des Chiliz (CHZ) — la cryptomonnaie de la plateforme — ou enfin des jetons de votre équipe préférée.

Le métavers offre de nouvelles possibilités aux marques, mais l'intérêt n'est pas toujours évident pour tous les secteurs et la gestion d'une présence dans ce nouvel espace peut paraitre complexe. L'entreprise française Metav.rs développe actuellement une plateforme permettant aux marques de gérer une présence sur le métavers. Un système de gestion de contenu accompagne la création et la gestion des collections NFT, la création de contrats intelligents et celle de points de vente sur un site web ou sur le métavers. Le cofondateur Clément Foucher indique que son objectif est de devenir le Shopify du métavers avec des solutions *plug and play* allant des cabines d'essayage virtuelles aux jumeaux numériques.

Les sociétés de conseil en technologie ont récemment étendu leur champ d'expertise en incluant le métavers et le web 3. Les plus grandes sociétés du secteur, telles que Wipro, Accenture, Arianee, Infosys, Antilogy, bemersive, BCG, DXC, Virtusa et EY, ont été rejointes par de nouveaux acteurs tels que Metavers.rs, The Metaverse Consulting Company ou BEM Builders. Ces entreprises offrent des services de conseil et d'accompagnement pour aider les clients à naviguer dans le métavers. BEM Builders a notamment accompagné des entreprises dans des métavers tels que The Sandbox, Roblox, Fortnite, Decentraland, Spatial, Cryptovoxel et Over the Reality. D'autres entreprises, telles que DeBit.Country, Lovelace World, Metagellan, Cohort, Touchcast, MetaVerseBooks, Leewayhertz, Antierssolutions, Appdupe et Blockchainappfactory, proposent des solutions pour construire et gérer une présence dans le métavers. Certaines de ces entreprises peuvent être classées dans la nouvelle catégorie des *Metaverse as a Service* (MaaS). Dans ce sens, Alibaba Cloud et Avalanche ont lancé Cloudverse, un projet métavers destiné aux entreprises. Cloudverse offre une solution clé en main pour les entreprises qui souhaitent personnaliser et gérer leur propre espace métavers. Alibaba Cloud fournira l'infrastructure numérique tandis qu'Avalanche fournira des solutions de construction de métavers. Les utilisateurs pourront créer leur propre espace métavers personnalisé en un mois.

Il convient de souligner que la création de **métavers privés** par les acteurs du marché est une stratégie souvent utilisée qui vise à maintenir leur contrôle sur l'écosystème et à limiter la dépendance des marques à l'égard des métavers publics. Cette stratégie peut être bénéfique en termes de sécurité, de confidentialité et de personnalisation de l'expérience pour les utilisateurs, car ces métavers privés sont généralement conçus pour répondre aux besoins spécifiques de l'entreprise. Toutefois, elle peut également présenter des inconvénients tels que la restriction de l'accès à une communauté plus large et l'absence de l'effet de réseau associé aux métavers publics.

La création de métavers privés peut également entrainer une fragmentation du marché, car chaque entreprise développera son propre écosystème fermé et ne sera pas interconnectée avec les autres. Cela peut limiter les opportunités de collaboration et de synergies entre les marques, ce qui peut à son tour entraver la croissance et l'adoption du marché dans son ensemble.

Il est donc important pour les acteurs de peser les avantages et les inconvénients de la création d'un métavers privé par rapport à l'adhésion à un métavers public existant. Ils devraient également envisager des moyens de rendre leurs métavers privés interopérables avec d'autres métavers, afin de maximiser les opportunités de collaboration et de croissance à long terme.

Personnages

L'avancement des outils numériques qui imitent le comportement humain a permis d'inventer des personnages contrôlés par des entreprises. Ces **agents virtuels** sont des images et animations 3D fictives générées par ordinateur avec l'intelligence artificielle. Ils peuvent « exprimer » des pensées et des émotions en agissant de la même manière que les humains. Ces personnages virtuels ont déjà trouvé une place et une audience significative sur les réseaux sociaux numériques, certain sont de véritables influenceurs virtuels. Une nouvelle ère s'ouvre à eux puisqu'ils peuvent désormais entrer dans le métavers afin d'assurer un rôle de sensibilisation, d'influence et de promotion.

La première influenceuse virtuelle apparait sur Instagram en 2016. Il s'agit de Lil Miquela (à gauche). C'est une jeune fille de 19 ans proposant sur Instagram un contenu très semblable aux comptes d'autres influenceuses et suivant les mouvements sociétaux actuels. Néanmoins, le profil indique clairement qu'elle n'est pas humaine, ce qui crée une confusion pour certains utilisateurs qui découvrent son profil. Lil Miquela apparait dans les magazines, donne des interviews parfois filmés, elle chante et produit des clips vidéo et entretient une grande audience. Elle collabore activement avec les marques, apparait à côté de personnes réelles sur des photos et vidéos.

En 2018, elle fait partie de la liste des 25 personnes les plus influentes sur Internet. Aujourd'hui, elle produit du contenu sur le web 2.0. On l'imagine facilement apparaitre en tant que personnalité dans des espaces virtuels afin d'influencer une nouvelle génération d'utilisateurs du métavers.

Avant l'apparition des influenceurs virtuels, les idoles virtuelles avaient déjà gagné en popularité, surtout au Japon. Hatsune Miku est une chanteuse synthétique humanoïde japonaise avec plus de deux-millions de suiveurs. C'est un vocaloid développé par Crypton Future Media pour être avatar de la société. Son chant est généré par un logiciel de synthèse vocale. Elle a fait des clips vidéo et des duos avec des personnalités de la chanson et elle apparait sous forme d'hologramme lors de concerts. Comme Hatsune Miku, la chanteuse virtuelle Polar a le projet de faire son entrée sur une scène réelle après avoir connu un succès sur le métavers et les réseaux sociaux. Cette histoire inspirera certainement les marques à adopter ce type d'avatars.

Les *Non-Player Character* ou **personnages non-joueurs** (PNJ — non humains ou non vivants) sont partie prenante du métavers. Les personnages Disney, les grands personnages historiques, les personnages fictifs et les influenceurs virtuels seront suivis par des millions de personnes, en particulier s'il est possible d'interagir avec eux comme s'ils étaient humains et vivants. Pour découvrir la liste des personnages virtuels les plus suivis sur les réseaux sociaux, vous pouvez scanner le QR code ci-contre.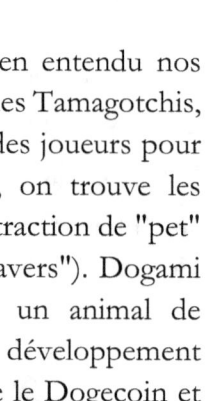

Enfin, parmi les personnages non joueurs, il y a bien entendu nos animaux de compagnie. Après le succès phénoménal des Tamagotchis, plusieurs plateformes ont su exploiter l'attachement des joueurs pour les animaux virtuels. Parmi les exemples notables, on trouve les CryptoKitties, mais aussi Dogami, un "pétavers" (contraction de "pet" qui signifie animal de compagnie en anglais, et "métavers"). Dogami offre une expérience unique où l'on peut élever un animal de compagnie virtuel en réalité augmentée. Par ailleurs, le développement et la popularité croissante de cryptomonnaies comme le Dogecoin et le Shiba Inu, toutes deux basées sur la blockchain Ethereum, illustrent l'attrait considérable des animaux de compagnie dans l'univers de la crypto. Ces initiatives montrent comment les concepts d'animaux domestiques virtuels et de monnaies numériques peuvent fusionner pour créer des expériences engageantes et innovantes dans le domaine du numérique.

Le marché des IA génératives a progressé de 425 % depuis 2020. Il peut contribuer à la réalisation d'avatars plus réalistes et crédibles en reproduisant les caractéristiques d'un visage et les émotions humaines. En ce sens, des avatars automatisés et intelligents peuvent trouver place sur le métavers pour nous accompagner ou pour se sociabiliser. Des projets comme Replika ou GPT-4 d'OpenAI sont des exemples concrets de cette avancée.

Character.AI est une entreprise innovante qui permet aux utilisateurs d'échanger des messages textuels avec des célébrités et des personnages fictifs via un chatbot. Cette plateforme offre aux utilisateurs une expérience unique en leur permettant de converser avec des figures historiques, des icônes de la culture populaire, des personnalités politiques, un psychologue, et même Dieu !

Dans un avenir proche, ces personnages seront également disponibles dans nos environnements virtuels et immersifs pour offrir une expérience encore plus immersive. L'objectif de Character.AI est de créer des interactions virtuelles plus authentiques et plus personnalisées, en utilisant la technologie de l'intelligence artificielle pour rendre les échanges de messages plus réalistes et plus humains.

Les *chatbots* 3D font leur entrée sur le métavers. Des développeurs ont récemment annoncé la création d'un avatar virtuel basé sur le moteur ChatGPT. Cette intelligence artificielle est virtuellement anthropomorphisée et il est possible d'engager une conversation avec elle dans un environnement compatible avec le casque Meta Quest 2. Les utilisateurs pourront les rencontrer dans les espaces virtuels comme ils rencontrent des personnages dans les jeux vidéo ou des *chatbots* toujours prêts à nous aider sur le web 2. Les personnages virtuels peuvent permettre aux marques de s'anthropomorphiser, afin d'être plus proches de leur public. Il s'agit de l'un des aspects les plus fascinants et potentiellement dangereux du métavers : la capacité des personnages artificiels, ou avatars, à communiquer de manière personnalisée et intime avec le public. Que ce soit pour représenter une marque, un parti politique ou un groupe malveillant, les avatars peuvent exercer une influence significative sur l'opinion et la perception des individus. Cette utilisation de l'anthropomorphisme et de l'intelligence artificielle représente un risque majeur de manipulation.

Contrairement aux algorithmes et aux publicités traditionnelles sur une simple page web, les avatars de type PNJ dans le métavers ont la capacité de suivre les utilisateurs et d'analyser leur comportement. Cela soulève des préoccupations importantes en matière de vie privée, de sécurité et de démocratie. Cependant, cela présente également d'énormes opportunités en termes de marketing. Les avatars peuvent fournir des services en apparence anodins tout en recueillant discrètement des informations sur les comportements des utilisateurs. L'influence potentielle des avatars sur les opinions et les décisions des utilisateurs soulève des préoccupations sur la démocratie et la transparence.

Du point de vue du marketing, l'utilisation des avatars offre des opportunités considérables. Les entreprises peuvent cibler les utilisateurs de manière plus personnalisée, fournissant des expériences pertinentes et engageantes. Cela peut augmenter les chances de conversion et de fidélisation des clients. Il sera crucial de trouver un équilibre entre l'exploitation de ces opportunités marketing et la protection des droits des utilisateurs.

Créer son espace virtuel

Pour créer un espace réussi dans le métavers, il convient de définir clairement ses objectifs. Pourquoi souhaitez-vous créer cet espace ? Quelle valeur apportera-t-il à vos visiteurs ? Il est essentiel de réfléchir à ces questions dès le départ pour garantir que l'espace que vous créez répondra aux besoins et aux attentes des visiteurs.

Une fois que vous avez défini les objectifs de votre espace, vous pouvez commencer à penser à sa conception. L'apparence, l'ambiance et les détails sont des éléments clés à prendre en compte. Vous voulez que les visiteurs soient séduits par l'esthétique de votre espace, ce qui les incitera à explorer plus en profondeur. Si votre espace est destiné à la vente de produits, par exemple, assurez-vous qu'il est facilement navigable et que les produits sont présentés de manière attrayante. Si votre espace est destiné à l'art ou à la culture, veillez à ce qu'il soit bien éclairé et que les œuvres soient mises en valeur.

Un autre aspect important à considérer est l'expérience sonore de votre espace. Les environnements sonores peuvent être utilisés pour renforcer l'ambiance et créer une expérience immersive. Vous pouvez inclure des éléments tels que des musiques d'ambiance, des effets sonores ou des narrations pour guider les visiteurs à travers votre espace.

En termes de marketing, il faut promouvoir votre espace auprès de votre public cible. Utilisez les réseaux sociaux et les canaux de communication existants pour informer les gens de votre espace et de ce qu'il a à offrir. Créez du buzz en organisant des évènements ou des expositions en collaboration avec d'autres marques ou créateurs dans le métavers.

Enfin, pensez toujours à l'expérience utilisateur. Assurez-vous que votre espace est facilement navigable et que les visiteurs peuvent facilement trouver ce qu'ils cherchent. Veillez à ce que toutes les fonctionnalités de votre espace soient accessibles et compréhensibles pour les visiteurs.

Il est possible de créer des espaces virtuels gratuitement en utilisant des métavers tels que Spatial, Multivers ou Roblox. Ces espaces peuvent servir à présenter votre activité, à offrir une expérience de jeu, de méditation, d'échange pour un club de lecture ou de lieu de partage pour une conférence.

Un espace à créer et à occuper

Nous vous proposons d'investiguer ensemble ma création d'un espace virtuel Spatial qui dispose de nombreux modèles pour faciliter la tâche. Vous avez déjà visité des espaces créés par des artistes au début de  ce livre, mais il en existe un grand nombre. La bijouterie *Lucky one* a ouvert un magasin virtuel sur Spatial (voir QR-code). Les auteurs de ce livre ont créé une salle de conférence pour recevoir des petits groupes d'étudiants à distance. Vous aussi, vous pouvez vous lancer dans la création d'un espace. Avant de démarrer, visitez d'autres environnements virtuels déjà disponibles pour entrevoir les possibilités et pour vous en inspirer.

Le magasin virtuel de la bijouterie Lucky one sur Spatial

La création d'un premier espace virtuel est très simple. Il suffit de cliquer sur « *new space* » (nouvel espace) depuis votre compte Spatial, puis de choisir le type d'espace que vous souhaitez créer. Vous vous trouverez immédiatement dans votre espace que vous pouvez habiller.

L'espace par défaut est convivial, mais vide. Les cadres sur les murs permettent de visualiser des NFTs ou des images et vidéos. Vous pouvez changer leurs dimensions pour, par exemple, couvrir l'intégralité du mur. L'image peut apparaitre avec ou sans cadre. Vous pouvez également intégrer du texte sous forme d'image préparée en amont sur Canva (canva.com), par exemple. Pour afficher vos NFTs dans l'espace, vous pouvez associer votre compte Spatial avec votre compte MetaMask avant de cliquer sur un cadre et de choisir le fichier à afficher.

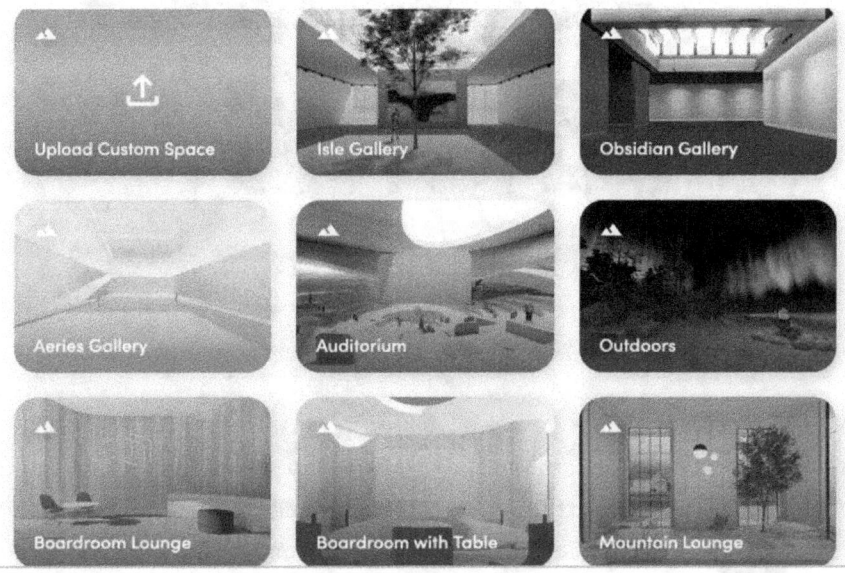

Type d'espaces disponibles sur Spatial

Depuis peu, Spatial a créé un partenariat avec Sketchfab afin de donner à ses utilisateurs la possibilité d'ajouter des objets tridimensionnels dans les espaces. Plus d'un million d'objets 3D sont désormais disponibles gratuitement sous licence Creative Commons. Sketchfab contient les pièces des plus grands musées, mais aussi des plantes, des animaux, du mobilier et beaucoup d'objets divers et variés.

Pour naviguer entre les espaces, Spatial offre la possibilité d'ajouter des portails virtuels apparaissant sous la forme de bulles. Vous pouvez créer plusieurs espaces et les relier entre eux pour proposer un parcours avec des ambiances différentes. Pour passer d'un espace à un autre, il suffit d'entrer dans une bulle.

La collection Sketchfab depuis Spatial

Vous pouvez créer facilement des objets 3D et les intégrer dans votre espace virtuel grâce à l'intelligence artificielle et à votre téléphone portable. Avec Lumalabs.ai, nous avons scanné un souvenir de voyage : une idole de Pomos qui était un symbole d'abondance dans la Chypre antique. Pour faire de même, il vous suffit de placer l'objet dans une zone bien éclairée où vous pouvez vous déplacer autour. Ensuite, prenez le temps de capturer l'objet sous différents angles avec votre téléphone. Après quelques minutes d'analyse grâce à des modèles d'intelligence artificielle, l'application fournit une vidéo de l'objet et sa modélisation en 3D. Vous pouvez ensuite exporter l'objet pour le partager via la bibliothèque d'objets Sketchfab.

La statuette peut être consultée en réalité augmentée ou en modélisation 3D sur l'application Lum.ai et sur Sketchfab. Si vous souhaitez incorporer un tel objet en réalité augmentée, nous vous conseillons de veiller à ce que votre objet soit disponible sur Sketchfab afin de pouvoir l'intégrer dans le métavers Spatial. Les contenus ainsi scannés sont compatibles avec la plupart des moteurs de jeux et des métavers existants sur le marché, ce qui permet de gagner du temps dans la création d'expériences virtuelles.

Cette démarche s'appuie sur la technologie LiDAR (pour Light Detection And Ranging) qui est désormais disponible sur les smartphones les plus récents. Cette méthode de télédétection, qui s'est démocratisée sur nos téléphones mobiles depuis 2020, permet de capturer la profondeur des objets d'une scène en envoyant des impulsions de lumière infrarouge qui se réfléchissent sur les objets. Grâce à cette technologie, nos téléphones sont capables de scanner des scènes en trois dimensions et de les restituer sous forme d'expériences de réalité virtuelle.

Spatial propose un Creator Toolkit (basé sur Unity) accessible à tous les créateurs. Cette offre permet aux utilisateurs de créer des histoires interactives et des expériences gamifiées dans l'espace virtuel. Les concepteurs peuvent désormais créer des avatars personnalisés pour une expression personnelle plus poussée, ainsi que des quêtes interactives pour offrir une expérience plus immersive à leurs visiteurs.

Pour les esprits les plus créatifs, Spatial offre la possibilité de transformer n'importe quel objet 3D en environnement, c'est-à-dire en espace virtuel. Vous pouvez recevoir du public sur une pomme ou sur le toit d'une voiture, si vous le souhaitez. Il est également possible de créer et d'importer des espaces. Vous pouvez visiter *The Meeting Place* créé par les artistes Cyril Lancelin et Benny Or. Il s'agit d'un espace virtuel au design remarquable qui donne vie aux connexions du monde réel. Cet espace s'est affranchi des règles de la physique. Dans cette conception futuriste, il n'y a qu'une seule limite, la créativité de l'homme.

CHAPITRE 10
VERS UN NOUVEAU WEB

« En termes simples, le métavers est l'internet, mais en 3D. »

Ed Greigg

Un ensemble de technologies semble avoir atteint le niveau de maturité suffisant pour converger vers la création de la prochaine itération du web. La réalité mixte, la décentralisation, les actifs numériques, l'intelligence artificielle, les réseaux mobiles sont au cœur de cette évolution technologique majeure. L'augmentation régulière de la puissance de calcul (processeurs et cartes graphiques), les nouveaux paradigmes dans la gestion des données, des transactions (chaine de blocs) et des calculs (*big data*, *cloud* et *edge computing*) et l'amélioration de nos transmissions réseau (5G, 6G) permettent d'effectuer des simulations complexes à distance, tout en restituant les résultats de ces dernières dans des délais de plus en plus courts.

Les conditions semblent être réunies pour faire du métavers un tremplin vers une nouvelle forme de web. Pour comprendre le tournant actuel, reparcourons rapidement l'histoire de l'évolution du web.

Ancien web

Le web est un anglicisme, signifiant « la toile », utilisé pour faire référence aux pages accessibles par un navigateur et organisées sous forme de sites. Il s'agit d'une application ingénieuse qui permet aux pages de pointer les unes vers les autres via des liens hypertextes. Les deux chercheurs à l'origine du web sont Tim Berners-Lee et Robert Cailliau du CERN (Conseil Européen pour la Recherche Nucléaire) qui ont imaginé le protocole HTTP en 1989. Le premier serveur connecté au web est toujours en exposition dans les locaux du CERN à Genève. Tim Berners-Lee est actuellement le président de la Fondation web (*World Wide Web Foundation*) qui défend le droit à un web gratuit et accessible à tous. La fondation a publié récemment un rapport mettant en garde contre les déviances numériques.

Au départ (1990-2000), le web se présentait comme un ensemble de pages fixes consultables, mais avec lesquelles il n'était pas possible d'interagir. C'est ce que l'on dénomme aujourd'hui le **web 1.0**, un web destiné à la lecture des informations.

Ce web traditionnel a évolué peu à peu pour permettre une collaboration plus interactive avec la possibilité de publier des contenus et de réagir aux éléments consultés. Les réseaux sociaux numériques et les forums sont des représentants de la vague du web social aussi mentionné comme **web 2.0** (2000-2020). Un web fait pour permettre la lecture et l'écriture de données. C'est le web qui a donné lieu à l'émergence des très grosses puissances financières telles que les GAFAM (Google, Apple, Facebook, Amazon et Microsoft) et les BATX (Baidu, Alibaba, Tencent et Xiaomi). Ce web est aujourd'hui dominé par sa version mobile via les téléphones intelligents. Les plus grandes entreprises du web 2.0 contrôlent aujourd'hui la majorité de nos données numériques de manière cloisonnée. Pour cette raison, les enjeux de respect de la vie privée et de manipulation ont été très largement mis en exergue. C'est dans l'objectif de trouver une alternative à ce modèle que de nouvelles technologies ont été proposées. Le web 3 s'inscrit dans cette mouvance.

Nouveau web

Le terme de **web 3.0** (2020+) a fait l'objet de nombreuses controverses. Des technologies telles que le web sémantique ou l'Internet des objets ont longtemps fait partie des candidats pour la nouvelle itération du web. Toutefois, il semble aujourd'hui admis que le web 3.0 soit porté par la mouvance du métavers et de la décentralisation. Le terme de web 3 a été proposé par Gavin Wood en 2014 (ce dernier a participé au développement d'Ethereum). Il s'agit d'un web s'appuyant sur la chaine de blocs permettant une décentralisation et la transaction de biens de valeur sans organe central de contrôle. Il se veut, en théorie, plus en accord avec les principes de partage, d'accessibilité et de transparence. En ce sens, sa philosophie s'illustre assez bien par le mode de gouvernance décentralisé (DAO) que nous avons abordé. C'est un web conçu pour permettre la lecture, l'écriture et la possession. Il permet aux participants et créateurs d'être au cœur de la chaine de valeur et de reprendre le contrôle.

Les utilisateurs des réseaux sociaux numériques du web 2.0 ne possèdent pas leur identité numérique. Ils n'ont pas non plus de droit de vote sur le mode de fonctionnement de Facebook ou Google. Les DAOs permettent aux utilisateurs de s'exprimer afin de prendre des décisions sans avoir besoin d'une entreprise associée. Il s'agit de communautés qui s'autorégulent dans un objectif commun.

Le web 3 est une opportunité de moderniser nos réseaux sociaux. Certaines solutions du web 2.0 s'adaptent parfois à la tendance du web 3 en proposant des interactions possibles avec la *blockchain*, les cryptomonnaies et les NFTs. À titre d'exemple, Facebook et Instagram permettent de connecter un *cryptowallet* afin de partager ses NFTs dans son flux d'actualité. Il est prévu de pouvoir créer des NFTs directement sur ces deux réseaux sociaux. Toutefois, cette approche ne transforme pas la manière d'aborder les modèles d'affaires et de gouvernance. D'autres démarches, créées et pensées autour du web 3 permettent de bousculer les codes des réseaux sociaux numériques actuels.

Nous sommes en phase de transition entre le Web 2 et le Web 3. Nous devons créer une attraction envers cette nouvelle technologie afin d'attirer les utilisateurs et de construire une communauté. Il ne s'agit pas d'une stratégie marketing, mais plutôt d'une approche axée sur la communauté pour effectuer la transition. Dans ce contexte, certains parlent de la nécessité de créer une force gravitationnelle afin de faciliter la transition, combler le fossé et fournir un chemin plus facile aux personnes. Le concept de gravité consiste à créer un environnement convaincant et attrayant qui incite les utilisateurs à explorer les possibilités du Web 3. Cela peut inclure la création d'une communauté solide, le développement d'applications innovantes et la fourniture d'expériences immersives fluides offrant une valeur claire aux utilisateurs. En développant une attraction gravitationnelle dans ce nouvel univers virtuel qu'est le métavers, nous pourrons accélérer l'adoption et l'évolution de cette technologie, en apportant en plus les avantages de la décentralisation à un public plus large. Nous présentons quelques initiatives symboliques du Web 3 dans la suite.

Le Projet X du réseau social Twitter est d'intégrer la chaine de blocs pour lutter contre les faux comptes, les fausses informations et assurer la gestion des identités. L'intégration des NFTs et des cryptomonnaies est prévue afin de faire de Twitter une application transverse à l'image du modèle chinois WeChat.

La lutte contre le contrôle absolu sur les données et leurs monétisations par les géants du web a fait émerger des réseaux sociaux décentralisés et la mouvance **DeSo** pour *Decentralised Social*. Le principe est simple : rendre aux utilisateurs le contrôle sur leurs données et permettre de changer de réseau social en toute facilité en important tout son capital social. Imaginez pouvoir quitter Instagram pour un réseau plus moderne sans repartir à zéro. Votre profil, vos contenus, votre audience seraient inclus dans vos bagages. Il suffirait de se connecter au nouveau réseau pour récupérer vos données.

Les technologies *blockchains* offrent la possibilité d'avoir une base de données unique et fiable, mais décentralisée rendant l'interopérabilité entre les différents services possibles. Le protocole Lens est l'une des initiatives DeSo qui permettent de construire un graphe social décentralisé pour chaque utilisateur en s'appuyant sur Polygon et IPFS. C'est un projet open source qui permet aux développeurs de proposer de nouvelles applications tirant profit du potentiel du web 3.

Farcaster est également un protocole DeSo permettant aux utilisateurs de contrôler leur identité sociale et de la transférer entre les applications. Bluesky est un projet DeSo porté par Jack Dorsey le fondateur de Twitter et repenti du web 2.0. C'est un projet annoncé par Twitter dès 2019 dont le réseau social ne possède aucune part. Ce dernier travaille sur le protocole AT focalisant sur la portabilité, les performances et l'interopérabilité. L'écosystème est riche et de nombreux protocoles sont en concurrence.

Les réseaux sociaux décentralisés les plus utilisés sont Mastodon, Mirror, Bluesky, DeSo, PeerTube, Peepeth, Diaspora (existe depuis 2010), Manyvers, Minds et Aether. Pour vous donner un exemple, sur Mirror, chaque article, chaque idée devient un jeton non fongible de l'auteur. Les articles sont stockés sur Arweave pour assurer la pérennité du stockage et sont *mintés* sur Ethereum. L'usage de portefeuilles crypto assure l'authentification et permet de créer une communauté pérenne et engagée via une DAO. C'est une manière de redonner le pouvoir aux rédacteurs et de récompenser leur travail.

Sur le web 2, l'utilisateur est souvent obligé de multiplier les contenus. Un article est posté sur LinkedIn, puis envoyé sur un blog avant que des extraits finissent sur Facebook. Combien de vidéos TikTok sont automatiquement repostées sur Instagram ? Les utilisateurs multiplient les présences, multiplient les contenus en dupliquant les identités pour stocker de plus en plus de données sur les serveurs privés des entreprises. Les protocoles DeSo peuvent remédier à ce problème. Un article publié sur la *blockchain* peut être automatiquement récupéré par les différentes plateformes en s'assurant de l'authenticité et de la provenance du contenu. Tous les articles d'un auteur peuvent être associés à son *cryptowallet* sans être éparpillés parmi les identités multiples du web 2. L'auteur peut gérer son identité et ses droits de créateur sans multiplier les efforts par le nombre de plateformes qu'il utilise.

La reprise de contrôle rendue possible par le web 3 s'illustre aussi par les possibilités de la **finance décentralisée** : la DeFi. Un moyen d'acheter, de vendre ou de négocier des actifs avec un minimum d'intermédiaires. À titre d'exemple, les NFTs peuvent être utilisés en tant que garantie pour obtenir un prêt. Le prêteur et l'emprunteur se mettent d'accord sur la valeur de l'actif, ainsi que la durée et le montant des intérêts. Le NFT est ensuite bloqué via un contrat intelligent pendant une durée déterminée ou jusqu'au remboursement du prêt. Lorsque les conditions de remboursement sont satisfaites, l'emprunteur peut récupérer son NFT. Si l'emprunteur ne rembourse pas le prêt, le NFT est automatiquement transmis au prêteur. Entretemps, le contrat intelligent est l'unique possesseur du NFT et aucune des deux parties ne peut en jouir. Les plateformes BenDao, NFTfi, DeBank sont parmi les solutions du marché.

L'hypothèque de NFTs a permis à un collectionneur d'obtenir un prêt de 8 millions de dollars en bloquant sa collection de 101 CryptoPunks. Ce dernier avait une durée de vie de 30 jours et un taux d'intérêt de 10 %.

L'identité décentralisée (DID) pourrait devenir la solution phare pour accéder à tous nos comptes sur le web (à l'image d'un passeport). Elle devrait supplanter les traditionnels logins, courriels, numéros de téléphone et mots de passe et même les outils de connexion  proposés par Facebook ou Google. Elle permet de s'authentifier sur les multiples services grâce à une identité stockée sur la chaine de blocs. Le QR-code présente le mode de fonctionnement de l'identité décentralisée par Microsoft.

Polygon a récemment dévoilé sa solution d'identité décentralisée nommée Polygon Id. Cette dernière permet à un utilisateur de contrôler des informations telles que son âge, son pays d'origine ou son statut de vaccination Covid. Grâce à une approche par preuve à divulgation nulle de connaissance (ZPK pour *zero proof knowledge*), l'utilisateur peut faire savoir à un tiers s'il est vacciné ou non sans divulguer d'informations sensibles. Il peut également certifier être majeur sans révéler sa date de naissance ou son âge. Cette identité, privée par défaut, est une solution pérenne aux besoins mondiaux en matière  d'identité numérique. Pour mieux comprendre comment il est possible de prouver une information sans divulgation de connaissance, nous vous conseillons la vidéo explicative de XSL Labs. Notons enfin que Gataca est un acteur majeur de l'identité décentralisée qui propose un portefeuille qui permet aux utilisateurs de stocker les identifiants d'identité et de les gérer directement depuis un téléphone.

Le web 3 est parfois dénommé le **web 3D** afin d'illustrer sa construction autour d'univers de réalité virtuelle ou augmentée. Nous passons du monde des écrans aux univers immersifs. Richard Kerris, Vice-président du développement de la plateforme Omniverse chez Nvidia en 2023, a insisté sur le fait que « les gens interprètent à tort le métavers comme une destination, un monde virtuel. Le métavers ne doit pas être vu comme un lieu, mais le réseau de la prochaine version du web. » Le web 3 est un socle technologique important pour la construction du métavers.

Le métavers offre une expérience immersive de communication qui se distingue des réseaux sociaux traditionnels du Web 2.0. Sa capacité à fournir un cadre pour des évènements, des activités et des divertissements est bien plus engageante que les médias asynchrones qui présentent des images idéalisées et polarisées pouvant nuire à l'estime de soi. Des recherches ont mis en évidence les déviances de ces réseaux actuels et l'entrepreneur américain Tim Sweeney, fondateur d'Epic Games, croit que le fait d'être ensemble et de s'engager dans des activités les uns avec les autres laisse davantage de place à l'expérience et à l'empathie que les réseaux sociaux traditionnels. Le métavers offre une alternative de communication immersive et sociale qui pourrait éventuellement résoudre les problèmes inhérents aux réseaux sociaux actuels.

Le **web 4.0** pourrait être celui du web sensoriel. Une nouvelle étape vers un métavers immersif au travers de nos sens, y compris celui du toucher, des odeurs et du son spatialisé. Des combinaisons et vestes haptiques commencent à voir le jour et permettent de ressentir les interactions virtuelles dans le monde physique : les coups reçus, la sensation du vent ou même celle de la pluie. Des gants connectés tels que le Xsens Gloves by Manus permettent d'améliorer la capture des mouvements pour mieux appréhender les objets. Teslasuit propose des gants et des combinaisons comme nouvelles formes d'interfaces personne-machine. La combinaison inclut la rétroaction haptique, la capture des mouvements et la biométrie.

Une autre solution est celle de Skinetic par Actronika, une veste haptique offrant une expérience sensorielle. Elle peut être utilisée pour simuler des scénarios du monde réel dans des environnements virtuels, notamment pour la formation professionnelle. De plus, elle peut améliorer les expériences musicales et culturelles en permettant de ressentir le rythme et les basses de la musique. Skinetic est compatible avec plusieurs plateformes, facile à mettre en place et dispose d'une doublure hygiénique interchangeable et lavable.

Le KAT Walk C2 (un concurrent est le Virtuix Omni One) est un tapis omnidirectionnel de réalité virtuelle personnel dédié au grand public. Il permet de nager, courir et marcher dans l'univers virtuel avec des gestes réels tout en restant sur place. La structure fournit une liberté de mouvement de 360 degrés. La technologie s'appuie sur un tapis, des chaussures extrêmement glissantes, ainsi qu'un siège amovible et une structure de soutien. L'expérimentateur est accroché par une sangle afin de ne pas sortir du tapis ni chuter. Pour les personnes ayant testé ce produit, elles indiquent que cela change la perception des distances et ajoute la crédibilité de l'espace-temps dans le monde virtuel. La marche jusqu'à un point d'intérêt nécessite un effort et non plus un simple clic. La projection dans l'espace-temps est donc plus réaliste.

Le masque Feelreal basé sur la même technologie que le vapotage permettait de sentir les odeurs dans la réalité virtuelle. Toutefois, le produit a rencontré des difficultés liées à la nouvelle règlementation du vapotage et aux risques de santé qu'il peut engendrer. La solution Shifting Homes d'OVR Technology est également positionnée sur ce marché. Ces technologies devraient permettre de sentir, d'entendre et de capter le web sous un nouveau jour.

Économie de l'attention

L'économiste et sociologue Herbert Simon écrira dès les années 1970, « Quand l'information est abondante, la ressource rare devient l'attention. » Une image de l'économie de l'attention et de ses travers a été illustrée dans les propos de Patrick le Lay, le président-directeur général de TF1 de 1988 à 2008 : « À la base, le métier de TF1, c'est d'aider Coca-Cola, par exemple, à vendre son produit. Or, pour qu'un message publicitaire soit perçu, il faut que le cerveau du téléspectateur soit disponible. Nos émissions ont pour vocation de le rendre disponible : c'est-à-dire de le divertir, de le détendre pour le préparer entre deux messages. Ce que nous vendons à Coca-Cola, c'est du temps de cerveau humain disponible. »

Le Web 2 est largement porté par l'économie de l'attention. Les **traqueurs** web, discrets, mais efficaces, alimentent le cœur du réacteur marketing avec l'objectif affiché de conserver toutes les données possibles sur nos actes. Si l'accès libre, gratuit et partagé de la donnée n'a pas semblé séduire les acteurs privés, la donnée comme pétrole s'exploite avec une valeur financière exceptionnelle. Les géants du web 2.0 détiennent une expertise et une manne sur la donnée qui leur permet de connaitre les préférences des utilisateurs et prédire les objets de leur attention. Cette course aux données et à l'attention est certainement bénéfique pour les annonceurs, mais ces pratiques ont montré leur nuisance aux utilisateurs. Bruno Patino le journaliste et président d'ARTE a même parlé de *civilisation du poisson rouge* pour illustrer notre perte de concentration liée aux réseaux sociaux.

Sur le web 2, l'utilisateur n'a pas beaucoup de pouvoir contre ces pratiques. Certains utilisent des bloqueurs de publicités comme AdBlock ou Ghostery pour limiter la collecte des données et le bombardement publicitaire. La législation renforce le respect de la vie privée des utilisateurs qui peuvent, désormais, refuser les *cookies* et la collecte en arrivant sur les sites web. Néanmoins, le pouvoir des utilisateurs reste limité.

Pour lutter contre les déviances du web 2, certains utilisateurs ont décidé d'abandonner peu à peu les plateformes sociales et même leur smartphone. C'est notamment le cas du jeune public ayant atteint des volumétries d'usage allant jusqu'à plus de huit heures par jour. La dépendance devenait insupportable. Pour lutter contre les addictions numériques, des stages de déconnexion (digital detox) sont proposés.

Les téléphones intelligents sont parfois remplacés par des appareils d'anciennes générations n'ayant aucune fonctionnalité autre que la téléphonie. Ce phénomène de déconnexion choisie est parfois dénommé web 0 pour illustrer une forme de retour à l'origine. Cette pratique est bien sûr à prendre au sérieux, car elle révèle, pour les personnes concernées, des conséquences d'une technologie devenue trop intrusive et addictive. Si la décision d'abandonner le web peut paraitre démesurée, il semble important de construire une nouvelle histoire, une nouvelle itération plus respectueuse de l'utilisateur (et de la planète). C'est une direction que pourrait prendre le web 3 et que nous souhaitons voir apparaitre.

Les technologies du web 3 font un pas de plus pour laisser à l'utilisateur le choix et le pouvoir sur son attention. Si nous ne savons pas aujourd'hui quelle sera la posture des géants quant au contrôle et à la privatisation du métavers, certaines initiatives, comme Brave, montrent que redonner le contrôle aux utilisateurs est possible.

Brave est un cryptonavigateur qui permet une navigation sur le web sans publicité, *tracking* ou collecte de données de l'utilisateur, mais qui laisse à ce dernier le choix de monétiser son comportement et, plus particulièrement, son attention. Si vous acceptez de jouer le jeu, le temps passé à visionner une publicité ou à consulter un contenu sera récompensé. Vous récoltez des jetons dénommés BATs pour *Basic Attention Token* ou jetons d'attention.

Le jeton **BAT** est une cryptomonnaie de la chaine de blocs Ethereum. Sur Brave, l'utilisateur décide du nombre de publicités par heure qu'il est prêt à visionner contre des jetons. Ces derniers sont échangeables contre des cartes cadeaux ou d'autres cryptomonnaies, mais peuvent également être distribués à des créateurs ou aux associations que vous appréciez. Grâce aux BATs, vous récoltez une forme de retour sur attention et devenez bénéficiaires de cette économie.

Une autre initiative est celle d'Ocean Protocol, le protocole de données qui permet aux utilisateurs de partager et de monétiser leurs données de manière sécurisée et transparente. Il utilise la chaine de blocs pour fournir un système de gestion des données qui permet aux utilisateurs de conserver le contrôle de leurs données tout en les partageant. Il propose aux utilisateurs de gagner de l'argent en partageant leurs données tout en garantissant que les données sont utilisées de manière éthique et responsable.

Les modèles d'affaires des géants du web 2 sont très largement orientés autour de la donnée. Avec le web 3, les professionnels du marketing alertent sur le besoin de repenser les pratiques en remettant au centre le respect de l'utilisateur. Les données ne reposent plus sur des serveurs privés et le *Zero Knowledge Proof* permet à l'utilisateur de garder le contrôle sur son profil.

Tous ces exemples du Web 3 montrent qu'il est tout à fait possible de développer un métavers respectueux des utilisateurs et de leur temps. En embrassant des technologies comme la blockchain, les protocoles de données sécurisés et les pratiques axées sur le respect de la vie privée, il est envisageable de créer un environnement virtuel où les utilisateurs ont le contrôle de leurs données et de leur expérience. Cela ouvre la voie à un métavers plus éthique, où les internautes peuvent partager, interagir et explorer en toute confiance, tout en bénéficiant des avantages de l'innovation technologique.

CHAPITRE 11
Fusionner réel et virtuel

« La réalité virtuelle relie les êtres humains d'une manière que je n'ai jamais vue auparavant dans aucun autre média. Et cela peut changer la perception que les gens ont les uns des autres. Et c'est ainsi que je pense que la réalité virtuelle a le potentiel de changer le monde. »

Chris Milk

L e métavers aura une histoire et nous sommes en train de la construire. En 2022, les entreprises ont investi plus de 120 milliards de dollars pour contribuer à sa création. La route sera longue et nous sommes aux prémices d'une civilisation numérique qui aura des conséquences anthropologiques majeures.

Il n'existe pas à ce jour un **unique métavers**, mais une multitude d'univers virtuels menés par des acteurs dans des directions diverses et variées. Derrière ces multivers, nous ne savons pas si l'existence d'un unique univers virtuel est réalisable et même si cela peut constituer un objectif. Toutefois, certaines attentes ont été formulées afin de construire un métavers qui propose une expérience optimale.

Nous présentons ici un regard macroscopique sur la notion de métavers et les caractéristiques attendues pour en faire une création majeure à l'échelle du web. Nous verrons ensuite comment ce dernier pourra dépasser les frontières du numérique en emportant les objets et même l'homme avec lui.

Caractéristiques espérées

Le métavers doit être **un lieu de rencontre et de socialisation**. Les communautés, les normes, les valeurs sont au cœur de la réussite du projet. L'expérience virtuelle ne peut être optimale que si elle s'articule autour de l'humain qui est avant tout une espèce sociale. Le succès de certaines collections NFTs a montré que la communauté est une valeur clé du numérique. Il en est de même pour toutes les expériences de réalité virtuelle qui deviennent ternes et plates si elles sont inoccupées. Les utilisateurs souhaitent appartenir à une mouvance, à un groupe qui les valorise. Nous nous révélons aux côtés de personnes qui nous font vibrer et à qui l'on peut également apporter quelque chose. Le métavers est avant tout un espace de vie et d'échange.

L'importance d'atteindre un seuil critique d'utilisateurs du métavers pour en faire un espace socialement intéressant est mise en évidence par la **loi de Metcalfe**. Cette dernière affirme que la valeur d'un réseau (ici d'un métavers) est proportionnelle au carré du nombre de participants : plus il y a de participants, plus le réseau apporte de valeur pour ces derniers. Les quantités d'interactions proposées à chaque nouvel entrant deviennent de plus en plus satisfaisantes. Pensez à l'intérêt d'avoir un compte LinkedIn à une époque où le réseau ne comportait que quelques centaines d'utilisateurs, puis à celui d'y être aujourd'hui en termes d'opportunités professionnelles. À chaque nouvelle grande technologie, cette loi est scrutée par les analystes à la recherche du passage d'une certaine masse critique qui déclenchera l'adoption en chaine.

En plus d'être social, le métavers doit être **persistant**. Il ne doit pas avoir de remise à zéro possible. Tout élément construit sur le métavers doit pouvoir y rester et évoluer afin de créer un monde d'ampleur sans cesse grandissante. D'une certaine manière, comme pour l'histoire de notre univers, l'entropie du métavers ne doit faire qu'augmenter avec le temps. Le monde virtuel évoluera en permanence y compris lorsque vous n'êtes pas connectés.

On s'attend à un métavers **synchronisé et en direct**. Tout le monde perçoit le même métavers au même instant. Il ne doit pas exister d'instances en concurrence ou de décalage de temps permettant à certains d'être en direct tandis que les autres seraient en retard. À l'image de la vie réelle, nous ne pouvons nous balader que dans le présent et dans un unique espace. Nous aurons tous le même présent dans le métavers. La modification du moindre élément de l'univers virtuel est retranscrite en temps réel à tous les autres membres qui pourront constater sous leurs yeux ce changement. Il n'y a qu'un seul flux de temps porté par un présent virtuel qui doit coïncider avec le présent au sens physique du terme.

L'ambition est colossale : à terme, le métavers devra être en mesure d'accueillir des milliards d'individus simultanément, à l'instar de l'internet actuel. À ce jour, même les métavers les plus avancés ne sont pas encore capables de gérer un tel volume d'utilisateurs. Epic Games, un précurseur dans le domaine, a orchestré un événement en direct pour plus de douze millions de spectateurs avec le concert virtuel *Astronomical* de Travis Scott, marquant un jalon significatif en générant plus de 20 millions de dollars de revenus pour l'artiste. Cependant, cette performance a été réalisée en répartissant les participants sur plusieurs instances séparées du métavers. Il reste donc un long chemin à parcourir avant que le métavers puisse fonctionner à une échelle véritablement mondiale.

Le métavers doit être **accessible à tous** sans autre contrainte que celle d'un accès Internet. Un *smartphone*, un ordinateur portable, ou un casque de réalité virtuelle peuvent être utilisés de manière interchangeable comme porte d'entrée. Cela signifie que l'infrastructure et l'architecture doivent permettre à chacun de s'y retrouver sans condition sur les origines sociales ou culturelles. Il est ouvert à tous et des milliards d'individus devraient pouvoir s'y déplacer et observer les autres tout en ayant chacun une vision égocentrique de l'univers. En ce sens, l'accessibilité à l'Internet reste un problème fondamental au déploiement massif du métavers.

Le métavers doit fonctionner avec sa propre **économie** et des modèles d'affaires nouveaux. Les acteurs économiques traditionnels doivent y trouver leur place et la notion de métatravail doit pouvoir être récompensée, tout comme celle de création de valeur pour les membres. La monnaie, le travail, la possession doivent s'intégrer entièrement dans le métavers. L'économie des jetons peut contribuer à rendre le métavers financièrement viable et profitable pour les participants.

Le métavers devrait appartenir à tous les acteurs, participants et créateurs. Il serait idéalement **décentralisé** et chacun pourrait contribuer à sa création et en même temps voter les décisions importantes concernant son futur. En ce sens, sa gouvernance serait gérée par les utilisateurs selon un processus démocratique à différentes échelles. Nous remarquons que le web 3 propose des attributs essentiels au développement du métavers.

Le métavers doit être **interopérable et ouvert**. Les concepteurs et plateformes permettant la création d'univers virtuels devraient s'appuyer sur les mêmes normes afin qu'il soit facile de changer d'espace. Les discussions et les conflits idéologiques autour de la nécessité de construire un écosystème ouvert sont de plus en plus fréquents. Bien que les intentions de tous les géants de la technologie ne soient pas encore claires, les tensions actuelles, comme celle entre Apple et Epic Games, montrent les difficultés que rencontrent les acteurs à travailler ensemble. Il est probable que le métavers se développe sous la forme d'un écosystème mixte, combinant des éléments ouverts et fermés, reflétant ainsi les besoins de la communauté et les compromis nécessaires pour une évolution harmonieuse du métavers.

À terme, naviguer d'un univers à un autre doit pouvoir se faire aussi facilement que de naviguer d'une page web à une autre. La possession d'un artéfact dans un espace doit pouvoir persister sur tous les espaces (et potentiellement même dans la vie réelle). Pareillement, votre avatar devrait rester identique sur toutes les plateformes.

Il doit également être possible de naviguer d'un univers à un autre de manière aussi simple que de traverser un portail virtuel. Une startup comme Metarail a proposé le concept de porte immersive pour naviguer d'un espace à un autre sans perdre ses possessions et quel que soit le type de *blockchain* utilisé par les métavers. Elle propose un portefeuille cryptographique afin d'accomplir un jour cette prouesse d'interopérabilité.

Pour aller dans ce sens, il sera essentiel de définir des standards. De grands acteurs ont récemment fait un pas important en signant le texte du *Metaverse Standards Forum* (consortium industriel). Huawei, Meta, Microsoft, Nvidia, Alibaba, Epic Games font partie des signataires. Ce texte devrait encourager les acteurs à rendre interopérables les différents métavers. Pour consulter le document, vous pouvez scanner le QR-code.

En complément, l'*Open Metaverse Alliance* (association basée en Suisse) a organisé un premier groupe de travail en novembre 2022 afin de favoriser l'interopérabilité des outils du métavers via la création de normes. Parmi les acteurs ayant participé à cette première session, notons Alien Worlds, Dapper Labs, MetaMetaverse, SuperWorld, The Sandbox, Upland, Voxels, Unstoppable Domains, et Wivity.

Ajoutons que l'AFNOR a lancé la commission de normalisation française de métavers le 22 février 2023. Elle vise à proposer un cadre de confiance afin de « soutenir l'innovation, miser sur les usages, orchestrer la régulation et prendre en compte les enjeux sociétaux et environnementaux ». Le travail débute pour la création d'une norme permettant la portabilité de n'importe quel élément d'un métavers vers un autre.

Si un tel niveau d'interopérabilité parait aujourd'hui très ambitieux, notons qu'un défi similaire est en passe d'être relevé au niveau du matériel. OpenXR est une norme d'API (Application Programming Interface) ouverte et sans redevances, développée par le consortium industriel Khronos Group. Cette norme offre aux moteurs de réalité virtuelle et augmentée un accès natif à une variété d'appareils dans le spectre de la réalité mixte, tels que les casques de réalité virtuelle, les casques de réalité augmentée, les dispositifs de suivi de mouvement, etc. L'objectif principal d'OpenXR est de permettre aux développeurs de créer des applications de réalité mixte qui fonctionnent de manière simple et efficace sur différentes plateformes. Grâce à l'utilisation de l'API OpenXR, les moteurs de jeu peuvent accéder aux fonctionnalités spécifiques des différents périphériques, sans avoir à écrire du code adapté pour chaque plateforme. De plus, OpenXR est déjà pris en charge par plusieurs dispositifs tels que les casques de réalité virtuelle Oculus Quest et Quest 2, les lunettes de réalité augmentée Microsoft HoloLens 2 ou le HTC VIVE Cosmos.

L'interopérabilité ultime entre les métavers peut être comparée à la création d'un omnivers. Un omnivers englobe l'ensemble de tous les univers et multivers existants. Le terme « omni » en latin signifie « de toutes choses ». En substance, l'omnivers représente l'état ultime d'existence. Bien que nous soyons encore loin de créer cet espace numériquement, chaque tentative d'interopérabilité dans les métavers constitue un pas vers l'omnivers. Ce rapprochement illustre l'ambition de connecter tous les mondes virtuels afin de parvenir à une expérience unifiée et cohérente pour les utilisateurs.

Enfin, le métavers doit marquer la fin des **limites numériques et physiques**. Le protocole Boson permet la tokenisation, le transfert et l'échange de tout objet physique en tant que NFT remboursable. Des solutions telles que highstreetmerket proposent des objets de collection phygitaux. Il devient techniquement possible de faire du shopping pour son avatar et pour soi en même temps. La jointure des achats physiques et virtuels se matérialise également par l'apparition des *malls numériques* (*Metamalls*). Parmi eux, Avatly est un centre commercial virtuel dont les achats sous forme de jetons peuvent être accompagnés d'achats réels. Le *mall* comporte 30 000 mètres carrés de magasins.

L'immersion peut également devenir cyberphysique, comme l'illustre l'initiative de Wiegandwaterrides, une entreprise allemande spécialisée dans les toboggans aquatiques. Cette dernière a mis au point une expérience de glisse immersive en réalité virtuelle, spécialement conçue pour les parcs aquatiques. En combinant des casques étanches avec des environnements virtuels tels que la jungle, la neige,  la glace, les montagnes et des animaux imaginaires, les participants peuvent vivre une expérience de glisse inoubliable. Le premier toboggan VR installé au Therme Erding a connu un grand succès, avec plus de 126 000 visiteurs payants la première année. Pour découvrir les différentes expériences proposées, il suffit de suivre le QR code et de visionner une vidéo explicative.

Le karting en réalité augmentée est une autre expérience de divertissement innovante qui permet aux joueurs de monter dans un kart réel et de visualiser un décor en réalité augmentée. Les joueurs portent des casques de réalité augmentée et conduisent leur kart sur une piste spécialement conçue, tout en voyant des éléments virtuels qui s'intègrent au monde réel. Par exemple, les joueurs pourraient voir des objets virtuels tels que des bananes ou des étoiles sur la piste, ou encore des décors tels que des paysages enneigés ou des paysages de course futuristes. Cette technologie de divertissement en réalité augmentée offre une expérience de karting plus immersive et stimulante pour les joueurs, tout en offrant une opportunité aux entreprises de divertissement d'innover dans leur offre de loisirs.

In fine, l'intégration du monde physique et du monde virtuel doit devenir tellement évidente, qu'il n'y aura plus qu'une seule réalité enrichie et non deux réalités concurrentes.

Jumeaux numériques

Les objets connectés sont des appareils connectés à Internet qui peuvent communiquer entre eux et avec d'autres périphériques pour partager des informations sur leur état et les résultats des mesures. Cette communication contribue à améliorer la précision des modèles numériques en fournissant des données en temps réel et en permettant une analyse détaillée des données.

Pour rompre les barrières entre le monde numérique et physique, il est essentiel de combiner les données réelles de notre planète avec des données virtuelles spatialisées. Cela permet de créer des modèles plus précis et plus complets, qui peuvent être utilisés pour améliorer les prises de décisions en matière d'environnement, de santé, de transport et de nombreux autres domaines.

Les objets connectés sont donc un élément clé pour une meilleure compréhension de notre environnement physique et pour la création de modèles numériques plus précis. Cela permet de créer un environnement où les données physiques et virtuelles sont combinées pour améliorer les prises de décisions et rompre les barrières entre le monde numérique et physique.

Le **jumeau numérique** se positionne exactement à l'intersection des frontières numériques et physiques. Il concerne des objets que nous côtoyons tous les jours et qui forgent ce que nous sommes, mais également nos villes, entreprises et les citoyens du monde.

Les jumeaux numériques sont des répliques d'objets réels dans le monde virtuel. Les deux sont si bien synchronisés qu'une perturbation de l'objet dans le réel est automatiquement répercutée dans le monde virtuel. Les propriétés de l'objet sont retranscrites par des modélisations et des simulations tridimensionnelles grâce entre autres à l'Internet des objets et à l'intelligence artificielle.

Les jumeaux numériques, comme ceux utilisés par Dassault Aviation pour les Rafales de l'armée de l'air, jouent un rôle crucial dans la maintenance prédictive. Ils permettent de capturer des données en temps réel et d'anticiper l'usure des pièces. Cette technologie avancée offre une représentation virtuelle précise de l'avion, facilitant l'identification proactive des besoins de maintenance avant que les problèmes ne surviennent, optimisant ainsi la durabilité et la performance des appareils. Il est assez courant de tester un produit et son ergonomie directement dans le métavers avant sa mise en production. Cela a d'ailleurs été l'un des premiers cas d'usages de la réalité virtuelle.

Les jumeaux numériques peuvent représenter des structures complexes

Il est possible de suivre le cycle de vie d'un objet, d'un produit ou d'une structure dans l'univers virtuel. Selon une étude récente, l'usage des jumeaux numériques dans la conception d'un produit peut réduire les délais de commercialisation de 20 % et les couts jusqu'à 25 %. BMW a reproduit une chaine de production complète grâce à la plateforme

Omniverse de Nvidia. Eugenie propose des solutions de jumeaux numériques basées sur l'IA (voir image ci-dessous). Cette dernière propose d'aider les entreprises à gérer leurs opérations de manière durable et à réduire les émissions carbone et à tracer et optimiser les processus et actifs commerciaux.

La grotte de Lascaux est un site célèbre de grottes ornées situé dans le sud-ouest de la France. Elle est considérée comme l'un des plus grands exemples d'art pariétal paléolithique au monde. Découverte en 1940 par des adolescents, la grotte a été ouverte au public en 1948, mais a rapidement fermé en 1963 en raison des problèmes de conservation causés par l'afflux de visiteurs.

Afin de préserver ce patrimoine exceptionnel tout en permettant aux visiteurs de découvrir les peintures rupestres datant d'environ 15 000 ans, une réplique partielle de la grotte, appelée Lascaux II, a été construite à proximité. Depuis, Lascaux 4 aussi appelé Centre international de l'art pariétal offre une reproduction plus complète de la grotte originale et est ouverte au public depuis 2016. Toutefois, cette dernière peut atteindre un niveau de fréquentation à saturation en haute saison.

Depuis 2022, une nouvelle version de la grotte est accessible en réalité virtuelle, permettant aux visiteurs de découvrir en toute sécurité et sans détériorer le patrimoine les peintures d'animaux, les scènes de chasse et autres œuvres d'art de la grotte originale. Cette expérimentation immersive a été rendue possible grâce au travail de Dassault Systèmes en partenariat avec la DRAC Nouvelle-Aquitaine et la Cité de l'architecture et du patrimoine. L'expérience est accessible depuis la Cité de l'architecture et du patrimoine, offrant ainsi la possibilité au plus grand nombre de découvrir ce patrimoine unique tout en préservant la grotte originale.

On peut imaginer qu'à l'avenir l'expérience soit accessible à tous gratuitement et sans contrainte avec un simple casque de réalité virtuelle. L'expérience pourrait être faite entre amis afin de profiter d'une expérience sociale et d'une découverte en famille. Cet exemple marque la manière dont nous pouvons honorer la vie et l'art des chasseurs-cueilleurs du Paléolithique supérieur grâce à la technologie moderne. Vous pouvez scanner le QR-code pour découvrir l'expérience virtuelle proposée actuellement à la Cité de l'architecture & du patrimoine.

L'entreprise spécialiste des jumeaux numériques 51World a réussi à créer un clone virtuel complet de la ville de Shanghai. Ce monde miroir s'appuie sur le moteur Unreal Engine et reproduit les 3 750 kilomètres carrés de la ville. Pour atteindre une telle prouesse, des images satellites couplées à des drones et d'autres sources de données ont été utilisées. Pour en savoir plus et voir la reproduction de la ville, vous pouvez consulter le QR-code.

D'autres villes telles que Singapour ou Helsinki ont également des jumeaux numériques. Les applications sont multiples et incluent la gestion du trafic automobile, l'urbanisme, la gestion des risques environnementaux, l'organisation d'évènements. Nvidia Earth-2 est un jumeau numérique de la planète qui vise à renforcer les capacités de modélisation climatique. La modélisation s'appuie sur de gigantesques volumes de données et trois technologies de pointe : le calcul accéléré par GPU ; l'apprentissage profond et les réseaux de neurones.

Dans un cadre pédagogique, la startup italienne Memori présente une interface vocale et textuelle permettant d'échanger avec des individus numérisés. Les jumeaux numériques de personnages tels que Guiseppe Verdi ou Philipp Van Nedervelde peuvent interagir avec vous. Il est possible de leur poser des questions pour en apprendre un peu plus sur leur vie et leurs créations. Le projet en est encore à ses débuts, mais on peut facilement imaginer des rencontres dans le métavers avec des personnages historiques et autres célébrités. L'application app.memorytwin.com permet même de créer son propre jumeau en préenregistrant les questions auxquels ce dernier pourra répondre. Cette démarche n'est qu'une première étape. Un jour, il pourra vous remplacer dans l'espace virtuel lorsque vous n'êtes pas disponible.

Frontières de l'identité humaine

Sans même analyser nos ondes cérébrales, les professionnels du marketing et en particulier les géants du web 2.0 possèdent des modélisations précises et fiables de nos comportements (la segmentation, algorithmes de prédiction, vision client 360°). Cette démarche s'apparente à la création de nos jumeaux numériques comme l'illustre le travail de Michael Kosinski, professeur assistant à l'université de Stanford.

Le docteur en psychologie s'est attelé à une question très simple : un clic peut-il permettre de prédire des informations aussi sensibles que le sexe, les préférences sexuelles, les traits de personnalités ? Cela parait surprenant et pourtant, l'algorithme de Kosinski basé sur l'analyse des *likes* de 58 000 volontaires a montré avec un indice de prédiction élevé que ces valeurs étaient belles et bien prédictibles. Ainsi, le simple bouton « j'aime » trahirait à lui seul beaucoup de ce que nous sommes. Parmi les caractéristiques prédites par cet algorithme : orientation sexuelle, appartenance ethnique, opinions religieuses et politiques, traits de personnalité, intelligence, bonheur, utilisation de certaines substances, séparation des parents, âge et sexe. Pour en venir au niveau de performance obtenu, le modèle établit correctement une distinction entre hommes homosexuels et hétérosexuels dans 88 % des cas, Afro-Américains et Américains du Caucase dans 95 % des cas, et entre démocrates et républicains dans 85 % des cas. De plus, pour le trait de personnalité extraverti, l'exactitude de la prédiction obtenue est proche de celle d'un test traditionnel de personnalité. Inutile de préciser à quel point les grands amas de données ne se réduisent pas à un simple clic sur un bouton. Kosinski décrit les résultats de son algorithme de la manière suivante : « avec 10 likes, l'algorithme vous connait mieux que vos collègues. Avec 100, il vous connait mieux que votre famille. Et avec 230, il vous connait mieux que votre conjoint » (QR code pour en savoir plus).

À chacune de nos actions, notre jumeau s'ajuste et s'enrichit de nos comportements en ligne. Demain, il sera possible de traquer la position et le niveau de dilatation de nos yeux pour recenser nos émotions derrière un casque de réalité virtuelle.

La physique quantique nous a appris que des particules intriquées sont liées au point d'avoir des états dépendants, et ce même si elles sont séparées dans l'espace (cette propriété est d'ailleurs exploitée dans le cadre des ordinateurs quantiques qui promettent l'avenir de nos communications). Les particules sont dites jumelles. En suivant la physique de l'infiniment petit, on pourrait craindre que nos jumeaux numériques influencent notre comportement tout comme nous les influençons.

 Dans leurs travaux datant du début du millénaire, les auteurs de l'institut de technologie de Californie vont franchir un autre pas stupéfiant, celui de l'**animât** contrôlé par réseau de neurones. Il s'agit de contrôler un animal virtuel à partir de l'activité d'un réseau de neurones bien réel. Un réseau de neurones est développé sur des substrats en laboratoire à partir du prélèvement de cellules d'hippocampe et de cortex de rats. Cette culture est effectuée sur des grilles permettant de capter et d'envoyer en des points réguliers une activité électrique afin de contrôler un rat virtuel. L'avatar du rat est placé dans une pièce virtuelle assez simple, lui laissant la possibilité de se mouvoir. Le système mesure alors les potentiels d'actions sur le réseau de neurones et les retranscrit en action dans la pièce. Les rencontres avec des murs virtuels sont répercutées sur le réseau. L'analyse des schémas spatiotemporels obtenus pourrait permettre de mieux comprendre le mécanisme d'apprentissage. À ce stade, les observations effectuées par les chercheurs ne semblent pas apporter de données totalement exploitables, mais l'effort est aussi remarquable qu'inquiétant. Un jour, nous évoluerons peut-être autour d'entités dont l'intelligence sera

organique, mais le corps virtuel.

Le métavers pourra également bénéficier des avancées sur les interfaces cerveau-machine. Notamment, celles de la firme Neuralink cofondée par Elon Musk en 2016. Cette dernière a déjà testé des interfaces cerveau-machine in vivo sur des rats.

L'entrepreneur et milliardaire russe Dmitry Itskov a fondé l'initiative 2045 qui travaille sur l'élaboration de techniques dont l'objectif ultime est d'atteindre une forme d'immortalité au travers d'avatars. Le projet est décrit de la manière suivante : « La première phase consiste à créer un robot humanoïde et un système d'interface cerveau-ordinateur à la pointe de la technologie. La phase suivante consiste à créer un système de survie pour le cerveau humain et à le connecter à l'avatar. La phase finale est de créer un cerveau artificiel dans lequel transférer la conscience individuelle originale. » L'échéance progressive est fixée à 2045 pour permettre à un avatar de franchir les quatre phases de son évolution. Avatar A : Une copie robotique d'un corps humain contrôlé par une interface cerveau machine. Avatar B : Un avatar dans lequel est transplanté un cerveau humain à la fin de sa vie. Avatar C : Un avatar avec un cerveau artificiel et dont la personnalité est transférée à la fin de la vie d'un homme. Avatar D : Un avatar holographique.

Ces projets sont à mettre en perspective avec une vision du jumeau numérique 2.0 et même du transhumanisme. L'homme se digitalise en injectant à chaque nouvelle avancée un peu plus de sa consistance organique sur des puces de silicium. Des débats sociétaux et éthiques seront nécessaires pour s'assurer de porter le métavers et les technologies associées dans une direction souhaitable pour l'homme. Nous avons présenté l'impact philosophique et éthique du lien existant entre l'homme et la technologie dans l'ouvrage *La nature numérique de l'homme : aux frontières entre numérique et organique*.

CHAPITRE 12
LA TRANSFORMATION MÉTAVERS

« Le métavers n'est pas magique, c'est un nouveau monde créé par des aliens de la planète Terre pour offrir une expérience infinie du monde existant. »

Anuj Jasani

Le métavers et les technologies associées offrent des possibilités encore loin d'être exploitées, mais dont on pressent l'importance. Les nouvelles technologies ont engendré une transformation numérique des secteurs. La transformation digitale devrait ainsi peu à peu laisser place à la grande **transformation métavers**. De nombreux métiers et secteurs vont évoluer et bénéficier de nouvelles possibilités.

Nouveaux métiers

Le métavers deviendra certainement le lieu de travail de millions de personnes qui exerceront un métier qui n'existe pas encore. Nous détaillons ci-dessous quelques métiers émergents du métavers.

Le directeur du métavers (*CMTO* pour *Chief Metaverse Officer*) est responsable du développement et de la maintenance de la présence d'une entreprise sur le métavers. L'étendue des responsabilités d'un CMTO suscite encore des débats, mais de grandes entreprises telles que LVMH et Disney ont déjà nommé un directeur du métavers. Le CMTO a la charge de développer la stratégie de l'entreprise concernant l'adoption des technologies du web 3 et doit avoir une vision globale du chemin à parcourir ainsi que des besoins pour parvenir à l'usage fructueux de cette nouvelle opportunité. Un CMTO peut aider à développer une meilleure connaissance du métavers au sein des équipes et à catalyser l'innovation au sein d'une organisation. Le CMTO de TSX Entertainment estime que la personne à ce poste doit avoir une bonne connaissance de l'écosystème web 3 et avoir un esprit créatif pour construire une stratégie et prospecter de nouveaux talents nécessaires pour mener les projets associés.

Le coup publicitaire de l'agence Publicis Groupe est d'annoncer la nomination de l'avatar Léon à la tête du métavers. L'agence explique que Léon sera responsable de la relation client dans les univers virtuels. Même si le compte LinkedIn de Léon nous renseigne sur sa fonction de *Chief Metaverse Officer* pour le Groupe, il s'apparente à une mascotte qui se matérialise et devient le représentant et conseiller virtuel de l'entreprise pour ses clients. L'agence ne donne pas de détails sur la nature de Léon. À l'image des *community managers* sur les réseaux sociaux, on peut imaginer tout un groupe de personnes donnant vie à un tel personnage sur les différents espaces pour animer la communauté. Si Léon est un agent virtuel autonome, il est certainement encadré par une équipe dédiée à son développement et à sa maintenance : des créateurs de personnages, des animateurs, des développeurs, des experts en IA, etc.

L'architecte d'espaces virtuels concevra des environnements afin d'offrir une expérience unique pour les utilisateurs du métavers. Il travaillera avec les grandes marques et sera à l'écoute des besoins. Dans un futur proche, la conception d'espaces virtuels deviendra un métier clé, qui ne sera plus seulement réservé aux designers graphiques ou aux concepteurs d'espaces, mais sera également prise en charge par des architectes spécialisés dans ce domaine. Ces professionnels seront en mesure de concevoir des espaces de vie virtuels adaptés à nos activités numériques, en utilisant leur expertise en matière de conception d'espaces et de bâtiments. Les architectes seront capables de créer des espaces virtuels qui répondent à nos besoins en matière de travail, de divertissement, de socialisation, etc. Ils seront également en mesure de prendre en compte les contraintes techniques et les exigences de sécurité liées à ces environnements.

Les architectes seront accompagnés de **scénaristes** spécialisés dans le métavers, qui seront responsables de concevoir et développer des histoires captivantes, de créer des personnages intéressants et des dialogues authentiques pour les environnements virtuels et immersifs. Ils travailleront en étroite collaboration avec les concepteurs et les artistes pour créer des mondes cohérents et immersifs, tout en collaborant avec des équipes multidisciplinaires pour assurer une expérience utilisateur réussie.

Le métavers doit être accompagné d'objets reproduisant les caractéristiques de nos objets réels, mais aussi d'objets imaginaires qui améliorent l'expérience utilisateur. Le **designer de produits métavers** aura cette mission.

Les équipes marketing vont devoir accueillir de nouveaux **responsables marketing métavers** pour établir et mettre en place des campagnes dans les espaces virtuels et imaginer de nouvelles offres publicitaires. Ils seront accompagnés par un responsable d'expérience client et des créateurs de contenus immersifs. Le métavers deviendra un nouveau canal de communication qui s'intègrera avec les autres dans le cadre de l'*omnicanal* et du *cross canal*. Les marques doivent aborder le métavers sous l'angle de l'expérience client et non seulement d'un espace de promotion. Dans ce dernier cas, le risque serait de faire du métavers un espace publicitaire.

Selon Paris Hilton, le métavers est l'avenir des soirées, évènements et fêtes. Elle a déjà organisé une fête de Nouvel An virtuel sur Roblox. Cette dernière est (entre autres) à l'origine du projet Parisland qui promet aux participants de trouver l'amour grâce à une expérience romantique sur The sandbox. Candice et Ryan Hurley ont célébré leur mariage sur Decentraland en 2022. Il est probable que les soirées, mariages, anniversaires, concerts virtuels soient de plus en plus habituels.

Les performances d'artistes dans le métavers offrent de nombreux avantages, notamment la possibilité d'accueillir un public plus large et d'offrir aux artistes un meilleur équilibre entre leurs journées de tournée et leurs périodes de repos. En effectuant certaines performances en studio et en direct, cela permet de réduire les déplacements de l'artiste tout en offrant la possibilité d'enregistrer le concert pour le rejouer à volonté. Cette méthode offre également la possibilité de créer des spectacles plus immersifs et innovants en utilisant les fonctionnalités du métavers pour offrir une expérience unique au public.

Des solutions telles que VRROOM, Wave, Stageverse ou Mizik dominent le marché en 2023, offrant aux artistes une plateforme pour se produire dans le métavers. Ces plateformes permettent de créer des environnements virtuels interactifs où les artistes peuvent se produire en direct ou préenregistrer des performances pour les diffuser à leur public. Elles offrent également des fonctionnalités avancées telles que des effets visuels, des interactions en temps réel avec le public et des options de personnalisation pour créer des expériences uniques. En utilisant ces solutions, les artistes peuvent atteindre un public mondial sans les limitations géographiques des tournées traditionnelles. Ils peuvent interagir avec leur public de manière nouvelle et immersive, offrant des performances uniques et mémorables. Ces plateformes offrent également des opportunités de monétisation, permettant aux artistes de vendre des billets virtuels, des produits dérivés et d'autres contenus aux fans. Des **organisateurs de métaévènements** pourront accompagner la planification en s'assurant d'une bonne expérience pour les participants.

Les créateurs de vêtements ou stylistes métavers auront la charge de créer des artéfacts et des tenues complètes à porter pour les avatars. Le **métastyliste** pourra concevoir des tenues sur mesure tout en maintenant l'originalité et la cohérence par rapport à la mode.

Des **guides touristiques et agences de voyages métavers** auront la charge de faire découvrir le métavers à de nouveaux arrivants. Ils pourront également organiser des visites de lieux historiques et de notre patrimoine mondial virtuel. Ils accompagneront les touristes dans un parcours d'expériences telles que celle de la grotte de Lascaux.

À ce jour, 4 % des Français ont investi dans l'immobilier sur le métavers. Avec la démocratisation de l'usage de la *blockchain* et des cryptoactifs, on observe l'apparition de métiers dédiés au conseil en cryptofinance, finance décentralisée et en investissements. Les investisseurs peuvent être accompagnés par un **conseiller de patrimoine en actifs numériques** pour les aider à constituer et gérer leur métapatrimoine. Ce conseiller peut aider à identifier les tendances, les opportunités d'investissement afin de faire fructifier les actifs.

Enfin, une panoplie de métiers plus techniques sont d'ores et déjà nécessaires pour mettre en place et maintenir les univers virtuels actuels : les **développeurs web 3** ainsi que les **spécialistes de la réalité étendue** et **de la réalité augmentée**. Une galaxie d'autres métiers sera nécessaire : expert en sécurité métavers, urbaniste du métavers, ingénieurs du métavers, policier du métavers, avocat du métavers, manager d'équipe métavers, développeur Solidity, Unity, etc.

Meta a créé une académie du métavers pour former les professionnels du domaine. Elle a démarré en France à la rentrée 2022 en partenariat avec Simplon. Pour le moment, deux métiers sous tension sont visés. Celui de **concepteur développeur réalité virtuelle**, qui figure sur la liste des métiers émergents de France Compétences, et celui de technicien **support/assistance en réalité virtuelle**, qui aura la charge de la mise en œuvre, de la maintenance et du déploiement des équipements de réalité virtuelle.

De plus en plus d'établissements de l'enseignement supérieur proposent des programmes pour former les étudiants aux métiers du métavers et du web 3. C'est une manière importante de se préparer à la transformation métavers sur le long terme.

Secteurs en transformation

Santé

De nombreux secteurs ont déjà trouvé l'utilité des nouveaux outils liés au métavers. L'usage de lunettes de réalité augmentée est déjà répandu dans le milieu **médical**. Un chirurgien peut désormais voir au-delà de ce que l'œil humain peut percevoir et opérer en ayant plus d'informations sur le corps et l'état de son patient. La technologie permet de gagner en précision et de limiter les risques d'incident.

La réalité virtuelle et augmentée peut aider à établir un diagnostic en proposant des outils de visualisation supplémentaires. L'état de santé d'un organe peut être retranscrit en 3D sur la base de scanners, radios, IRM, EEG et d'autres techniques de capture. Déjà en 2016, la petite Tegan Lexcen née avec un problème cardiaque considéré inopérable a pu être sauvée grâce au travail du chirurgien et à l'usage d'un dispositif de réalité virtuelle (Google *cardboard*). L'imagerie 3D a fourni une compréhension détaillée des relations spatiales du cœur et du système vasculaire permettant de préparer une opération chirurgicale risquée, mais nécessaire pour lui sauver la vie. En 2018 a eu lieu la première opération chirurgicale réalisée avec la réalité augmentée. En 2021, les 24 heures de la chirurgie holographique ont été organisées. Lors de cet évènement, 13 chirurgiens ont réalisé des opérations en réalité mixte. Ils ont travaillé de manière collaborative en utilisant les Microsoft HoloLens 2. Cette technologie leur a permis de visualiser et de réaliser l'opération en temps réel tout en échangeant des informations sur la situation. Les chirurgiens ont ainsi pu apprendre grâce à cette pratique, qui contribue également à la formation.

Une équipe médicale analyse le système nerveux central d'un patient

Avec le métavers, les images et données sur la santé d'un patient peuvent potentiellement être retranscrites en temps réel. Plusieurs professionnels de santé peuvent se concerter, analyser une situation avec leurs confrères sans avoir besoin d'être dans la même pièce.

Des représentations et des simulations pourront servir à l'apprentissage des gestes à effectuer de manière immersive. Les apprenants peuvent se projeter en salle d'urgence et même ressentir les tissus organiques lors des gestes opératoires. Les processus du corps humain peuvent être représentés en réalité virtuelle pour être explorés par les apprenants de très près et à tout moment.

L'association de *digital learning* My-Serious-Game a organisé des formations en partenariat avec la Croix-Rouge pour démontrer les possibilités offertes par la réalité virtuelle (VR). Traditionnellement, l'apprentissage se faisait sur des mannequins, mais l'utilisation de la réalité virtuelle offre une alternative réaliste et économique. Les élèves aides-soignants et auxiliaires de puériculture peuvent ainsi bénéficier d'une expérience d'apprentissage améliorée grâce au métavers.

Des **programmes de rééducation** et une reprise des activités physiques peuvent être proposés dans le métavers. Le patient pourra bénéficier d'un accompagnement et du contact social sans avoir besoin de se déplacer dans un environnement médical. Dans le domaine de la neuroréhabilitation clinique, la réalité virtuelle s'est révélée particulièrement efficace pour la prise en charge des patients souffrant d'accidents vasculaires cérébraux, de la maladie de Parkinson, de la maladie d'Alzheimer, de lésions cérébrales, de négligence spatiale unilatérale et de douleurs. Les résultats les plus encourageants sont observés chez les patients présentant des déficits sensorimoteurs. La réalité virtuelle, en fournissant un retour sensoriel multiple, favorise la plasticité neuronale au sein du cortex sensorimoteur, ce qui contribue à une amélioration fonctionnelle significative.

Des environnements sont développés pour améliorer la rééducation des personnes paraplégiques et tétraplégiques. Des capteurs peuvent être installés sur les mains afin de capter le signal neuronal, reproduisant ainsi le mouvement correspondant dans la réalité virtuelle en « trompant » le cerveau. Ainsi, même si une personne est incapable de bouger physiquement son bras, elle peut voir son bras bouger dans le métavers en réponse à une tentative de mouvement. Ce lien artificiel aide parfois les patients à recréer le lien réel entre le stimulus et le geste, facilitant ainsi leur rééducation et leur rétablissement.

The Virtual Reality Institute of Health and Exercise (VR Health Institute) est une organisation indépendante de recherche et d'évaluation créée pour étudier l'impact de la réalité virtuelle et augmentée sur la santé. En collaboration avec le département de kinésiologie de l'Université d'État de San Francisco, l'institut évalue l'impact des exercices physiques liés aux expériences de réalité virtuelle et augmentée. Ainsi, nous pouvons avoir une meilleure perception de l'impact d'une expérience virtuelle sur la santé et du niveau de condition physique requis pour y participer. Les principales expériences sont catégorisées à l'aide d'une fiche technique indiquant aux participants le type d'exercice équivalent à l'effort effectué dans le monde virtuel (repos, marche, vélo, tennis) et le nombre de calories brulées par minute.

Le métavers offre des applications prometteuses dans le traitement des troubles liés à la santé mentale. La réalité virtuelle s'est avérée efficace pour aborder des problématiques telles que les chocs traumatiques, l'anxiété sociale, les phobies, les troubles alimentaires ou les addictions. Elle permet non seulement aux professionnels de mieux comprendre ces troubles, mais aussi aux patients de les surmonter en affrontant virtuellement les situations problématiques.

Cette efficacité de la réalité virtuelle dans le traitement des troubles mentaux est renforcée par les travaux de Mel Slater, qui ont revisité les expériences de Milgram. Ces études ont démontré que les émotions générées dans un environnement virtuel sont tout aussi réelles que celles éprouvées dans le monde réel, même en interaction avec des avatars artificiels. Cette découverte a une implication directe dans le traitement de la dépression. Une étude sur des étudiants canadiens a comparé l'efficacité de la réalité virtuelle à celle de la psychothérapie traditionnelle. Les résultats ont indiqué que la réalité virtuelle améliorait significativement l'humeur des participants, réduisant leurs symptômes dépressifs et contribuant à une meilleure santé mentale.

Au-delà de ces applications thérapeutiques, la réalité virtuelle et le métavers présentent un potentiel significatif dans le domaine du bien-être. Un exemple frappant est le phénomène des hikikomoris au Japon, où de jeunes adultes s'isolent de la société. À Tokyo, le quartier d'Edogawa envisage d'utiliser le métavers pour organiser des événements de socialisation destinés à aider ces individus à se réinsérer socialement. Cette initiative vise à faciliter les interactions sociales pour ceux qui éprouvent des difficultés à sortir ou à rencontrer des gens en face à face, soulignant la capacité du métavers à influencer positivement la santé mentale et le bien-être social.

Enfin, les utilisateurs peuvent bénéficier de programmes de méditation via les casques de réalité virtuelle. Vous pouvez essayer la méditation

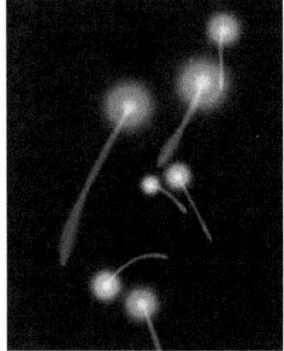

en réalité virtuelle avec par exemple les applications Tripp, Maloka, Relax VR, Guided Meditation VR, ZenSpaceVR, Zen zone, Perfect beach VR ou FlowVR meditation. Elles offrent des expériences relaxantes et presque magiques. L'image sur la gauche illustre un espace de méditation sur Tripp où les énergies visuelles vous aident à respirer plus calmement.

Enseignement

Le **secteur de l'enseignement** peut tirer des bénéfices du métavers. L'usage de la réalité virtuelle dans l'éducation n'a pas l'ambition de remplacer l'enseignement traditionnel, mais souhaite le moderniser et l'améliorer. L'éducation s'appuie sur la transformation numérique pour proposer des supports en ligne, des cours à distance, des programmes d'apprentissage en ligne et des plateformes d'autoévaluation. Le manque de motivation de certains élèves et la difficulté de capter l'attention dans la durée obligent les enseignants à adopter des techniques de gamification pour encourager et motiver les étudiants à apprendre. Les professeurs utilisent des Quiz interactifs, des extraits de films (ou de dessins animés pour les plus petits) et d'autres contenus permettant de ludifier le cours au profit de l'engagement et de l'intérêt pour la matière. La vertu pédagogique des *bizness games* (jeux sérieux ou jeux d'entreprises) est reconnue dans le milieu de l'éducation supérieure. Ces derniers permettent de mettre en pratique les compétences via le mécanisme de reproduction des processus réels de l'entreprise. L'immersion parait une avancée logique où nous passons du **storytelling** au **storyliving**, le fait de vivre l'histoire est une progression remarquable pour nos apprenants.

M. Perez devant ses étudiants dans la salle virtuelle Spatial

Le métavers pourra tirer les bénéfices des cours réels et du *e-learning* en proposant des expériences enrichies, engageantes et accessibles aux nouveaux étudiants. L'étude du cabinet de conseil PWC suggère que la mémorisation dans le métavers est quatre fois plus efficace qu'avec un cours classique. Les visiteurs virtuels ressentent des émotions bien réelles, ce qui est bénéfique pour l'engagement et la mémorisation.

Il est possible de se balader dans le système solaire et de visualiser le fonctionnement d'un corps humain sur Roblox. De multiples expériences permettent de découvrir un patrimoine situé à des milliers de kilomètres et même de remonter le temps pour observer ou prendre part à des évènements historiques. Dans Second Life, vous pouvez monter sur la scène du théâtre de Shakespeare ou même visiter la chapelle Sixtine. Les visites peuvent réveiller les sens en rendant l'apprentissage plus efficace.

Futuclass propose une initiation ludique et immersive à la physique et à la chimie à travers des expériences interactives. L'une de ces expériences permet à l'apprenant de découvrir la structure des atomes en utilisant une modélisation 3D de l'atome d'hélium. L'apprenant dispose d'un pistolet à électron, à proton et à neutron pour construire des atomes plus lourds.

Grâce à la mécanique du jeu, l'apprenant peut comprendre l'équilibre du noyau des atomes, visualiser les électrons et les différents niveaux d'énergie, ainsi que se familiariser avec le numéro atomique et la classification périodique des éléments. Cette approche interactive permet de rendre l'apprentissage de la physique et de la chimie plus engageant et accessible, en offrant une expérience immersive et ludique.

Certaines universités ont posé leurs campus dans le métavers. Vous pouvez, par exemple, visiter l'Université de Stanford dans Second life et même assister à certains cours. L'université Duke propose une visite virtuelle de son campus sur son site web. La visite a été créée à l'aide d'une caméra stéréoscopique 360°. Les étudiants nous accompagnent dans la visite pour décrire la vie sur le campus. Des photos et des vidéos complètent le parcours. D'autres écoles organisent des évènements dans des espaces virtuels ouverts uniquement aux apprenants. L'école d'ingénieur Efrei (École française d'électronique et d'informatique) a basculé son séminaire d'orientation dans un espace virtuel dédié à l'évènement. Kwark Education, acteur de la transformation digitale de l'éducation en France, a développé le projet Metakwark — un métavers éducatif.

Né à l'École Polytechnique en 2017, le robot Mainbot a été créé dans le but d'exploiter les nouvelles technologies pour améliorer l'éducation des enfants et les préparer à l'avenir. Le robot éducatif appelé Winky est utilisé afin d'apprendre aux enfants la robotique, la programmation et l'intelligence artificielle. Le projet Winkyverse veut porter le robot éducatif dans le métavers.

Les auteurs de ce livre ont animé des séminaires de suivi des mémoires de fin d'études pour les étudiants de grade master sur Spatial. Les étudiants ont confirmé que l'espace virtuel incite à plus d'engagements par rapport aux traditionnels cours à distance.

Les représentations 3D et les « jumeaux numériques » donnent la possibilité de visualiser des processus et des concepts complexes pour mieux les appréhender. Nous avons mentionné l'application de ces technologies en médecine où le fonctionnement des organes peut être étudié avec des représentations 3D et à partir de cas réels. L'université de Case Western en adoptant HoloLens a constaté l'augmentation de la mémorisation de l'information à hauteur de 50 % pour les étudiants en médecine suivant les cours enrichis avec la réalité augmentée. Les professeurs témoignent que la réalité augmentée améliore les séances de travaux pratiques, comme la dissection, en montrant ce que l'étudiant a pu manquer ou même détruire par ses gestes sans s'en rendre compte.

Des expériences en réalité virtuelle sont aussi proposées pour l'apprentissage des langues. L'université de Cambridge a créé un parcours ludique d'apprentissage de l'anglais dans Minecraft. Les utilisateurs doivent reconstruire des mots et comprendre des dialogues pour avancer dans l'histoire et explorer l'espace. Mondly propose une expérience de réalité virtuelle avec des simulations de situations reproduites pour aider l'apprenant à la pratique de la langue dans une situation proche du réel. Il est possible de simuler une rencontre, un transport en taxi ou une commande au restaurant.

Expérience virtuelle proposée par Mondly

La chaine de blocs a aussi son utilité dans le domaine de l'éducation. Le parcours universitaire peut être mémorisé sur la *blockchain* et les diplômes peuvent être délivrés sous la forme de NFTs non transférables pour certifier les acquis.

Les universités peuvent utiliser la technologie *blockchain* pour gérer les diplômes et certifier les connaissances acquises par les étudiants, peu importe leur emplacement géographique. L'utilisation de la chaine de blocs peut rendre l'éducation plus accessible en offrant une validation décentralisée, autonome et personnalisée de l'apprentissage. L'objectif est de permettre aux étudiants de rassembler des compétences provenant de différentes sources et de les valider dans leur propre portefeuille, sous forme de preuve de compétence. L'adoption de la technologie Web 3 permet également aux étudiants de posséder leur éducation, de la même manière que les créateurs peuvent maintenant posséder leur travail en ligne. Les microcertifications sur la *blockchain* pourraient également permettre de payer uniquement pour les compétences nécessaires à la carrière, avec la création d'un portefeuille à vie des compétences acquises.

L'université Duke et l'institut de technologie du Massachusetts proposent déjà des certificats de réussite de cours sous forme d'un NFT. À un autre niveau, un jeton non fongible peut permettre de certifier la présence des étudiants aux évènements importants ou aux cours.

Une monnaie virtuelle universitaire peut être utilisée pour ludifier le parcours d'un étudiant avec un système de récompenses. Les points et les NFTs gagnés durant les études pourraient certifier le niveau d'implication de l'étudiant et son niveau de connaissances/compétences. Ces derniers pourraient être utilisés pour débloquer l'accès à des entretiens d'embauche avec les plus grandes entreprises de la planète. La gestion de cours ou de devoirs en ligne peut être effectuée via des contrats intelligents déployés sur la chaine de blocs afin de délivrer des certificats de réussite ou des points automatiquement durant la progression. On peut aussi imaginer que des professeurs réservent des points d'appréciation aux étudiants. Des jetons virtuels peuvent aussi permettre aux étudiants et aux professeurs de prendre part dans l'évolution des programmes éducatifs avec une DAO. Une école entière pourrait être gérée sous forme d'organisation autonome décentralisée où toutes les parties prenantes seraient investies dans le projet (étudiants, professeurs, managers, direction, investisseurs).

Industrie

Tandis que l'image du métavers est souvent associée au divertissement, nous avons vu qu'il s'agit également d'un espace d'apprentissage, d'art et de culture. Toutefois, l'un des cas d'usage les plus importants du métavers est celui de l'industrie.

Les projections de marché indiquent une valeur de près de 100 milliards d'ici 2030 (contre 50 pour les entreprises et 30 pour le grand public). Michael Grieves, le directeur exécutif du Digital Twin

Institute, stipule que dans le cadre du métavers industriel, l'information agit en remplacement du gaspillage de ressources matérielles physiques. Il indique que l'industrie contribue très largement à l'impact environnemental et que le métavers peut contribuer à réduire le gaspillage. Il s'agit par exemple d'optimiser l'usage des ressources et d'éviter de produire des prototypes réels. Il pense que les matériaux virtuels peuvent, dans certains cas d'usage, remplacer les ressources physiques, contribuant à la possibilité de créer plus (un besoin lié à l'augmentation grandissante de la population) tout en utilisant moins de ressources. Le métavers industriel doit permettre d'améliorer les processus, d'aider à la fabrication de produits plus durables. Les ingénieurs pourront créer des milliers de prototypes sans couts de fabrication supplémentaires, sans risque et dans des environnements qui respectent parfaitement les règles de la physique traditionnelle.

Danny Lange de Unity Technologies a indiqué l'objectif du métavers industriel de la manière suivante : « L'idée du **métavers industriel** est de créer une connexion plus étroite entre le monde réel et le monde virtuel, car le monde virtuel est tellement plus facile et moins cher à travailler. » BMW a entrepris la numérisation en 3D de ses usines dans le monde en utilisant des scanners laser portables et des drones pour recréer virtuellement les bâtiments, les machines et les zones extérieures. Le constructeur se sert de la solution Omniverse de Nvidia pour exploiter ces modèles virtuels, dans la perspective du projet BMW iFactory, et ainsi mieux planifier et exploiter ses usines. Les modèles virtuels permettent également de simuler les productions futures et de mettre en place des modèles productifs différents pour mesurer leur efficacité. La création de jumeaux numériques permet d'intégrer très en amont les productions futures. Plusieurs usines ont déjà leur double numérique et les dernières ont été numérisées en 2023. Un accompagnement sur une réparation de matériel peut être conduit à distance et en réalité augmentée tout en conservant la visibilité des gestes à effectuer. D'après Microsoft, l'usage de la réalité augmentée améliore l'efficacité des formations de 60 %. Il réduit le temps nécessaire pour appréhender les notions tout en réduisant le cout des déplacements et du matériel nécessaire. Parmi les avantages que le métavers apporte, nous pouvons citer la possibilité d'apprendre des erreurs sans générer de dommages réels, d'annuler tout risque matériel ou physique, d'assurer une reproductibilité à l'infini des actions tout en réduisant les couts et en rendant les expériences accessibles à un plus grand nombre.

Le métavers permet de fournir des expériences de réalité virtuelle pratiques et réalistes pour protéger les employés contre les accidents du travail. Les simulations virtuelles peuvent être utilisées pour former des travailleurs à des tâches potentiellement dangereuses, comme les interventions sur les lignes à haute tension, la maintenance des avions de ligne ou les travaux sur les voies ferrées.

Les travailleurs peuvent acquérir les compétences et les réflexes nécessaires pour faire face à des situations potentiellement dangereuses dans un environnement sûr et contrôlé. Ford a annoncé avoir réduit les accidents du travail de près de 75 % grâce à des exercices d'accompagnement à la réalité virtuelle, démontrant ainsi que cette technologie est non seulement efficace, mais aussi économique. Cette approche innovante de la formation en matière de sécurité peut aider les entreprises à protéger leurs employés, réduire les couts de la formation et minimiser les risques.

Ainsi, le métavers offre de nombreuses opportunités dans le domaine industriel en termes d'optimisation des processus, de réduction des couts, d'amélioration de la sécurité et de développement durable. Grâce à la réalité virtuelle, à la réalité augmentée et aux modèles numériques, les industries peuvent repenser leurs pratiques, innover et créer des environnements virtuels où la collaboration, l'apprentissage et la production sont optimisés. Le métavers ouvre la voie à de nouvelles possibilités et transforme la façon dont nous concevons, produisons et interagissons avec le monde industriel.

Luxe

Le monde du luxe a longtemps été perçu comme résistant à la digitalisation et aux nouvelles technologies, mais avec l'avènement du Web 3 et du métavers, cette perception a évolué. Les marques de luxe s'approprient à grande vitesse ce monde virtuel en intégrant les attributs de l'exclusivité, de la rareté et de l'expérience que le luxe a toujours revendiqués.

Dolce & Gabbana a créé une collection de vêtements et de bijoux NFT appelée « Collezione Genesi », offrant des privilèges exclusifs aux membres de leur communauté #DGFamily. Les artistes sont également impliqués dans la création d'œuvres NFT au profit de diverses fondations, telles que la Fondation Goodplanet de Guerlain.

Ralph Lauren a décidé de se lancer dans l'aventure métavers en s'associant avec Fortnite, l'un des jeux vidéo les plus populaires du moment. Cette collaboration permettra aux joueurs de personnaliser leurs avatars avec des vêtements et accessoires Ralph Lauren. Il s'agit d'une nouvelle étape pour la marque de mode américaine dans sa stratégie de conquête des consommateurs plus jeunes et connectés, tout en explorant de nouveaux canaux de distribution et de marketing. Avec cette initiative, Ralph Lauren espère renforcer sa présence dans le monde numérique et toucher une audience plus large grâce à la popularité de Fortnite.

Gucci, leader reconnu dans le domaine de la mode et du luxe, a également fait une incursion notable dans le métavers, soulignant sa capacité à embrasser le changement numérique et à attirer une nouvelle génération de consommateurs. Avec "Gucci Cosmos" dans The Sandbox, la marque a créé une expérience virtuelle immersive après des expositions réussies à Shanghai et Londres. Cette plateforme offre aux visiteurs une chance unique d'explorer une version numérisée de l'exposition, enrichie d'archives de la marque et de mises en scène virtuelles interactives. En outre, "Gucci Cosmos Land" propose une série de 15 jeux sous forme de quêtes, avec des récompenses attractives comme des silhouettes digitales Gucci et la monnaie virtuelle de The Sandbox, les SAND.

L'engagement de Gucci dans le métavers s'étend à d'autres plateformes populaires. Sur Roblox, l'exposition "Archetypes" a été transformée en un Gucci Garden virtuel, attirant un large public jeune et digital. Les joueurs ont accès à des skins exclusifs et une boutique virtuelle, renforçant l'engagement avec la marque. Gucci a également marqué sa présence sur Zepeto, une application de création d'avatars, avec une collection de vêtements et accessoires virtuels, ainsi qu'une villa virtuelle aux couleurs de la marque. En collaboration avec The Sims 4, la marque a promu sa ligne de mode circulaire "Off The Grid" en offrant des vêtements et accessoires téléchargeables pour enrichir l'expérience des joueurs. Ces initiatives illustrent parfaitement la capacité de Gucci à fusionner mode, technologie et expérience utilisateur, se positionnant ainsi à l'avant-garde de l'innovation dans le métavers.

En 2021, Balenciaga et Moncler ont également réalisé des collaborations dans le monde virtuel de Fortnite, proposant des skins exclusifs et des objets cosmétiques à leurs fans dans le jeu. Ces collaborations avec des marques de mode de renom montrent que les mondes virtuels deviennent un nouveau terrain de jeu pour le marketing et la promotion des produits, et que les marques cherchent à toucher une audience plus jeune et plus connectée technologiquement. Cela illustre comment le monde de la mode se rapproche du monde virtuel, devenant de plus en plus présent dans notre quotidien.

Les exemples se multipliant et l'atmosphère des créations jouant un rôle crucial dans le succès des initiatives, nous avons préparé une vidéo compilant les plus grandes initiatives de luxe et de mode de ces dernières années. Cette vidéo vous permettra de découvrir les moments marquants de l'industrie du luxe dans le métavers, mettant en avant les créations les plus

emblématiques et les expériences les plus mémorables. Que vous soyez passionné par le luxe, la mode ou simplement curieux de voir comment les marques de renommée mondiale ont embrassé le potentiel du métavers, cette compilation vous offrira un aperçu de l'évolution de l'industrie dans ce nouvel univers virtuel.

Mode

L'industrie de la mode a amorcé une transition vers le métavers en capitalisant sur les avantages de la modélisation 3D. Cette technologie a le potentiel de réduire considérablement l'impact environnemental de l'industrie de la mode, qui est connue pour être l'une des plus polluantes. En effet, la modélisation 3D permet de minimiser l'utilisation de matériaux physiques tout en encourageant l'innovation et la créativité dans la conception de vêtements et d'accessoires virtuels.

De plus, le métavers offre un espace sans limites pour les créateurs de mode et les marques afin d'expérimenter, de présenter et de commercialiser leurs collections de manière innovante et immersive.

Les marques peuvent créer des articles et des accessoires à porter dans les espaces virtuels, permettant ainsi aux utilisateurs de personnaliser leur avatar et leur style. Cette tendance s'observe sur des plateformes telles que Roblox et Zepeto, où des marques de mode créent des articles virtuels exclusifs pour les utilisateurs de la plateforme. Les avatars peuvent ainsi porter des articles de mode virtuels uniques et personnalisés, offrant de nouvelles perspectives de marketing pour les marques de mode. De plus, les métavers offrent également la possibilité de créer des évènements de mode virtuels, tels que des défilés de mode en réalité virtuelle, permettant ainsi aux marques de se connecter avec leur public de manière innovante et créative.

Les marques peuvent toucher de nouveaux publics, interagir avec leurs clients de manière plus directe et proposer des expériences d'achat et de présentation de produits plus engageantes. Les consommateurs, quant à eux, bénéficient d'un accès accru à une variété de styles et de designs de mode uniques, ainsi qu'à une expérience de shopping plus personnalisée et inclusive. Avec l'utilisation de logiciels de conception en 3D tels que Blender ou Clo3D, les marques peuvent réduire le temps et les couts de production tout en augmentant la créativité. Les designers peuvent créer et modifier rapidement des modèles en 3D, ce qui permet de minimiser les erreurs de conception et les couts associés à la fabrication de prototypes physiques.

Interface du logiciel de conception de mode Clo3d

En utilisant la réalité virtuelle, les designers peuvent également visualiser leurs créations de manière plus précise et immersive. Ils peuvent porter et explorer leurs vêtements dans un environnement virtuel avant de les produire physiquement. Cela permet de réduire les erreurs de conception, d'améliorer la qualité du produit final et de réduire les déchets de production. Les designers peuvent également expérimenter avec des tissus et des couleurs sans avoir besoin d'un stock physique.

De plus, les marques peuvent utiliser des galeries de réalité virtuelle pour exposer leurs créations. Les visiteurs peuvent explorer les collections en ligne et interagir avec les vêtements en utilisant des filtres Snapchat ou des fonctionnalités de réalité augmentsée. Les marques peuvent également vendre leurs vêtements en utilisant des NFTs, qui offrent un moyen unique de prouver l'authenticité et la propriété des produits.

Pour créer des items de mode en réalité virtuelle, les marques ont besoin de logiciels de conception 3D tels que Clo3D, ainsi que d'un environnement de réalité virtuelle pour visualiser et exposer leurs créations. Les designers ont besoin de compétences en modélisation 3D et en conception pour créer des vêtements de haute qualité. Les marques peuvent également collaborer avec des artistes et des designers expérimentés pour créer des collections.

Nous avons organisé en mai 2023 la journée d'exploration de l'écosystème de la mode dans le métavers pour les étudiants du master luxe de Paris School of Business. Ces derniers ont participé à un projet de création d'un espace dédié à la mode et d'une pièce de collection dans le métavers Spatial. L'espace créatif de mode numérique présenté dans le métavers incluait des éléments de décor importés depuis Sketchfab, des NFTs créés sur OpenSea et exposés, ainsi qu'une tenue inédite créée via Clo3D, pièce maitresse de l'espace. Les étudiants ont ensuite présenté leur travail lors d'une visite en direct de l'espace depuis le métavers en réalité virtuelle, accompagnée d'un récit sur l'espace et la pièce maitresse proposée. Ils ont également participé à un défilé en réalité augmentée, où le mannequin a porté virtuellement la tenue créée via un filtre Snapchat. Nous vous invitons à découvrir les créations de nos étudiants en réalité augmentée en scannant le Snapcode ci-contre. Les filtres que nous avons créés ont accumulés près de 2 millions de vues en trois semaines seulement.

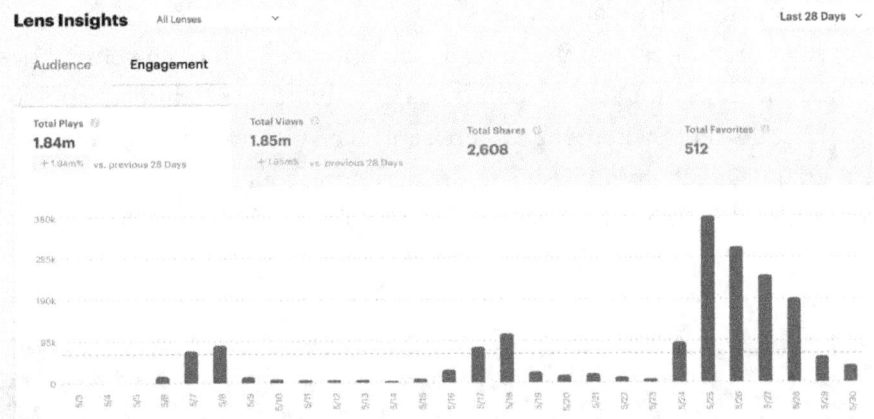

Statistiques de nos filtres Snapshat via Lens Insight

La transformation du secteur de la mode s'illustre également par l'émergence de miroirs de réalité augmentée pour les essayages en magasin. Ces dispositifs ludiques et personnalisés séduisent les visiteurs et enrichissent leur expérience d'achat. Tenant compte des réticences parfois rencontrées lors des essayages en cabine, les miroirs de réalité augmentée offrent une alternative intéressante. En effet, les clients ayant essayé un vêtement ont sept fois plus de chances de l'acheter. Ces miroirs constituent une solution potentiellement rentable pour les commerçants. De plus, certains articles essayés peuvent être acquis sous forme de NFT, représentant des vêtements virtuels. Cela ouvre de nouvelles perspectives de marché pour les marques et les créateurs. Enfin, ces miroirs de réalité augmentée permettent aux marques de collecter des données sur la morphologie des visiteurs. Cette information précieuse aide les entreprises à mieux connaitre et cibler leur clientèle, favorisant ainsi une approche marketing plus efficace et personnalisée.

La marque de vêtements Zara a introduit des miroirs de réalité augmentée dans certains de ses magasins. Les clients peuvent utiliser ces miroirs pour essayer virtuellement différentes tenues et voir comment elles s'ajustent à leur silhouette. Cela permet de visualiser instantanément l'apparence des vêtements sans avoir à les essayer physiquement. Les miroirs de réalité augmentée offrent également des fonctionnalités interactives, comme la possibilité de modifier la couleur ou le style d'un vêtement en un seul clic. Ces miroirs offrent une expérience d'achat immersive et divertissante, tout en aidant les clients à prendre des décisions d'achat plus éclairées.

Une cabine d'essayage en réalité augmentée

De plus, des marques de luxe telles que Gucci et Louis Vuitton ont également utilisé des miroirs de réalité augmentée lors de leurs défilés de mode. Les spectateurs peuvent utiliser leur téléphone portable pour superposer virtuellement les vêtements et accessoires sur les modèles en temps réel. Cela leur donne l'impression d'assister au défilé en personne, tout en ayant la possibilité d'explorer les détails des vêtements et de les visualiser sous différents angles. Cette utilisation créative de la réalité augmentée crée une expérience de mode interactive et immersive pour les spectateurs, renforçant ainsi l'image de marque et l'engagement des clients.

L'utilisation de jumeaux numériques dans le contexte de la vente de vêtements d'occasion est une innovation prometteuse pour faciliter les transactions en ligne. En scannant un vêtement avec un téléphone portable, il est possible de créer une représentation numérique précise de celui-ci, incluant des informations sur sa taille et sa qualité, qui peut être mise en ligne sur des plateformes de commerce électronique. Mais l'avantage le plus intéressant de cette technologie est la possibilité pour les acheteurs potentiels d'essayer virtuellement le vêtement avant de l'acheter.

Les jumeaux numériques permettent aux acheteurs de visualiser comment un vêtement pourrait s'adapter à leur corps avant même de l'avoir acheté. Cela peut aider à réduire le nombre de retours de produits, car les acheteurs auront une meilleure idée de l'ajustement et du style du vêtement. L'utilisation de jumeaux numériques pour la vente de vêtements d'occasion peut également avoir un impact positif sur l'environnement en prolongeant la durée de vie des vêtements déjà produits. Cela pourrait encourager les acheteurs à opter pour des vêtements d'occasion plutôt que des vêtements neufs, réduisant ainsi la quantité de déchets textiles produits. De plus, cette technologie peut contribuer à la transition vers une économie circulaire en prolongeant la durée de vie des produits existants.

Sport

La pratique du eSport ou jeu vidéo compétitif s'est largement démocratisé ces dernières années. L'e-sport, ou sport électronique est une compétition qui se déroule en ligne et qui implique l'utilisation de jeux vidéo. Les joueurs s'affrontent dans des tournois et disputent des matches pour gagner des prix. Il peut s'agir de compétitions sportives ou d'autres affrontements dans des jeux de combat ou de stratégie. Les plus grandes communautés s'orientent autour de jeux tels que StarCraft 2 Hearthstone : Heroes of Warcraft, Call of Duty, FIFA,

ShootMania, Counter-Strike, Dota 2, League of Legends, Rainbow Six, StarCraft, Super Street Fighter IV, Tekken Tager Tournament, Super Smash Bros. Ces jeux sont présents dans les principales compétitions mondiales telles que EVO, Tougeji ou eSports World Convention. Les fans ont la possibilité de suivre les affrontements des joueurs sur *Twitch*.

La réalité virtuelle contribue à cette mouvance et l'enrichit grâce à l'immersion : c'est le **métasport**.

La réalité virtuelle offre des méthodes d'entraînement innovantes et des analyses de performance plus approfondies. Dans le domaine de l'apprentissage sportif, la VR s'est avérée particulièrement efficace. Par exemple, des novices en karaté peuvent apprendre des techniques complexes comme le Mawashi Geri grâce à la VR, qui leur fournit des retours immédiats et détaillés pour affiner leurs mouvements. Cette méthode immersive et interactive représente une avancée significative par rapport aux méthodes d'entraînement traditionnelles, rendant l'apprentissage plus engageant et efficace.

En outre, la VR sert également à analyser et à améliorer les performances dans divers sports. Dans le handball, par exemple, elle est utilisée pour étudier les réactions des gardiens de but, tandis qu'au rugby, elle aide à comprendre les stratégies en situation de 1 contre 1. Ces applications montrent comment la VR peut simuler des situations de jeu complexes, permettant aux athlètes et aux entraîneurs d'analyser et de comprendre en profondeur les réactions et les stratégies dans un environnement contrôlé.

La VR a également démontré sa capacité à améliorer les compétences réelles des athlètes. Dans des sports comme le tennis de table, les joueurs peuvent s'entraîner dans un environnement virtuel qui simule des situations de jeu réelles, leur permettant de répéter et de perfectionner leurs techniques sans les contraintes d'un environnement physique.

En France, l'application de la VR dans le sport de haut niveau est illustrée par le projet REVEA, lancé en prévision des Jeux Olympiques de Paris 2024. Ce projet vise à utiliser la VR pour compléter l'entraînement des athlètes, notamment en boxe, où elle permet aux sportifs de mieux anticiper les attaques de leurs adversaires sans subir les risques physiques d'un entraînement réel. Cette approche innovante montre comment la VR peut non seulement améliorer les compétences techniques des athlètes mais aussi réduire les risques de blessures pendant l'entraînement.

Ces développements dans l'utilisation de la VR dans le sport ouvrent de nouvelles perspectives pour l'entraînement sportif, offrant des expériences immersives et interactives qui étaient auparavant impossibles. La VR devient ainsi un outil précieux pour les athlètes et les entraîneurs, cherchant à optimiser la performance et la préparation.

L'un des grands succès de la pratique d'un sport en réalité virtuelle est celui du tennis de table. For Fun Labs a développé et édité Eleven Table Tennis qui reproduit les conditions du tennis de table réel de manière fidèle. Le jeu possède une communauté de 1,4 million de joueurs dans le monde, dont certains joueurs professionnels. Des joueurs réels clipsent un adaptateur ou *Pad* (manche de raquette) sur la manette afin d'améliorer leurs sensations.

Le tennis de table virtuel est une pratique physique et une activité de socialisation disponible aux joueurs de tous les niveaux. Les affrontements se font en direct et l'algorithme propose d'affronter un joueur de niveau similaire. En gagnant des matches, vous gagnez des points (ELO) et montez dans le classement mondial. Il est possible d'activer le microphone et de discuter avec les adversaires ou inviter un utilisateur pour faire une partie s'il est connecté.

Le ministère des Sports a reconnu dans le contrat de délégation du 3 avril 2022 signé avec la FFTT le PingVR ou E-Ping. La FFTT devient donc responsable de l'organisation de la pratique, d'édicter des règles et de délivrer des titres pour cette e-discipline. En décembre 2022, la Fédération française de tennis de table a organisé les premiers championnats de France de la discipline en réalité virtuelle. La communauté française et internationale s'organise autour de compétitions et de championnats où il est possible de gagner des récompenses. À l'image du tennis de table, de nombreux sports vont progressivement entrer dans le métavers et saisir l'occasion de fédérer une communauté de passionnés.

Affrontement dans Eleven Table Tennis

L'avènement de la réalité virtuelle révolutionne également l'expérience des spectateurs dans les événements sportifs. Brooklyn Nets a présenté en 2022 le Netaverse qui est une diffusion en réalité virtuelle d'actions des matchs de NBA. Ces dernières peuvent être collectionnées par les fans. Virtually Live est une entreprise qui offre une expérience immersive en direct, permettant aux utilisateurs de plonger au cœur des événements sportifs dans un environnement virtuel. La plateforme se distingue par sa capacité à offrir divers points de vue, tels que le siège d'un pilote ou une place dans les tribunes, enrichissant l'expérience au-delà du visionnage traditionnel. Les utilisateurs peuvent ainsi vivre les compétitions de Formule E en temps réel, adoptant la perspective du conducteur de leur souhait. Toutefois, la qualité des visuels, notamment les graphismes et la résolution, reste un domaine en attente d'amélioration pour répondre pleinement aux attentes des utilisateurs et renforcer l'immersion dans ces événements sportifs virtuels.

Autres secteurs

Nous vous présentons ci-après quelques opportunités d'espaces virtuels pour différents secteurs. Ces éléments sont le résultat de notre travail avec nos étudiants lors du hackathon 360° qui se tient tous les ans au mois de juin à Paris School of bizness. Ces espaces sont consultables sur Spatial en recherchant avec le nom du projet.

Dans le **monde de l'édition**, les étudiants ont proposé des espaces chaleureux qui peuvent rendre les rencontres en ligne plus attractives. Un tel espace peut accueillir des lecteurs pour une rencontre avec l'auteur ou une commission en interne pour décider des prochaines étapes de la maison d'édition. D'autre part, nos étudiants proposent de créer des espaces thématiques pour l'univers d'un livre, ou des espaces pour les amoureux de certains genres. Ces derniers peuvent donner le gout de la lecture au jeune public. Ces espaces peuvent offrir une bulle immersive pour les lecteurs qui ont besoin de temps pour eux, d'un espace paisible et accueillant pour la lecture. Je vous propose d'admirer le niveau de détails de ces espaces.

Un livre audio peut devenir immersif et nous entourer d'objets appartenant aux personnages et nous plonger dans l'ambiance d'une scène. Ces espaces peuvent proposer un aperçu de l'histoire aux lecteurs potentiels ou devenir accessibles uniquement aux acheteurs ou membres : possesseurs de NFTs.

Espace détente et lecture

Dans le domaine de **l'automobile**, nos étudiants ont imaginé un espace mettant en avant le savoir-faire, les employés et les innovations de l'industrie automobile. Un petit robot assistant guide les potentiels acheteurs pour découvrir les modèles en immersion. Les passionnés d'automobile peuvent explorer des prototypes futuristes et en apprendre davantage sur les dernières avancées de l'industrie. Pour inciter les personnes à revenir dans l'espace, nos étudiants ont proposé de coupler l'espace avec un outil de création permettant aux utilisateurs de personnaliser des modèles et de les visualiser dans l'espace. Des pièces à production limitée et exclusive peuvent également être exposées dans l'espace immersif, et le droit de commande peut être vendu sous forme de NFT.

Dans le secteur de **l'immobilier et de la finance**, une agence immobilière peut créer un espace virtuel pour rencontrer ses clients à distance ou leur offrir une expérience bien plus chaleureuse qu'un simple site web. Les visites de biens immobiliers peuvent être réalisées de manière immersive grâce à des caméras à 360°, accessibles depuis des agences virtuelles.

Les NFTs peuvent également être utilisés pour proposer des offres ou des titres de propriété aux acquéreurs. De manière similaire, un conseiller bancaire peut inviter ses clients dans un bureau virtuel et les webinaires peuvent devenir immersifs grâce à l'accès par NFT.

Un espace virtuel peut également permettre aux consommateurs de retrouver l'ambiance d'un **concept store** sans avoir à se déplacer physiquement. Ces espaces immersifs offrent une présentation ludique des produits, mettant en avant les détails de leur production et leur savoir-faire. Ils proposent également une ambiance et un style de vie en adéquation avec les produits, mettant ainsi en avant l'expérience globale plutôt que le produit lui-même, ce qui constitue une approche courante dans les stratégies marketing.

Espace luxe « Astra »

Nos étudiants ont imaginé différents espaces thématiques pour des enseignes de sport, de cosmétique et de luxe. Par exemple, un espace céleste a été créé pour une marque de luxe, vous transportant dans une cathédrale où vous pourrez découvrir l'art et l'évolution de la marque en compagnie de petits robots. Ces œuvres sont proposées à la vente sous forme de NFT en édition limitée, offrant des avantages exclusifs tels que l'accès en avant-première aux nouvelles expositions. Dans ces espaces, nos étudiants ont également dissimulé un « ticket d'or » parmi les NFTs ou dans l'espace lui-même, offrant à son détenteur un accès annuel à toutes les expositions.

Dans le secteur de **l'énergie,** nos étudiants ont proposé de remplacer les applications mobiles de suivi par des espaces immersifs qui évoluent en fonction de votre maison, de vos engagements et de votre consommation. Votre maison virtuelle et votre jardin se reflètent progressivement dans votre maison réelle, créant ainsi un jumeau numérique. Les simulations vous permettent d'anticiper vos consommations, de mieux investir dans les produits énergétiques et de vivre une expérience bien plus agréable que la simple consultation de chiffres sur un téléphone.

Espace « Energiaverce »

Pour le moment, ces mondes virtuels s'appuient sur les possibilités offertes par notre monde réel. Toutefois, en plongeant l'audience dans le monde virtuel, il devient possible de créer des expériences encore plus immersives, plus accueillantes, plus attractives et plus accessibles. C'est un pari prometteur à court terme pour les entreprises qui disposent déjà d'une audience importante, mais qui font face à des contraintes physiques limitant leur capacité à convertir leur audience. Cependant, l'étape suivante consiste à briser les règles et les contraintes de la réalité physique pour offrir des expériences totalement inédites et révolutionnaires. Les possibilités sont infinies et nous sommes impatients de voir comment le métavers continuera d'évoluer pour offrir des expériences toujours plus extraordinaires.

Autres initiatives

Certaines entreprises ont basculé dans un mode de travail entièrement dans le métavers via des locaux virtuels et d'autres saisissent les opportunités pour engager une transformation des ressources humaines. Pendant la pandémie, Accenture a accueilli virtuellement 150 000 nouveaux membres d'équipe via le métavers. Chaque nouveau collaborateur a reçu un ordinateur et un casque de réalité virtuelle, puis a été invité à rejoindre un espace virtuel pour un accueil presque aussi efficace qu'en conditions réelles. Au-delà des professionnels, des organisations, des états et des institutions ont également effectué des actions en lien avec le métavers.

L'Union européenne, via son portail Global Gateway, a lancé un métavers en novembre 2022. Il s'agit d'un espace d'échange pour découvrir tous les défis qui nécessitent une action commune mondiale : climat, connectivité, santé, éducation. La plateforme numérique permet de voir comment l'UE aborde ces défis.

Les Émirats arabes unis ont récemment créé une antenne de leur ministère de l'Économie dans le métavers. Lors de la COP27, CGI (leader mondial du conseil et des services numériques) a présenté l'usage possible du métavers et de la collaboration virtuelle pour lutter contre les changements climatiques. L'état des Tuvalu, un archipel polynésien de l'océan Pacifique Sud, a annoncé son souhait de virtualiser l'ensemble de son territoire dans le métavers. L'objectif de cette démarche est de garder une trace de son patrimoine et de ce qu'il a été avant sa disparition liée à l'inévitable montée des eaux. Il s'agit d'alerter sur la situation critique que vit cet état à cause du réchauffement climatique.

Ces exemples montrent que le monde politique, les états et les grandes institutions ont également un rôle essentiel à jouer sur le développement du métavers.

CHAPITRE 13
LES DÉFIS À RELEVER

« Je suis extrêmement optimiste à propos du métavers, car je connais le fonctionnement de l'esprit humain et je vous le dis maintenant avec confiance : d'ici 5 à 7 ans, la plupart de la population mondiale vivra dans le monde du métavers. »

Anuj Jasani

Près de trois personnes sur quatre perçoivent le métavers comme porteur de risques significatifs et de défis majeurs pour notre société. Cette vision est en partie alimentée par une étude qualitative révélant plusieurs freins à l'usage du métavers. Parmi ces freins, une mauvaise compréhension de ce nouvel univers et de ses particularités se détache, ainsi que l'absence ou l'insuffisance de régulation pour superviser et gérer efficacement cet espace (voir étude de Lee, M. S., & Chaney, D. (2023). The psychological and functional factors driving metaverse resistance. *Internet Research*). De plus, des inquiétudes émergent quant au potentiel addictif du métavers, à la crainte d'une perte des relations sociales réelles, à la peur d'être coupé du monde et déconnecté de la réalité. Les problèmes liés à la confidentialité des données personnelles et la perception du métavers comme un espace peu éthique sur le plan écologique, conçu principalement pour stimuler la consommation, renforcent ces appréhensions.

Comme toutes les innovations, les enjeux techniques et éthiques du métavers sont au cœur des préoccupations. Si l'intégration d'une vigilance concernant les réseaux sociaux numériques a été longue et difficile, nous avons aujourd'hui l'opportunité de penser la sécurité et le respect de la vie privée des usagers dès les premières étapes de conception du métavers. Les acteurs de l'écosystème, ainsi que les utilisateurs, portent la responsabilité de construire un métavers où il fait bon vivre, un espace où les travers de nos sociétés modernes seront atténués plutôt qu'exacerbés. Pour cela, il est crucial de prendre en compte ces freins et défis dès maintenant, afin de façonner un avenir numérique qui soit à la fois sécurisé, éthique et inclusif.

Défis techniques

Le métavers, pour toucher un large public, devra compter sur des technologies réseau toujours plus efficaces. Une bonne connexion et un matériel performant sont nécessaires pour offrir une expérience confortable. Le rendu et la synchronisation des scènes dépendent des performances techniques. Une latence inférieure à douze millisecondes est idéale pour une expérience fluide en réalité virtuelle, tandis qu'une latence de 100 à 150 millisecondes est suffisante pour des appels vidéo ou des jeux en ligne. Cette valeur est importante, car elle permet à l'œil humain de percevoir l'environnement virtuel comme s'il était en temps réel, alors qu'il est en fait en temps différé. Le moindre délai entre un mouvement de tête pour observer un individu se situant à votre gauche et la réaction du système rendrait l'univers virtuel difficile à supporter pour les utilisateurs.

Les phénomènes physiques sont trop complexes pour être parfaitement reproduits dans le monde virtuel et en temps réel. En conséquence, on dénote des moments d'incohérences, ce qui perturbe l'utilisateur. Le réflexe vestibulo-occulaire qui lie la perception visuelle et le mouvement de la tête capté par l'oreille interne peut être perturbé et produire la sensation de mal de mer. Le conflit de vergence-accommodation (VAC) se produit lorsque le cerveau reçoit des signaux incohérents entre la vergence et l'accommodation de l'œil. En conséquence, on perçoit mal la distance des objets. Ce phénomène peut provoquer une fatigue oculaire.

Près de 40 % des utilisateurs souffrent de **cybernétose**. Il s'agit d'un mal de la réalité virtuelle qui se traduit par des nausées et des vertiges. Les évolutions technologiques devront trouver les parades pour réduire ce phénomène. Dans le cas contraire, le métavers ne serait plus accessible à tous. D'autres sujets d'inquiétudes concernent les conséquences du poids du casque sur la tête et la gêne que cela peut générer, comme des douleurs cervicales. Les concepteurs tentent de réduire et de mieux repartir le poids des appareils.

Les difficultés techniques résident aussi au niveau des technologies web 3 et de la finance décentralisée, notamment dans la possibilité de créer et déployer un code exécutable sur Ethereum. Sur Ethereum, *code is law*. Autrement dit, le code définit les règles du jeu et ce code est immuable. Si un contrat intelligent comporte des failles de sécurité ou s'il est frauduleux, il est (quasi) impossible de le corriger. Tout ce que le code permet sera envisagé et tout ce que les utilisateurs auront la possibilité de faire sera fait un jour ou l'autre. Les fonctionnalités peuvent être détournées ou réexploitées au détriment des autres acteurs. Par exemple, une DAO peut être mise en danger si quelques acteurs malveillants achètent une majorité de jetons. Alors, toutes les décisions seraient contrôlées par ce groupe. Trop souvent, les problèmes éthiques, moraux ou juridiques ne sont compensés que par des mises à jour de code. La créativité des utilisateurs malicieux peut devenir un véritable défi pour les développeurs d'espaces virtuels, puisque certains détournements de fonctionnalités peuvent apparaitre. C'est un envers de la médaille logique lié au pouvoir de création accordé aux participants.

L'économie de web 3 attire des cybercriminels. Le défi de la cybersécurité reste toujours d'actualité. De nombreux cas de **vols de cryptomonnaies** sont recensés. Si la technologie de base (la chaine de blocs) est un protocole robuste pour effectuer les transactions,  les services de gestion de vos actifs ou les DApps qui accèdent à la *blockchain* ne sont pas forcément sécurisés ni bienveillants. Souvent, vos identifiants permettant d'exécuter les transactions sont stockés sur ces derniers, ce qui rend ces services attractifs pour les cyberattaquants.

Les attaques par hameçonnage visant les utilisateurs du web 3 se multiplient. De nombreuses arnaques sont créées dans le but de vous faire valider des transactions frauduleuses qui seront ensuite stockées en toute sécurité sur la *blockchain*. Les sites web, comptes Discord, ICOs et projets originaux ne sont pas toujours fiables ni légitimes. Ce sont des vecteurs de malveillance redoutables. Une transaction malveillante validée peut exécuter un contrat intelligent frauduleux qui videra votre portefeuille. Pour créer un environnement de confiance et lutter contre ces pratiques, il est nécessaire de proposer des outils efficaces de détection et de former les utilisateurs.

Un autre défi technique est celui de la facilité d'usage. L'accessibilité au web 3 reste limitée par des technologies pas toujours évidentes à prendre en main. La mise en place d'un ou plusieurs portefeuilles cryptos et l'achat de cryptomonnaies s'avère encore difficile pour les populations pas très à l'aise avec les technologies. Les casques de réalité virtuelle ne sont pas non plus simples à adopter et à mettre en route. Pour démocratiser ces technologies, il faudra réussir à les faire oublier pour laisser les usagers se focaliser sur l'expérience. L'idéal étant de permettre à la population d'utiliser la chaine de blocs, les cryptomonnaies et les NFTs sans s'en rendre compte ni avoir besoin de comprendre leur fonctionnement. Nous sommes bien loin de ce paradigme, mais un acteur comme le navigateur Brave intègre nativement un portefeuille crypto sans aucune action requise de l'utilisateur. D'autres acteurs devraient proposer la même fonctionnalité pour simplifier l'usage de web 3 dans les années à venir.

Défis éthiques

Le métavers marque les débuts d'une transformation de la société humaine dans laquelle les règles de conduite tacites ou écrites vont évoluer. Il est vraisemblable que les normes sociales à l'intérieur et à l'extérieur du métavers (et de chaque expérience virtuelle) soient différentes. Ainsi, ce qui est inacceptable dans la vie réelle pourrait devenir acceptable dans le métavers et vice versa. Il est concevable que ce nouvel espace devienne une source d'inspiration pour des évolutions majeures de notre société. Des changements profonds pourront être testés sur le métavers avant d'être appliqués en dehors.

David berliner, anthropologue et professeur à l'université libre de Bruxelles indique à ce sujet que les mondes ludiques et fictionnels, et désormais les espaces digitaux, forment des laboratoires passionnants.

Certains jeux vidéo possèdent des normes sociales et des codes spécifiques. Le métavers est empreint de son lien avec le secteur du jeu vidéo dont certains tolèrent voire encouragent le comportement à risque et la violence. L'effet néfaste de certaines images diffusées sur les médias traditionnels et sociaux a été démontré par des travaux de recherche. Cela est d'autant plus important que les enfants sont déjà nombreux dans les espaces virtuels. La consommation des médias affecte la perception des normes sociales, la perception de soi, les émotions, et le métavers ne fera pas exception. Les expériences passées invitent à la plus grande vigilance.

Les normes éthiques doivent être développées et appliquées par les acteurs évoluant dans ces espaces : créateurs, marques, utilisateurs et gestionnaires de plateformes. Les utilisateurs doivent pouvoir refuser la consommation de certains types de contenu. Cela peut se faire à l'aide de tags thématiques attribués signalant des contenus sensibles. Comme pour les films, les jeux vidéo, les applications mobiles, l'accès à certaines expériences dans le métavers doit être limité en fonction de l'âge. Nous ne souhaitons pas laisser des mineurs consommer de la drogue ou de l'alcool virtuel.

Comme pour les forums ou les groupes de discussion, il peut être nécessaire de mettre en place un mécanisme de modération pour assurer le bon comportement de tous. Des propos déplacés, des cas de **cyberharcèlement** et même de viols ont été révélés sur le métavers. Près de trois quarts des joueurs en ligne ont vécu diverses formes de harcèlement telles que des surnoms dégradants, insultes, harcèlement sexuel (rapport de l'Anti-Defamation League). Près de six joueuses sur dix utilisent des avatars masculins pour éviter ce type de situation. Toutes les femmes ont droit à une place sur le métavers et elles doivent pouvoir y évoluer aussi librement que les hommes. Certaines plateformes proposent des zones sécurisées pour téléporter son avatar en cas de harcèlement. Il est parfois possible d'interdire temporairement les autres avatars de s'approcher. La possibilité de signaler et de bloquer l'agresseur est indispensable.

Les réseaux sociaux ont montré le pouvoir destructeur que les messages peuvent avoir sur les adolescents. La haine, les agressions, les insultes sont plus marquantes dans le métavers que sur une simple page web, car nous sommes immergés dans l'espace virtuel comme s'il était réel (toute notre attention y est focalisée). Le traumatisme issu de comportements déviants peut être bien plus fort.

L'usurpation d'identité d'un avatar peut aussi avoir lieu. Un visiteur peut être trompé par un individu se faisant passer pour un ami, une célébrité ou des personnes de confiance afin de soutirer des données sensibles.

Pour instaurer la confiance entre les membres d'un métavers, les plateformes devront faire preuve de créativité. L'objectif est d'encourager les utilisateurs les plus enthousiastes et bénéfiques à agir pour le bien de la communauté et décourager les autres. VRchat, par exemple, a instauré un système de points définissant les statuts d'utilisateurs : visiteurs, nouveaux utilisateurs, utilisateurs, utilisateurs reconnus et utilisateurs de confiance. Un utilisateur progresse peu à peu pour atteindre le statut final après en moyenne 1000 heures passées sur la plateforme. Les individus malintentionnés perdent des points.

Les utilisateurs doivent pouvoir faire confiance aux professionnels. Les problèmes de **sécurité** et de **respect de la vie privée** sont un frein majeur à l'adoption et à l'usage continu d'une technologie. Le casque de réalité virtuelle dispose de caméras et capteurs permettant à la fois de traquer les yeux de l'utilisateur, mais également son environnement donnant un accès potentiel aux intérieurs de nos logements ou aux locaux professionnels.

Une récente étude de l'Université de Stanford a révélé que passer seulement 20 minutes dans la réalité virtuelle permet de collecter jusqu'à deux-millions d'enregistrements de mouvements corporels. Ces données constituent une opportunité de taille pour les entreprises, mais peuvent également présenter des risques importants en matière de vie privée et de sécurité des données. Il est essentiel que les entreprises et les utilisateurs prennent des mesures pour protéger leurs informations et s'assurer que les données collectées soient utilisées de manière responsable.

Le marketing sensoriel pourrait utiliser les données de dilatation des yeux pour analyser la réaction face à un produit et s'en servir pour du marketing ultra-personnalisé. Artur Sychov, le fondateur de Somnium Space indique que : « La quantité de données que nous pourrions enregistrer sur un individu est probablement de l'ordre de 100 à 300 fois plus important qu'avec un téléphone mobile. La réalité virtuelle peut recueillir la façon dont vos doigts, votre bouche, vos yeux et votre corps tout entier bougent, pour vous identifier rapidement et de façon beaucoup plus précise que les empreintes digitales. » Les données permettent de capter les émotions vectrices d'action et bien souvent d'achat. En conséquence, une perte de contrôle de l'utilisateur est possible.

Les technologies actuelles sont capables d'identifier la fermeture des yeux, les mouvements, les propriétés de la pupille, les caractéristiques de l'iris et les attributs du visage. Sur cette base, des inférences sont faites sur les traits de personnalité, la charge mentale, la consommation de médicaments, l'origine ethnique, la santé mentale, l'âge, le genre et même la santé physique. Des technologies utilisant simplement la caméra d'un téléphone (p. ex. Shen.ai) sont en mesure d'identifier le rythme cardiaque, l'oxygénation du sang ainsi que la tension artérielle. L'immersion permet une meilleure captation des données, ce qui peut avoir des conséquences à la fois positives et négatives.

Le mécanisme du *play to earn* produit des effets semblables aux jeux de hasard qui peuvent donc générer de **l'addiction**. Des joueurs se sont ruinés en achetant des artéfacts virtuels dans l'espoir de pouvoir en obtenir une fortune. Des joueurs passent un temps incalculable sur les plateformes en espérant récolter une pièce ou un artéfact de valeur. Ce temps perdu s'apparente au temps passé sur les réseaux sociaux au détriment d'autres activités. La démarche de jouer pour gagner peut entrainer les utilisateurs dans une boucle de dépendance créée par des récompenses variables (on ne gagne pas toujours, mais on ne perd pas non plus à chaque fois) qui encouragent sans cesse à passer plus de temps et dépenser plus d'argent sur la plateforme. L'usage de ce type de mécanisme, dit conditionnement opérant de type II (développé par Burrhus Frederic Skinner) doit être contrôlé pour éviter les déviances. En Chine, les applications au modèle *play to earn* sont tout simplement interdites des kiosques de téléchargement.

Aussi, des observateurs ont noté que le mécanisme de certains jeux P2E est parfois proche d'une **pyramide de Ponzi**. Ce dernier est un système frauduleux dans lequel les investisseurs du premier jour sont rémunérés à l'aide des fonds apportés par les investisseurs suivants et ainsi de suite. Le système s'effondre lorsque les nouveaux entrants ne sont plus assez nombreux.

L'empreinte environnementale du numérique a fait l'objet de nombreuses études. L'ADEME, Agence de l'environnement et de la maitrise de l'énergie et l'Arcep : Autorité de Régulation des Communications Électroniques, des Postes et de la distribution de la

Presse ont publié un rapport dédié à l'impact du numérique français sur l'environnement en janvier 2022 (voir QR code).

L'étude a analysé l'impact des terminaux d'utilisateurs ainsi que celui du réseau et des entrepôts de données sur le territoire français sur une dizaine de variables critiques (p. ex. ressources abiotiques métaux et minéraux, radiations ionisantes, empreinte carbone, particules fines, acidification, déchets). Le numérique représente près de 3 à 4 % des émissions de gaz à effet de serre dans le monde et environ 2 % de l'empreinte au niveau national. Il représente 40 % du forfait soutenable annuel.

De plus, les résultats indiquent que la fabrication des terminaux d'utilisateurs est le vecteur qui contribue le plus à l'impact pour chaque indicateur devant les centres de données et le réseau. Il se pose donc la question de l'impact des casques de réalité virtuelle, des lunettes de réalité augmentée, des smartphones et de tous les terminaux habituels. Des axes de régulation sont envisageables en s'appuyant sur la surveillance de la durée de vie des casques et un réemploi systématique. Nous pouvons également nous demander jusqu'à quelle mesure les casques peuvent remplacer nos autres écrans. Le tarif élevé des casques est souvent argumenté par cette tendance à remplacer les autres écrans de la maison (p. ex. TV, écran de travail, smartphone). Ajoutons-nous encore de nouveaux écrans ou pouvons-nous les fusionner dans une technologie unique de réalité augmentée ? Le premier scénario qui est aussi le plus pessimiste semble à ce jour le plus crédible.

Une prise de conscience est en cours et s'accompagne par le travail d'associations dédiées afin de généraliser la conscience collective. Par exemple, la fresque du numérique a l'objectif de sensibiliser aux enjeux environnementaux du numérique. Son action s'intègre parfaitement avec la loi Réduire l'Empreinte Environnementale du Numérique

(REEN) de novembre 2021 qui prévoit « une sensibilisation à l'impact environnemental des outils numériques ainsi qu'un volet relatif à la sobriété numérique ». Des ateliers sont proposés par l'association

afin de sensibiliser les étudiants et les professionnels (voir QR code).

Le métavers est identifié par beaucoup d'acteurs comme un non-sens vis-à-vis de la sobriété numérique. Cette question doit être appréhendée selon un regard transverse que nous ne prétendons pas détenir ici. Toutefois, nous illustrons ci-dessous quelques axes de réflexion mettant en évidence l'ambivalence de la problématique.

Il est essentiel, comme le propose le rapport interministériel de la mission sur le métavers, d'envisager des solutions écoresponsables et de développer un système de mesure de l'impact environnemental du Métavers. Si la puissance de calcul et les ressources nécessaires au fonctionnement du métavers sont certainement néfastes, il convient de pouvoir identifier les axes de travail qui peuvent contribuer à la réduction de son impact. Le travail de Nicholas Carr effectué en 2006 indiquait que la consommation énergétique d'un avatar dans Second Life était similaire à celle d'un habitant du Brésil. Cette comparaison plutôt inquiétante est-elle toujours d'actualité, est-elle fiable ?

Les chaines de blocs qui ont été très longtemps critiquées pour leur caractère énergivore ont évolué vers de nouveaux paradigmes. Des études indiquent que certaines chaines de blocs consomment moins que les services du web 2 tels que YouTube. Comment peut-on comparer les deux types de propositions ? Des méthodologies rationnelles doivent être mises en œuvre pour jauger et comparer l'impact de solutions web 2 avec celles du web 3. En effet, ces dernières dont la décentralisation est le maitre mot rendent la tâche d'évaluation encore plus difficile.

La possible non-redondance des contenus proposés via les NFTs et le contrôle des droits d'auteurs dans le milieu du partage d'informations peuvent permettre de rationaliser le web. Nous pourrons également mieux lutter contre le Spam et les Scams qui bien qu'inutiles contribuent largement à l'impact. Il est estimé que près de 30 % du trafic Internet global est généré par des robots malveillants.

Des projets semblent porteurs de signaux positifs. La partage d'espace disque non utilisé via le protocole web 3 tels que FileCoin doit indirectement permettre de ne pas produire plus de matériaux de stockage, mais d'encourager les gens à les partager via le réseau. C'est une forme de réemploi rendu possible et rémunéré par cryptomonnaies.

D'autres protocoles proposent la même contribution sur les capacités de calculs de nos machines. Mieux exploiter nos machines et partager les ressources pourrait permettre de soutenir les besoins croissants de terminaux, dont la fabrication à un impact élevé. Ces projets offrent une alternative aux centres de données qui ont un impact non négligeable.

Des services de minage de cryptomonnaies proposent d'utiliser le surplus d'énergie verte non stockable. Cette démarche est intéressante, même si en France leur adoption est freinée par l'importance de l'image des grands acteurs de l'énergie. Malgré cela, certaines initiatives étrangères proposent des services accessibles à ceux qui souhaitent s'engager dans cette démarche.

Nous devons pouvoir mesurer et comparer les projets web 2 et web 3 afin de savoir si le tournant pris est mauvais ou non et si des initiatives individuelles sont positives. Si tel est le cas, la régulation pourra soutenir certains axes de développement et encourager notre vigilance sur l'usage d'autres services dont la nécessité est discutable. Le métavers est parfois défendu comme un vecteur de télétravail contribuant à réduire nos déplacements et donc notre usage des transports. Cela est-il vraiment le cas ? Comment mesurer l'impact de ce possible changement d'usage sur l'empreinte ?

Les modélisations offertes par des jumeaux numériques des océans ou de la planète semblent pouvoir nous aider dans la mesure de l'impact environnemental, dans la mesure des désordres environnementaux et dans l'identification des actions à mener. De même, des projets du web 3 s'organisent pour proposer aux entreprises la possibilité d'acheter des crédits carbone sous forme de jetons numériques. Ces exemples montrent que les directions ne sont pas toujours opposées et peuvent converger. Le rapport de la Mission exploratoire sur les métavers précise : « L'effort d'investissement dans l'innovation ne s'oppose pas à des objectifs de durabilité, mais doit au contraire permettre de développer des solutions au service de la sobriété numérique. » La valeur doit pouvoir être pondérée par rapport aux impacts et nos décisions devront s'adapter aux cas d'usage (p. ex. médecine versus divertissement). Il est possible de trouver un compromis tel que la *slow tech*, une mouvance qui vise à ne pas refuser la technologie, mais à la remplacer lorsque c'est possible par des technologies plus douces.

Grâce aux technologies émergentes telles que la *blockchain* et les NFTs, le mécénat et les dons ont connu une évolution majeure en offrant de nouvelles formes de soutien et de financement pour les initiatives environnementales et sociales. Ces technologies ont permis à des projets précurseurs de développer une forme moderne d'engagement en créant des plateformes innovantes telles que RRREEF_RESILIENCE, qui permet de reconstruire des récifs coralliens en danger grâce à la collecte d'animaux de récif en ligne sous forme de NFT. L'initiative Orangutan Outreach x The Giving Block plante des arbres en Afrique grâce à des dons de cryptomonnaie pour restaurer les forêts et aider les communautés locales.

Non-Fungible Animals (NFA) est une initiative lancée par le World Wildlife Fund (WWF) pour sensibiliser et collecter des fonds pour la protection de dix espèces animales en voie de disparition, notamment les gorilles des montagnes, les pandas géants, les tigres du Bengale et les orangs-outans de Bornéo. Ces espèces sont représentées sous forme d'œuvres d'art numériques exclusives créées par dix artistes renommés. Le nombre d'œuvres d'art par espèce est choisi pour être égal au nombre actuel d'animaux dans la nature. Les bénéfices de la vente de ces œuvres d'art sont utilisés pour protéger les espèces animales en danger et leur habitat naturel.

Polygon Australia Zoo x Meadow Labs x Algorand Foundation vendent des NFTs pour financer des projets de conservation de la faune sauvage en Australie. Enfin, Unextinct SPIX's MACAU crée des œuvres d'art numériques exclusives pour collecter des fonds et planter des arbres dans l'habitat naturel du Spix's Macaw, l'Ara de Spix en voie de disparition qui sera la première espèce à être réintroduite à l'état sauvage grâce à un programme d'élevage de 22 ans. Ces initiatives illustrent parfaitement comment les technologies peuvent être mises à profit pour soutenir des causes importantes et offrir de nouvelles formes d'engagement pour les mécènes et les donateurs.

Comme pour les précédentes versions du web, il existe de nouveau un risque de **fracture digitale**. L'inclusion est une lutte menée par Tim Berners Lee depuis des années. Il faudra à nouveau s'assurer de rendre accessible le métavers à tous. La démocratisation de l'accès à l'Internet et le développement d'équipements peu couteux doivent permettre à toutes les catégories de population d'être accueillies dans l'univers virtuel. Le métavers peut toutefois permettre de ne pas être jugé sur son apparence physique, son origine sociale, puisque les avatars sont choisis par chacun. De même, les personnes souffrant d'une mobilité restreinte peuvent bénéficier du métavers et y retrouver une liberté de mouvement. Des témoignages poignants se multiplient, exprimant la sensation de bienêtre et d'inclusion que ressentent les personnes en situation de handicap dans le métavers. Le caractère extraordinaire de se sentir enfin normal(e) est souvent mis en avant. En effet, contrairement au monde physique, le métavers offre une accessibilité améliorée et une meilleure représentation des diversités, permettant ainsi aux personnes en situation de handicap de participer activement à des activités sociales et culturelles. De nombreuses entreprises du métavers s'engagent d'ailleurs à rendre leur environnement virtuel accessible à tous. Cela représente une avancée significative pour l'inclusion des personnes en situation de handicap dans notre société numérique.

Toutes ces actions n'ont de sens que si elles sont menées conjointement avec nos autres combats sociétaux. La santé et l'éducation restent prioritaires, mais seront également impactées par l'arrivée du métavers.

Enfin, la gestion des fausses informations, la prévention contre la radicalisation, la lutte contre des armées virtuelles sont des combats qu'il faudra désormais mener dans le métavers.

Il existe également un impact psychologique de l'usage du métavers qui est actuellement peu maitrisé. Kavya Pearlman, PDG de l'initiative de sécurité XR (XRSI), a témoigné de son expérience en réalité virtuelle, en révélant un phénomène qu'elle nomme le syndrome de la ligne de temps fantôme. Elle explique que lorsqu'on évolue dans un environnement virtuel, les frontières entre le monde réel et le monde virtuel deviennent de plus en plus floues, au point où on devient incapable de distinguer ce qui est réel de ce qui ne l'est pas. Cette expérience illustre la nature immersive et fascinante du métavers, où les utilisateurs peuvent se sentir immergés dans un monde virtuel de manière intense et réaliste. Des utilisateurs ont même rapporté une sensation de doute quant à la réalité même de leurs bras et de leur corps en quittant le métavers. Ils avaient l'impression que leurs mains étaient devenues virtuelles.

Depuis sa création en 2003, le Virtual Human Interaction Lab (VHIL) de Stanford se concentre sur l'étude des effets psychologiques et comportementaux de la réalité virtuelle (RV) et, plus récemment, de la réalité augmentée (RA). Cette approche permet de mieux comprendre comment les individus réagissent aux stimuli virtuels et comment ils interagissent avec les avatars et les environnements virtuels. Les chercheurs du VHIL se penchent également sur l'impact de la RV et de la RA sur les émotions, les attitudes et les comportements dans des situations concrètes, telles que les interactions sociales, les environnements de travail ou les contextes éducatifs. Les résultats de leurs études ont des implications importantes pour les concepteurs de technologies immersives et pour les professionnels qui utilisent ces technologies dans leur pratique quotidienne. Bien que les technologies de réalité virtuelle et augmentée soient déjà utilisées dans de nombreux domaines, il reste encore beaucoup d'incertitudes quant à leur impact psychologique sur les utilisateurs.

Meta a investi près de 2,5 millions d'euros dans la recherche académique en Europe à travers le Fonds pour la recherche et les programmes en réalité étendue. En France, la Chaire Gouvernance et Régulation de l'Université Paris Dauphine étudiera les opportunités et les défis dans le métavers et notamment son impact sur la vie privée, la sécurité, l'inclusion, le futur du travail et la règlementation. De son côté, le laboratoire d'idées Renaissance Numérique travaillera sur l'anticipation des questions économiques, juridiques et sociétales du métavers. Les rapports alertant sur les déviances liées aux métavers se multiplient. De toute évidence, la sécurité et l'éthique nécessaires pour gouverner ces espaces sont actuellement hors de nos capacités.

Ces sujets sont au cœur des préoccupations du *think tank* européen Metacircle, porté par plusieurs acteurs français tels que The Sandbox, DOGAMÍ, Ledger, Stage 11 et Arianee. Leur objectif est de promouvoir l'innovation et la collaboration dans le domaine du métavers en favorisant la création d'une plateforme open source et interopérable. En travaillant ensemble, les membres de Metacircle espèrent contribuer à l'élaboration d'un écosystème métavers plus ouvert, transparent et accessible. Leur approche collaborative permet également aux membres de partager des idées, des connaissances et des ressources pour soutenir le développement de projets innovants et stimulants dans le domaine du métavers. Grâce au travail conjoint de multiples acteurs, nous progressons peu à peu vers la création d'un métavers de confiance.

Défis juridiques

Il est intéressant de rappeler que le métavers, dans sa dimension sociale, ne diffère guère des autres réseaux sociaux. Les règlementations existantes s'appliquent donc (en fonction de la localisation des utilisateurs), et de nombreux textes législatifs encadrent déjà les usages, notamment en matière de respect de la vie privée, de protection des données et des mineurs. Cependant, l'intégration des cryptomonnaies et la possibilité d'une gestion autonome (DAO) rendent le cadre juridique plus complexe.

Le métavers soulève de multiples questions juridiques. Comme pour toutes les technologies sans frontières et parfois sans siège social d'entreprise, il est difficile d'appliquer certaines règlementations. L'absence d'autorité de contrôle via la *blockchain* met également en évidence l'inexistence d'une entité responsable.

D'un point de vue mondial, nous pouvons identifier trois grands cadres juridiques distincts : le bloc européen, le bloc asiatique et le bloc américain. Le défi du métavers pourrait offrir une occasion de collaborer sur ce qui pourrait devenir la base de la société mondiale de demain.

Le cadre juridique, s'il doit s'adapter au métavers, doit également laisser une certaine flexibilité pour ne pas entraver l'innovation ni repousser les acteurs de certains pays. Les pionniers faciliteront une meilleure compréhension de la situation et pourront aider les régulateurs dans leur démarche.

Les Conditions Générales d'Utilisation (CGU) constituent également un élément clé de la vie et de la régulation des métavers. Elles peuvent être considérées comme un contrat liant l'utilisateur au site Internet et régissent, par exemple, la résolution de tout conflit éventuel avec les utilisateurs du service.

Sans même être présentes sur le métavers, les marques doivent prendre certaines dispositions afin d'éviter des difficultés futures relatives à leur identité. Pour protéger votre place sur cet espace, vous pouvez déposer un nom de domaine Ethereum (ENS) sur https://ens.domains/fr/ avant que quelqu'un d'autre ne le fasse à votre place. N'importe qui peut créer un domaine pour se servir de votre prestige (p. ex. parasitage, contrefaçon), car le dépôt du nom d'une marque pour un domaine en .eth n'est pas contrôlé. Il est possible que votre marque ne puisse déjà plus accéder au nom de domaine idéal.

La contrefaçon trouve un chemin sur le web 3. Pour l'éviter, le **dépôt de marque** sur produits et services virtuels doit être envisagé même si ce n'est pas la cible initiale de l'entreprise. Vous pouvez consulter un aperçu du contenu de la 10e édition de la classification internationale des produits et des services aux fins de l'enregistrement des marques. Les classes 9, 35, 36, 41, 42 de la classification de Nice peuvent être particulièrement utiles. En 2022, la maison Hermès a porté plainte contre l'auteur des NFTs MetaBirkins. Ces derniers semblaient largement inspirés des sacs à main Hermès. La gestion de la propriété intellectuelle va nécessiter une grande vague de modernisation afin de s'adapter aux nouveaux défis du métavers. D'autres questions nécessitent des précisions de la législation. Par exemple, le droit à l'image doit-il s'appliquer à un avatar ?

Les grands patrons français du web 3 (Sebastien Borger – The Sandbox, Pascal Gauthier – Ledger, Pierre Nicolas Hurstel – Arianee, Nicolas Julia – Sorare, Frédéric Montagnon – Arianee) ont publié une lettre ouverte pour interpeler le gouvernement et faire reconnaitre le droit à la propriété des contenus numériques. Ils insistent sur le potentiel économique d'une telle décision : « Les NFTs peuvent être utilisés comme une preuve de propriété de tout type de contenu physique ou numérique que ce soit un document, un permis de conduire, une carte grise, un diplôme, un titre de transport, une œuvre d'art, un personnage de jeu vidéo. Utilisés comme passeports numériques de nos identités digitales et de nos produits, ils contribueront à en faciliter la réparabilité et la circularité. La puissance publique et la régulation peuvent contribuer à accélérer cette adoption. »

La Commission européenne a partagé en 2021 un projet de loi sur l'intelligence artificielle. En 2022, les rapporteurs du règlement ont proposé d'étendre son champ d'application à certains métavers. Il est possible que nous disposions assez rapidement d'un socle juridique plus complet s'appliquant à nos environnements virtuels. Les législations européennes telles que le Digital Services Act, le Digital Markets Act, le Data Act et l'AI Act devront être adaptées pour le métavers.

L'avocat Alain Bensoussan précise que le droit habituel (p. ex. droit des robots, droits des logiciels, droit de l'informatique) ne pourra pas être appliqué à la lettre sur le métavers. Le spécialiste des nouvelles technologies préconise la création d'un **droit du métavers** autour de  trois cadres juridiques différents : celui des relations entre le monde physique et virtuel, celui du monde virtuel et celui du monde consubstantiel. Consultez le QR-code ci-contre pour plus de détails.

XRSI (XR Safety Initiative – l'organisateur de la *metaverse safety week*) propose un cadre qui met l'accent sur la prévention, et non sur la protection, y compris la modération du contenu, les actions proactives pour préserver la confidentialité, la décentralisation, l'anonymisation.

L'ingénieur Louis Rosenberg a insisté sur l'importance de la régulation et de l'éthique lors de la *metaverse safety week*. Il indique : « À l'heure actuelle, le métavers est là où les réseaux sociaux étaient il y a 20 ans. L'industrie est tellement captivée par les possibilités utopiques et personne ne se concentre sur la règlementation des dangers. À l'évidence, nous pouvons tous voir à quel point il est difficile de réparer les dégâts des réseaux sociaux maintenant. Nous ne pouvons pas répéter cette erreur avec le métavers ».

Défis d'adoption massive

Les contraintes et difficultés qui s'appliquent aujourd'hui au métavers vont vraisemblablement conduire à une adoption lente de cette technologie.

Les modèles d'adoption des technologies nous rappellent l'importance des critères relevant de la **facilité d'utilisation** ainsi que de l'**utilité**

perçue. À ce jour, les deux critères ne sont pas réellement remplis. Pour assurer une adoption massive, le métavers devra convaincre de son intérêt à la fois dans le cadre d'un usage personnel et professionnel.

L'usage personnel du métavers peut être motivé par le besoin de divertissement et d'évasion. L'intérêt pour le football a permis le succès des plateformes comme Sorare et Socios, le jeune public en quête de jeu et de relations sociales a très vite adopté Roblox et The Sandbox. Les acteurs de l'art se sont orientés vers les NFTs et les galeries virtuelles comme Spatial, et les fans de musique et de mode se sont parfois retrouvés dans les quartiers virtuels de Decentraland.

Les entreprises en quête d'une meilleure productivité pourraient être également un levier d'adoption majeur. Un grand nombre d'acteurs pensent que le métavers est sur le point de révolutionner le travail à distance en apportant une qualité aux interactions sociales dans l'espace numérique. Les lieux de travail virtuels permettent aux collaborateurs de disposer de ressources supplémentaires : des bureaux spacieux et lumineux, des tableaux sur mesure, des écrans virtuels pour la bureautique, des espaces d'échange et des sites de travail dont les volumes et quantités pourraient être quasi illimités.

La crise sanitaire a largement contribué à l'accélération de l'adoption de ce type de format (très en vogue pour le recrutement et la formation). Selon un rapport de Forrester, au moins trois des quatre solutions suivantes : Zoom, Slack, Webex et Google Apps ajouteront en 2023 des fonctionnalités de type métavers. Une enquête récente de PwC a révélé que 51 % des entreprises sont en train d'intégrer la réalité virtuelle dans leur stratégie ou ont déjà intégré la réalité virtuelle dans au moins un secteur d'activité. Le Directeur de la stratégie et de la technologie chez Nokia, Nishant Batra a déclaré au Forum économique mondial que le métavers aura certainement un plus grand impact immédiat sur les industries que sur le marché de consommation. L'adoption massive du métavers pourrait donc se déclencher via le vecteur professionnel.

Notons que la France croit également à la possibilité d'une adoption du métavers via le vecteur culturel. En effet, le patrimoine français est d'une grande richesse, il attire chaque année un très grand nombre de visiteurs du monde entier. Cet attrait pourrait être converti en de nouvelles opportunités. Ainsi, les auteurs du rapport de la mission sur le développement des métavers ont proposé une expérience de pensée nommée **La Joconde métaversique** pour illustrer la teneur des possibles. Ils envisagent que la visite de La Joconde puisse s'accompagner d'une projection en réalité augmentée permettant au public de modifier la toile et d'interagir avec. Le public pourrait alors littéralement taguer l'œuvre. Les auteurs envisagent également la possibilité d'un voyage dans les différentes épaisseurs de la toile via la réalité virtuelle. Il permettrait par exemple de visualiser le dessin caché qui avait été découvert en 2020 par caméra multispectrale. Nous avons déjà évoqué le studio de production Vroom, qui offre la possibilité de créer des spectacles immersifs, à la fois en direct et en différé. Pour célébrer l'arrivée de l'année 2021, un évènement exceptionnel a pu être produit, mettant en scène Jean-Michel Jarre à Notre-Dame de Paris (en réalité virtuelle). Si ce spectacle avait eu lieu dans la réalité, les vitraux de la cathédrale auraient été endommagés et l'accueil d'une foule aurait été impossible. Une fois de plus, le métavers rend l'impossible réalisable. Shanghai, la plus grande ville de Chine et sa capitale financière, embrasse également l'ère du métavers, à l'instar de la France et de son intérêt pour l'exploitation culturelle de cette technologie. La ville a dévoilé un plan pour intégrer le métavers dans l'expérience touristique de ses visiteurs, prévoyant de finaliser 30 projets centrés sur la culture et le tourisme d'ici 2025.

Enfin, la chaine de blocs et le web 3 permettraient de collectionner des versions digitales de l'œuvre, mais également de construire une communauté des amateurs sous la forme d'une organisation autonome décentralisée. Ces initiatives permettraient à la fois de contribuer à la préservation des œuvres, mais également à la modernisation de l'expérience culturelle.

Le Centre National d'Art et de Culture Georges-Pompidou (CNAC) a lancé deux initiatives innovantes en relation avec le métavers et le web 3. Depuis 2023, des QR codes ont été installés devant le centre, permettant aux visiteurs d'accéder à une expérience de réalité augmentée. En utilisant la caméra de leur téléphone portable pour visualiser la façade du centre, les visiteurs peuvent transformer le bâtiment en un instrument de musique géant avec lequel ils peuvent interagir en temps réel. Cette expérience de réalité augmentée a été rendue possible grâce à un partenariat avec Snap AR Studio.

De plus, le Centre Pompidou a récemment acquis 18 NFTs (jetons non fongibles) provenant de cryptoartistes de renom, tels que les CryptoPunks. Le centre prévoit de consacrer une exposition entière à ces œuvres. Philippe Bettinelli, conservateur du patrimoine et responsable du service des nouveaux médias, explique : « Pour cette exposition, nous prévoyons de replacer ces œuvres dans leur contexte en présentant certains objets qui témoignent de l'histoire de la dématérialisation de l'art, tels que des certificats, des protocoles ou des documents qui ont accompagné les démarches immatérielles dans l'art moderne et contemporain depuis la seconde moitié du XXe siècle ».

Ces initiatives témoignent de l'engagement du Centre Pompidou à explorer les possibilités offertes par les nouvelles technologies pour offrir des expériences aux visiteurs et aux amateurs d'art. En exploitant les avantages du métavers et du web 3, le centre peut offrir un contenu interactif qui ajoute une nouvelle dimension à l'expérience artistique. L'acquisition de NFTs et la création d'une exposition dédiée témoignent de l'engagement du Centre Pompidou à promouvoir et soutenir les nouveaux courants artistiques et les artistes émergents.

L'une des expériences les plus populaires de réalité virtuelle est celle  du cinéma à la maison. L'application Bigscreenvr offre cette possibilité tout en gardant la dimension sociale et familiale du cinéma. Il est possible de choisir son environnement favori parmi une vaste liste, dont un cinéma des années 80 ou un cinéma très moderne (et même dans l'espace), puis de rejoindre ses amis dans une salle de projection. La projection permet de se retrouver face à un écran de près de 30 mètres et même de profiter de popcorn virtuel que l'on ne peut malheureusement pas déguster.

Les collectionneurs peuvent se retrouver sur La collection. Il s'agit d'une plateforme NFT certifiée par les plus grands musées du monde où chacun peut commencer et partager sa collection de chefs-d'œuvre. À chaque nouveau partenariat, des œuvres sont distribuées gratuitement aux collectionneurs les plus rapides. C'est ainsi que lors du partenariat avec le Museum of Fine Arts de Boston, nous avons pu bénéficier gratuitement d'une version de l'œuvre *Chevaux de course à Longchamp* peint par Edgar Degas vers 1871.

L'effort pour entrer dans le métavers ne sera plus un frein lorsque **nos motivations** seront suffisantes. Pour ceux ayant déjà franchi le pas du métavers, Capgemini indique que les trois quarts l'utilisent toujours et vont continuer à le faire.

En dépit du niveau record de 400 millions d'utilisateurs actifs mensuels en 2022 (l'équivalent du nombre d'internautes au passage à l'an 2000), l'adoption massive est encore lointaine. Une étude de Gartner indique que 25 % des personnes passeront une heure par jour dans le métavers en 2026. Sa méthodologie *hype cycle* (courbe décrivant l'évolution d'une nouvelle technologie) a toutefois placé le métavers comme technologie émergente. Elle estime que son plateau de productivité sera atteint dans plus de dix ans. Les nouvelles technologies voient souvent arriver les cas d'usages les plus fondamentaux entre cinq à dix ans après leur invention. Bill Gates a toujours défendu que l'on surestime le changement à venir dans les deux ans, tout en sous-estimant le changement des dix prochaines années. Récemment encore, lors du DealBook Summit, Mark Zuckerberg a laissé entendre que le métavers ne serait pas rentable avant 2030 au plus tôt.

Article du Daily Mail annonçant la mort possible d'Internet le 5 décembre 2000

En 2023, certains médias ont annoncé la mort du métavers. Les raisons évoquées incluent la concurrence de l'intelligence artificielle, un marché peu favorable pour les cryptomonnaies et les difficultés des géants du secteur à générer des revenus suffisants. Le ralentissement observé est souvent appelé *metaverse winter*. Selon GlobalData, cela est principalement dû à l'immaturité des technologies telles que la réalité virtuelle et l'intelligence artificielle, ainsi qu'au manque d'intérêt des consommateurs. Cette période de ralentissement ne remet pas en cause le potentiel à long terme du métavers en termes d'expériences immersives, de nouveaux modèles économiques et de collaborations. De nombreuses innovations sont attendues dans les années à venir pour répondre aux défis actuels. Au début des années 2000, le Daily Mail publiait un titre provocateur suggérant que l'Internet pourrait n'être qu'une simple mode passagère.

Dans l'article, les auteurs présentaient des arguments prédisant le déclin de l'Internet, alors même qu'il s'agissait d'une technologie émergente à cette époque. Ils soutenaient que les jeunes avaient exploré l'Internet et en avaient fait le tour, y trouvant seulement un divertissement temporaire sans vouloir substituer leur vie réelle par des technologies virtuelles. L'argument « rien ne vaut la vie réelle » était au cœur de l'article. Il est intéressant de constater que ces mêmes arguments sont fréquemment repris au sujet du métavers.

La polarité des opinions concernant le métavers témoigne d'un intérêt croissant, ce qui est un indicateur fort de son importance et de son potentiel d'influence sur notre société. Malgré un contexte difficile, le métavers reste porté par un écosystème riche d'acteurs de tous niveaux et de nombreux secteurs. Les investissements continuent d'affluer dans le métavers, ce qui suggère que les cas d'utilisation offerts par cette technologie sont suffisamment convaincants pour attirer de plus en plus d'entreprises et de particuliers. L'intelligence artificielle perçue à tort comme une concurrence au métavers peut en réalité contribuer à le rendre plus accessible au grand public.

Le séisme de l'intelligence artificielle via la démocratisation et l'adoption extrêmement rapide de ChatGPT 4 en 2023 aura certainement un effet accélérateur dans le développement du métavers. ChatGPT est déjà en cours d'intégration dans de nombreux outils de création virtuels. Par exemple, l'outil Oncyber propose un Magic Composer qui permet au créateur d'exprimer ses souhaits quant à l'espace virtuel qu'il est en train de créer. Il peut changer la couleur des éléments, ajuster l'intégration de NFTs dans l'espace. Les solutions proposées par OpusAI Inc visent à faciliter la conversion de texte en espaces virtuels tridimensionnels de manière fluide et simple.

Bien que certains défis restent à relever, le métavers continue d'attirer de nombreux innovateurs et entrepreneurs, qui cherchent à explorer les possibilités offertes par cette technologie. Au fil du temps, nous continuerons à créer de nouvelles expériences et à trouver de nouveaux cas d'utilisation. Les progrès technologiques sont en cours et les acteurs de l'industrie travaillent sans relâche pour enrichir les possibilités. Cela signifie que nous ne pouvons pas prédire avec certitude comment le métavers évoluera dans le futur, mais nous pouvons être surs que les innovations et les améliorations continueront à émerger. Il est trop tôt pour dire si le métavers sera en mesure de répondre aux attentes de l'industrie et des consommateurs. Cependant, il est clair que cette technologie offre de nombreuses opportunités pour ceux qui sont prêts à investir du temps et des ressources pour l'explorer. Si le métavers parvient à surmonter les défis actuels, il pourrait bien devenir l'un des secteurs les plus dynamiques de l'industrie des technologies de l'information dans les années à venir.

Il est essentiel de garder à l'esprit que l'avenir du métavers dépendra de plusieurs facteurs. La résolution des défis juridiques, de confidentialité et de sécurité sera cruciale pour établir la confiance des utilisateurs et favoriser une adoption plus large. De plus, l'amélioration continue des technologies immersives, telles que la réalité virtuelle et augmentée, ainsi que l'intégration de l'intelligence artificielle, ouvrira de nouvelles possibilités d'interactions et d'expériences dans le métavers.

Les industries du divertissement, de l'éducation, du commerce, de la santé et bien d'autres sont déjà en train d'explorer les opportunités offertes par le métavers. Les marques cherchent à se connecter avec les consommateurs de manière plus immersive et personnalisée, les éducateurs utilisent des environnements virtuels pour créer des expériences d'apprentissage interactives, et les professionnels de la santé explorent les applications de la réalité virtuelle dans le traitement et la réadaptation.

Les défis à relever

La clé du succès du métavers réside dans la collaboration entre les différents acteurs de l'industrie, qu'il s'agisse des développeurs de technologies, des créateurs de contenu, des entreprises et des utilisateurs. Ensemble, ils peuvent façonner un métavers inclusif, éthique et évolutif qui répond aux besoins et aux aspirations des individus et de la société dans son ensemble.

Alors que nous continuons à explorer les possibilités du métavers, il est conseillé de garder un esprit ouvert, de rester à l'écoute des avancées technologiques et des retours des utilisateurs, et d'adopter une approche itérative dans le développement et l'application de cette technologie. En travaillant ensemble, nous pouvons façonner un avenir où le métavers devient une réalité enrichissante et bénéfique pour tous.

Le métavers est une frontière passionnante de l'innovation technologique et offre un potentiel immense dans de nombreux domaines. Bien que des défis subsistent, les progrès technologiques et l'engagement des acteurs de l'industrie montrent que le métavers est là pour rester et continuer à évoluer. C'est une invitation à explorer, à collaborer et à imaginer ensemble le futur du métavers et les possibilités infinies qu'il offre.

CHAPITRE 14
CONCLUSION

« Personne ne peut savoir si le monde est fantastique ou réel, et non plus s'il existe une différence entre rêver et vivre »

Jorge Luis Borges

Ensemble, nous avons exploré les technologies émergentes du web 3 et du métavers. Vous avez eu l'opportunité de découvrir une panoplie d'outils et de solutions pour vous familiariser avec ces nouvelles expériences et ces univers virtuels.

Pour conclure notre parcours, voici dix points essentiels que nous avons abordés dans cet ouvrage et qui balayent les idées reçues présentées en début d'ouvrage. (1) Le métavers n'est pas un phénomène de mode, mais plutôt une convergence technologique. (2) Le métavers n'est pas le projet d'une seule entreprise, tel que Meta, mais le fruit du travail de milliers d'acteurs. (3) Le métavers n'est pas en conflit avec notre réalité physique, mais plutôt une extension de celle-ci et de nos expériences en ligne. (4) Le métavers n'est pas imposé à qui que ce soit, mais plutôt une expérience à découvrir et à partager. (5) Le métavers n'est pas nécessairement néfaste pour l'environnement, mais peut aussi être utilisé comme outil pour mieux comprendre notre impact sur la planète et agir en conséquence. (6) Le métavers n'enferme pas ses utilisateurs dans une bulle isolée derrière un casque, mais il s'agit plutôt d'un espace social et de rencontre. (7) Le métavers n'est pas nécessairement décentralisé, mais la décentralisation peut apporter de nombreux avantages. (8) Le métavers n'a pas besoin d'accueillir des jetons (NFT, crypto), bien que leur utilisation puisse être pertinente. (9) Le métavers ne se limite pas à la réalité virtuelle, il peut également prendre la forme de la réalité augmentée ou de la 3D/2D sur écran plat ou mobile. (10) Le métavers n'est pas un projet futuriste, mais plutôt une réalité actuelle, et ce, même si son adoption à grande échelle est encore lointaine.

Bien que la pleine réalisation du métavers puisse prendre jusqu'à une décennie, les infrastructures liées au métavers, l'intelligence artificielle et les expériences s'amélioreront progressivement au cours des prochaines années. Le métavers propose une gamme d'expériences, de la réalité augmentée à la réalité virtuelle, à des prix différents, permettant une grande base d'utilisateurs mondiaux. Les secteurs orientés vers les consommateurs tels que les médias, le divertissement, la publicité et même la mode pourraient être des participants actifs du métavers. Les populations plus jeunes (« *digital natives* ») vont constituer une part croissante de la cohorte de consommateurs alors qu'elles entrent dans leurs années de revenus les plus élevés. Leur adoption du métavers et des activités qui y sont liées devrait donc également augmenter.

Nous l'avons mentionné en introduction, Teilhard de Chardin indiquait dans ses œuvres que la création n'a jamais cessé. Dans les écrits du temps de guerre, Œuvres XII, p. 149, il précise « la Création n'a jamais cessé. Mais son acte est un grand geste continu, espacé sur la totalité des temps. Elle dure encore ; et, incessamment, bien qu'imperceptiblement, le monde émerge un peu plus au-dessus du néant ».

L'homme devenu anthropocène est peut-être sur le point de construire un nouveau monde. Celui du métavers, d'un univers virtuel de très grande ampleur. Un moteur de nouvelles expériences épanouissantes et même vitales pour des hommes actuellement dans un contexte mondial difficile.

Dans le récit de la Genèse, la création démarre par celle d'un univers sous-jacent, puis celle des lois de la physique et enfin l'arrivée de la vie. Suivant la même procédure, l'homme a créé un univers sous-jacent, fait de chaine de blocs et de contrats intelligents, il est en train de définir les normes et protocoles semblables aux lois de la physique de notre monde réel. Enfin, il y englobe la vie et tous ses attributs pour peupler cet univers et lui donner du sens.

Les anciens Grecs avaient une vision du monde qui offre également une métaphore intéressante sur le métavers et sa place dans notre création. Ils croyaient en un univers organisé en trois royaumes : (1) le royaume supérieur habité par les dieux (2) le royaume intermédiaire créé par les dieux et habité par des hommes eux-mêmes créations des dieux et (3) le royaume inférieur gouverné par les dieux qui accueillaient l'esprit des humains après la mort et les dirigeaient vers différentes destinées.

Dans la mythologie grecque, les dieux ont la possibilité de se rendre dans les différents royaumes, mais doivent s'incarner lorsqu'ils rejoignent la Terre. Ils peuvent prendre des formes variées (p. ex. animal, humain, végétal) pour s'y rendre.

Le métavers que nous construisons est semblable à un royaume nouveau. Une strate intermédiaire à l'image de celles envisagées par les Grecs. Pour y entrer, l'homme va également s'incarner sous la forme d'avatar.

La métaphore place l'homme comme un dieu dans le royaume du réel, en particulier du fait de la construction d'un royaume virtuel qu'il domine. Il y définit les règles à suivre par le code et les interfaces. Il dessine les briques de cet univers à sa volonté et y exerce un pouvoir sans limites. Le royaume inférieur pourrait recueillir les images et les

Conclusion

données des avatars disparus. Une mémoire collective de ce qui a été dans le royaume intermédiaire et qui n'est plus.

Cet exemple illustre l'ampleur des enjeux associés à cet acte de création de l'homme qui dépasse le simple cadre technique et économique pour englober des enjeux anthropologiques et historiques pour notre espèce. Certains spécialistes sont allés jusqu'à comparer l'arrivée du métavers avec la prochaine itération de la vie. Les conséquences en termes de croyance et de philosophie devront être pensées et anticipées afin de garder le contrôle de notre métavers.

L'univers entier pourrait être une simulation

Terminons ce livre en rappelant que depuis 2003, certains scientifiques ont émis l'hypothèse d'un univers simulé. Le philosophe suédois et transhumaniste Nick Bostrom l'a associé à la **théorie de la simulation**. Dans le cadre de cette théorie, la réalité observable aurait pour trame une simulation à l'image de celles proposées par les ordinateurs. Les entités présentes dans cette simulation ne pourraient alors pas accéder à la vraie réalité dont la nature serait inconnue.

Le physicien Andrea Fontana montrera en 2005 à l'aide de la relativité euclidienne que notre espace-temps pourrait être un processus informatique. Si les scientifiques sont partagés, des expérimentations et des mesures sont toujours en cours pour tenter de réfuter définitivement cette hypothèse qui est considérée par beaucoup comme farfelue ou conspirationniste.

Dans les ***Méditations métaphysiques*** (1641), Descartes faisait place au doute : « Je suppose donc que toutes les choses que je vois sont fausses ; je me persuade que rien n'a jamais été de tout ce que ma mémoire remplie de mensonges me représente ; je pense n'avoir aucun sens ; je crois que le corps, la figure, l'étendue, le mouvement et le lieu ne sont que des fictions de mon esprit. Qu'est-ce donc qui pourra être estimé véritable ? Peut-être rien autre chose, sinon qu'il n'y a rien au monde de certain. »

L'homme a la lourde tâche de fonder un nouvel univers construit de toutes briques par son esprit et des outils numériques basés sur la donnée et l'information. Un jour viendra où la qualité de sa création sera telle que nous ne saurons plus distinguer le type de réalité dans lequel nous évoluons : le monde virtuel ou le monde réel. À moins que ce dernier ne soit depuis le départ qu'une simulation.

Au plaisir de vous retrouver dans le métavers !

Si vous avez apprécié la lecture du Manuel du Métavers, nous vous invitons cordialement à laisser un commentaire sur Amazon. Votre opinion compte et peut aider d'autres lecteurs à découvrir et à apprécier ce livre. Vos retours sont précieux pour nous. Merci d'avance pour votre soutien et vos commentaires.

Les auteurs

BONUS : Les 500 premiers lecteurs peuvent bénéficier d'un badge NFT — métavers. Pour le recevoir, répondez correctement au quiz de connaissances qui vous est proposé en suivant le QR-code. N'oubliez pas de renseigner à la fin du quiz votre adresse de portefeuille crypto.

POSTFACE

Nous nous trouvons actuellement face à un précipice où se mêlent aspirations et appréhensions, un seuil délicat où la réalité tangible pourrait se fondre dans l'imaginaire numérique pour donner naissance au métavers.

En tant que guides au sein de cet univers, nous avons arpenté ses sentiers, décrypté ses signes et argumenté sur ses potentialités. Au fil de nos pages, une fenêtre s'est ouverte sur l'état actuel du métavers, esquissant ce que nous percevons et comprenons de cet enchevêtrement de mondes.

La réalité virtuelle, la blockchain, les univers virtuels, la tokénomique, le Web 3.0, sont autant de toiles sur lesquelles le métavers pourra se dessiner. Au sein de cette mosaïque, le métavers se dévoile comme un carrefour où convergent les enjeux technologiques, humains, sociaux et éthiques, créant un kaléidoscope complexe d'opportunités et de défis.

Ainsi apparaît à nos yeux un champ d'étude captivant, insufflant un enthousiasme pour nous qui avons consacré plus d'une décennie à explorer les méandres des réseaux sociaux numériques. Toutefois, cet enthousiasme ne signifie pas que nous défendons ou souhaitons que le métavers s'impose dans notre société. Notre regard de citoyen est plutôt celui d'un inquiet, comme nous l'avons exprimé au sein de la section « fragilité numérique » de notre essai « Qu'avons-nous fait ? »

paru en 2021. Nos inquiétudes et notre regard critique s'inscrivaient alors dans un dialogue introspectif à propos des technologies qui sous-tendent cette réalité alternative. Nous écrivions alors au sujet d'un futur possible :

« Ce qui a fait vriller nos esprits tient dans la matérialité de l'immatériel. Il fallait y penser. Nous tenons dans nos mains les outils pour garantir la possession d'artéfacts virtuels. Il ne s'agit plus seulement de s'amuser à posséder un super pouvoir dans notre habit de sorcier sur je ne sais quelle fiction en ligne. Tout cela est devenu sérieux. Les terrains du métavers sont en vente et les objets artificiels du monde entier trouvent une valeur numérique. Les acheteurs et professionnels se jettent pour posséder des bouts de terre et des artéfacts numériques presque uniques. Vous pouvez posséder de nombreuses richesses dans cet univers. Voulez-vous une montre ou un sac de luxe ? De nouveaux habits et une belle maison ? Désormais, ils sont à vous dans notre univers parallèle virtuel. Il n'est pas question de toucher de nos mains tous ces artéfacts un jour, mais plutôt de les exhiber à des visiteurs virtuels. Quand ils auront l'occasion de porter leur lunette de réalité virtuelle, ils pourront vous rendre visite et se balader dans votre villa de luxe pour découvrir vos tenues prestigieuses. La possession d'artéfact du web contre certificat est une idée de l'homme qui rebat beaucoup de cartes. En même temps, c'est une idée peu originale dont il a largement usé par le passé. La différence est dans le génie de créateurs qui n'auront plus besoin d'une chaîne de production pour vendre des représentations 3D dont un simple copié-collé suffira à produire, mais dont chaque item sera malgré tout unique. Ce nouveau manège est-il simplement le résultat de quelques illuminés ayant l'idée de fructifier leur investissement contre du rêve et des promesses ? Si ce n'était pas le cas, alors le métavers ressemblerait encore mieux à la vision de Teilhard de Chardin. Celui d'une noosphère dans laquelle nous nous envolons non pas seuls, mais bel et bien avec nos objets. Un Nouveau Monde vient peut-être de prendre forme sous nos yeux. Ce que nous avons fait, nous avons construit les fondations d'un univers virtuel. Cet univers n'est plus uniquement un espace d'idées et d'informations, il a englobé la propriété et donc les objets, les terres. Tout ce dont l'homme raffole. Cet univers digital a réussi de grandes prouesses, après avoir avalé les objets, il a avalé l'homme. »

Si notre voyage dans les méandres du métavers s'est déroulé sous la lumière de notre enthousiasme, il n'occulte en rien notre vigilance quant aux répercussions sur nos semblables et sur la planète. Les ambitions portées par les médias grand public et les géants de l'industrie se teintent ici de nuances, insufflant la nécessité d'une réflexion éclairée.

Au cœur des débats, des voix s'élèvent pour questionner la pertinence du métavers à l'ère des enjeux écologiques. Les échanges avec les spécialistes de la transition écologique ont projeté des lumières sur des perspectives éclairantes, offrant une vision transverse. Les pages de ce manuel tracent un panorama multiple, laissant place à la nécessité de travaux supplémentaires.

Alors que nous évoluons dans ce paysage de promesses et de préoccupations, nous entretenons un optimisme mêlé de prévoyance. L'industrie du métavers offre un potentiel pour guider nos infrastructures critiques et former de manière sûre aux tâches complexes. Nous nourrissons l'espoir de voir la jeunesse explorer le système solaire en endossant l'habit d'un astronaute virtuel, fusionnant la quête de savoir avec la sensation.

Notre enthousiasme envers cette exploration demeure incontestable, mais il s'inscrit dans une toile plus vaste, où les contours de l'éthique et de la responsabilité se dessinent. Le métavers, ce monde d'opportunités, se pare de questions pressantes. Il nous appartient d'aborder ces enjeux avec sagesse, de forger un avenir où les avancées technologiques se conjuguent harmonieusement avec la protection de l'essence humaine.

Notre rôle d'observateurs passionnés ne saurait faire abstraction d'une réflexion avertie. Face à ce métavers, carrefour de virtualités et de potentialités, nous sommes à la fois témoins, guides et gardiens. Le monde qu'il promet, bien que fascinant, doit être abordé avec prudence. Le défi qui nous attend est de célébrer la créativité et l'innovation tout en garantissant la protection des valeurs et des fondements qui définissent notre humanité. En cette intersection entre aspirations et inquiétudes, nous prenons part à une quête collective pour tisser les fils d'un métavers éclairé et équilibré.

Pour aller plus loin

Pour réussir la transformation métavers, il est essentiel de se former de manière régulière. Nous présentons ci-dessous quelques plateformes et supports utiles qui compléteront cet ouvrage.

Le cours introductif de Meta « *What is the Metaverse?* » proposé gratuitement sur Coursera est un point d'entrée tout public (16 000 étudiants déjà). Meta a fait l'effort d'ouvrir son discours pour présenter un écosystème et pas seulement ses propres solutions. La certification *blockchain council* dédiée au Métavers « *Certified Metaverse Expert*™ » présente un bon niveau de détails de la technologie et des dimensions historiques. Les masters class *blockchain* et métavers disponibles sur Udemy offrent une belle expérience et des sections pratiques intéressantes. Pour éviter des tarifs trop élevés, nous vous conseillons de les prendre à prix cassé lors des offres promotionnelles.

Les contenus de la metaschool https://metaschool.so sont également intéressants, car de bonne qualité et facile à appréhender. Ils sont toutefois dédiés aux développeurs du web 3 et non au tout public. *MetaMask Learn* est une plateforme éducative gratuite pour vous aider à vous familiariser avec les sujets et concepts Web 3. Elle est dédiée aux débutants.

Il existe de très bonnes vidéos YouTube qui proposent des introductions pour le tout public. Les technologies évoluant très vite, une partie du contenu proposé devient par conséquent obsolète, quel que soit le type de supports que vous suivrez. La fondation web 3 propose une formation *blockchain* très intéressante sur YouTube.

En ce qui concerne les ouvrages : *Navigating the metaverse* détaille une dimension professionnelle et présente le fonctionnement économique du projet. Les auteurs Cathy Hackl, Dirk Lueth et Tomasso Di Bartolo sont largement impliqués dans la construction du métavers. Les perspectives marketing y sont très bien présentées. Nous pouvons également conseiller l'ouvrage de Herman Narula (cofondateur et PDG d'Improbable Worlds Limited) *Virtual Society*. Enfin, les ouvrages *The Spatial web*, *The Metaverse : And How It Will Revolutionize Everything*, *Understanding the Metaverse: A Business and Ethical Guide* sont de bonnes ressources. En français, les ouvrages peinent à arriver, mais citons tout de même *La révolution métavers* de Philippe Rodriguez publié par Dunod en 2022.

L'éditeur Assouline a récemment proposé une nouvelle destination de voyage : le métavers. Cette destination symbolique se matérialise sous la forme d'un ouvrage de leur collection. La couverture de l'ouvrage comprend un QR code qui permet aux lecteurs d'expérimenter le métavers. Le livre offre un portrait visuel complet de ce nouvel univers, avec de nombreuses illustrations mettant en avant sa richesse et sa diversité. L'ouvrage propose également une forme de musée virtuel du métavers, qui vient enrichir l'expérience de lecture. Avec ce livre, l'éditeur offre une découverte inédite de cette nouvelle destination de voyage, qui est appelée à prendre de plus en plus d'importance dans les années à venir.

Pour se tenir informé des évolutions majeures et tester les dernières nouveautés, nous vous recommandons aussi de consulter fréquemment le site 2140.fr, qui rassemble les dossiers, articles et rapports incontournables pour comprendre et suivre l'écosystème du web 3.0. Ce site propose également des cartographies détaillées et un annuaire des acteurs clés du domaine.

Il peut également être pertinent de participer à des conférences, forums et sommets technologiques. Le salon européen Laval Virtual a lieu en Mayenne chaque année depuis 1999. Cet évènement est parmi les pionniers en France sur le domaine de la réalité virtuelle et augmentée. Le Web Summit est un évènement majeur de la technologie tout comme le CES. Les deux évènements consacrent désormais une place importante au métavers. Les dirigeants des plus grandes entreprises s'y retrouvent pour partager leurs expériences et dessiner la direction du futur web.

NFT France organise régulièrement des sommets sur le métavers, tout comme le Immerse Global network. La conférence NFT Paris regroupe la communauté des acteurs NFT du monde entier. Les grandes marques et les créateurs seront présents pour échanger les pratiques et discuter du futur de cette technologie fascinante. Le Web3XP, anciennement connu sous le nom de Paris NFT Day, est l'un des évènements professionnels les plus importants consacrés aux NFTs et aux métavers. Cette conférence réunit des experts, des innovateurs et des leaders du secteur pour discuter des dernières tendances et des avancées dans le domaine des NFTs et des métavers.

Le Palais Augmenté (à Paris) est un festival dédié à la création artistique en réalité augmentée et aux innovations culturelles immersives. Cet évènement est devenu un rendez-vous annuel incontournable pour les passionnés d'art numérique et de technologies émergentes. Le festival offre aux visiteurs une expérience unique et immersive, où les œuvres d'art sont créées spécialement pour la réalité augmentée. Les visiteurs peuvent découvrir des œuvres innovantes et interactives qui repoussent les limites de la réalité augmentée et de l'expérience immersive.

Le Metaverse Entertainment World Summit and Awards (MEWS) est un évènement mondial majeur célébrant les innovateurs, créateurs et leaders d'opinion qui contribuent à l'évolution de l'Internet et du métavers. Il vise à créer des synergies entre les secteurs des affaires, de la technologie, du contenu et du divertissement. L'Ethereum Community Conference (EthCC) est le plus grand évènement annuel européen d'Ethereum axé sur la technologie et sa communauté. Meta organise également le Meta Connect qui est accessible en réalité virtuelle et annonce les plus grands projets du géant.

Enfin, VKet est le plus grand évènement réalisé en réalité virtuelle. Il a lieu sur la plateforme VRChat et regroupe plus de 500 stands répartis sur plus de 22 mondes. Les utilisateurs peuvent acheter et vendre des

Pour aller plus loin

objets, avatars, ainsi que des produits réels.

Vous trouverez sans difficulté de plus en plus d'évènements gratuits proches de chez vous en recherchant avec les mots-clés web 3 et métavers sur eventbrite, par exemple.

Nous vous invitons également à entrer dans différents réseaux d'excellence autour du métavers. Si vous êtes étudiant, rejoindre le réseau KRYPTOSPHERE est une excellente opportunité pour découvrir les technologies *blockchain*, réalité virtuelle et intelligence artificielle. Ce réseau spécialisé, en partenariat avec des écoles d'ingénieurs et de commerce, offre un accès privilégié à des projets technologiques innovants. Le premier pôle de compétences dédié à l'usage des technologies immersives, Immersive Learning Lab et France Immersive Learning, est dirigé par Nicolas Dupain. Pour rester informé de l'actualité, nous vous recommandons de suivre le réseau LinkedIn et le site web de KRYPTOSPHERE. En France, le Conseil National de la XR a été créé par des organisations telles que l'AFXR, Euromersive, French Immersive Studios, Laval Virtual, PXN, RA'Pro et VR Connection. Cette organisation vise à accompagner le développement de la XR en France en construisant un futur numérique désirable, responsable, souverain et fidèle aux valeurs républicaines et européennes. Si vous êtes intéressé par la technologie immersive, rejoindre ce réseau peut être un excellent moyen de découvrir des opportunités et de se connecter avec des professionnels du domaine.

Comprendre et entrer dans le métavers n'est clairement pas évident, car ce dernier est en construction et l'écosystème n'est pas encore totalement structuré. Le web 3 qui apporte beaucoup de promesses n'est pas toujours simple ni accessible pour le grand public. Il faudra dépasser de multiples difficultés techniques, mais aussi organisationnelles et sociétales pour permettre l'adoption en masse du métavers.

Dans cet ouvrage, nous avons fait notre maximum pour rendre intelligibles les éléments du grand écosystème du web 3 et du métavers.

Nous espérons qu'il vous aura permis de mieux saisir l'ampleur de la révolution technologique qui se dresse devant vous.

Pour rester informé de nos actualités, vous pouvez consulter tous nos liens importants sur Linktree en scannant les codes ci-dessous.

N'hésitez pas à nous suivre et à vous abonner pour ne rien manquer de nos dernières actualités, évènements et projets passionnants !

Index

1
1inch 116

2
2140.fr 302

A
Achats récurrents 111
ADEME 272
Adobe Aero 179
Alibaba Cloud 193
Altcoin season 110
Altcoins 90
Animât 229
APE 165
Apple Vision Pro 37
Arcep 272
Architecte d'espaces virtuels 233
Arianee 192
Arweave 103
Avalon 33
Avatar 56
Avatly 223
Axie infinity 164

B
BAT 215
Bem.builders 24
Benny Or 203
Bigscreen 39
Bitcoin 89
Blockchain council 301

Bluesky 209
Blur 71
Bobovr 49
Bored Ape Yacht Club 95
Botometer 147
Brave 215
Bubble map 146
Bytedance 39

C
Cardboards 46
Character.AI 197
Charles Hoskinson 133
Chief Metaverse Officer 232
Clones 33
Cloudverse 193
CMTO 232
Code is law 267
Cognition incarnée 57
Conflit de vergence-accommodation
.... 267
Conseil National de la XR 304
Continuum de virtualité 49
Contrats intelligents 85
Cryptokitties 76
Cryptomonnaie 88
Crypton Future Media 195
Cryptopunk 95
Cryptopunks 95
CUBE 160
Cybernétose 267
Cycle Gartner 133

Cyril Lancelin 203

D

Daniel Vickers 35
Dapps 150
David Baszucki 159
DCA 112
Décentraland 154
Decentraland Builder 155
Defi 92, 210
Denis Diderot 176
Descartes 295
Deso 208
DID 210
Digital detox 214
Digital Twin Institute 246
Direct-to-Avatar 93
Dogami 150
DRESSX 101, 184
Droit du métavers 282

E

Économie de l'attention 213
Effet Proteus 58
Eleven Table Tennis 257
Elon Musk 230
Embodiement 57
Emmanuel Lévinas 58
ENS 117
Epic Games 167
Ernest Cline 33
Ethcc 303
Eugenie 226
Exchange 107

F

Fan token 192
Fear and Greed 109
Filecoin 134
Fongibles 86
Fortnite 167

FOV 40
France Immersive Learning 304
Frederic Skinner 272
Free to play 150
Fresque du numérique 273
Futuclass 242

G

Galaxy Fight Club 151
Gardien 48
Gas fee 144
Gather 66
Glowbl 66
Google Glass 42
Graham Gaylor 165
Gucci Garden 185

H

Hatsune Miku 195, 196
Hiver crypto 91
Homo digitalis 26
Horizon Workrooms 64
Hyperréalité 50

I

ICO 134
Icy.tools 139, 142
Identité décentralisée 210
IKEA Place 44
Influenceurs virtuels 194
Infra 103
Initial Coin Offering 133
Internet spatial 44
IPFS 103
Isaac Asimov 32

J

Jack Dorsey 209
Jake Fried 61
Jean Baudrillard 50
Jean Le Rond d'Alembert 176
Jon Radoff 168

Jumeau numérique 224

K

Kinetix 60
Kosinski 228
KRYPTOSPHERE 304

L

La Joconde métaversique 284
LAMINA1 32
Landworks 187
Laval Virtual 302
Ledger 115
Ledger Nano S Plus 115
Ledger Nano X 115
Leila Pintos 70
Lens 209
Lens Studio 45
Léo Caillard 125
Lidar 203
Lil Miquela 195
Linden Lab 152
Loi de Metcalfe 218
Louis Rosenberg 33
Lucky one 200
Lumalabs.ai 202
Lunettes de réalité virtuelle 46
Lynx Mixed Reality 40

M

Magic Leap 32
MANA 156
Manifold 124
Marketing d'influence 176
Marketing sensoriel 271
Massively Multiplayer Online Games
 167
Matrix 33
Meta 22
Meta Horizon Worlds 162
Meta Quest 3 37

Meta Quest Pro 36
Meta Quest TV 63
Meta Spark 45
Metacircle 279
Métaévènements 235
Metahumans 131
Metamall 223
Metamask 113
Metamundo 101
Métanomique 88
Métapatrimoine 235
Metarail 221
Métaschool 301
Métasport 256
Métastyliste 235
Métatravail 220
Metav.rs 193
Métavers 22, 23
Métavers industriel 246
Métavers privés 193
Metaverse Fashion Week 185
Metaverse Standards Forum 221
Metaversed consulting 168
MEWS 303
Mica 92
Mike Winkelmann 97
Minecraft 165
Mint 102
Mirror 209
Mixamo 45
Multivers 163
My-Serious-Game 238

N

Neal Stephenson 32
Netaverse 258
Neuralink 230
Next40 115
NFT Factory 93
NFT Paris 303
Nick Bostrom 294

Nikeland 186
Non-Player Character 196
Noosphère 27
Nvidia Earth-2 227
Nvidia's Earth-2 227

O

Open Metaverse Alliance 221
Openai 197
Opensea 70
Openxr 222
Organisation autonome décentralisée
.... 155
Otherside 164

P

P2C 78
Parisland 234
Passeport Numérique de Produit 191
Passphrase 114
Pay to win 150
Pinata 103
Pingvr 257
Pirate Nation 143
Play to own 150
Play to win 150
POAP 98
Pokemon Go 44
Pokerstar VR 172
Polygon 122
Polygon Id 211
Por 92
Proof of Stake 85
Proof of Work 84, 85
Pyramide de Ponzi 272

R

Rai 82
Rarity 140
Ready Player Me 56, 59
Réalité augmentée 41

Réalité étendue 41
Réalité mixte 41
Réalité virtuelle 35
REEN 273
Réflexe vestibulo-occulaire 267
Renaissance Numérique 279
Rendezverse 188
Rentabyl 187
Replika 197
Roblox 159
Robux 159

S

Sandbox 158
Sandbox VR 47
Satoshi Nakamoto 89
Saupoudrage 118
SBT 99
Second Life 152
Smart contract 85
Snapshat 44
Socialblade 147
Socios 192
Solana 122
Solanart 122
Solid NFT 127
Solsea 119
Somnium Space 160
Sorare 166
Stablecoin 112
Stage11 181
Stanley Weinbaum 31
Storyliving 241
Supersea 137

T

Teilhard de Chardin 26
Teslasuit 212
The Meeting Place 203
The Sandbox 157
Théorie de la simulation 294

Tiffany & Co 96
Tim Cook 27
Tokenomics 87
Transhumanisme 230
Traqueurs web 213
Trilemme de la blockchain 171
Tripp 240
Tron 33

U

UNI 157
Unity 131
Unreal Engine 131
Upland 72

V

Vallée étrange 47
VBW 174
Venew Labs 97
Versity 54
Vertigo Games 52
Vestes haptiques 212
Veve 72
VHIL 278
Virtual Blockchain worlds 174
Virtualité augmentée 51
Viverse 39

Vket 303
Voxedit 178
VR Health Institute 239
Vrchat 165
VRROOM 189

W

Wash trading 146
Web 0 214
Web 1.0 206
Web 2.0 206
Web 3.0 207
Web 4.0 212
Web^3 metaverse Index 111
Winkyverse 243
World of Women 136

X

XRSI 282

Y

Youtube VR 62
Yuga Labs 95, 164

Z

Zepeto 161
ZPK 211

Des mêmes auteurs

La cybersécurité, Studyrama, Charles Perez & Karina Sokolova, 2018.

Les concepts clés du digital, Studyrama, Charles Perez & Vincent Dutot, 2018.

100 fiches pour comprendre le digital, Bréal, Charles Perez & Vincent Dutot, 2019.

La Prison numérique, L'Harmattan, Charles Perez & Karina Sokolova, 2020.

Le monde en réseau, Learning by doing, KDP, Charles Perez & Karina Sokolova, 2020.

Réussir son mémoire, Learning by doing, KDP, Charles Perez & Karina Sokolova, 2020.

La nature numérique de l'homme : aux frontières entre numérique et organique, KDP, Charles Perez, 2021.

L'être dans l'univers numérique, KDP, Charles Perez, 2021.

L'éden avant la chute : le déni d'une intelligence artificielle générale, KDP, Charles Perez, 2021.

Un monde sous Android, Learning by doing, KDP, Charles Perez & Karina Sokolova, 2021.

Qu'avons-nous fait ? , KDP, Charles Perez, 2022.

Le monde du SQL, Learning by doing, KDP, Karina Sokolova & Charles Perez, 2022.

Un monde en cybersécurité, Learning by doing, KDP, Karina Sokolova & Charles Perez, 2022.

Un monde de données, Learning by doing, KDP, Charles Perez & Karina Sokolova, 2022.

www.ingramcontent.com/pod-product-compliance
Lightning Source LLC
Chambersburg PA
CBHW071349210526
45465CB00001B/34